Ma deuxième année de guerre

guerre

Frédéric Palmer

Writat

Cette édition parue en 2024

ISBN : 9789361468728

Publié par
Writat
email : info@writat.com

Contenu

je

RETOUR À L'AVANT

Comment l'Amérique ne parvient pas à réaliser la guerre - Difficultés de réalisation - L'Oncle Sam a le cœur sain - De nouveau à Londres - Un chef d'état-major qui est sorti des rangs - Sir William Robertson prend le temps de réfléchir - Au front - La foule de Kitchener, le nouveau armée – Un quartier général tranquille – Sir Douglas Haig – Son bureau est un centre d'échange d'idées – Son affaire de porter des coups – « L'Esprit qui vivifie ».

"Je n'ai jamais maintenu mon intérêt pour quoi que ce soit aussi longtemps que pour cette guerre", a déclaré une femme qui était assise à côté de moi au dîner alors que je rentrais du front, au cours de l'hiver 1915-16. Depuis, je me demande si ma réponse « Admirable concentration mentale ! » n'était pas ironique aux dépens des mœurs et de la philosophie. Au vu des milliers de personnes qui mouraient chaque jour au combat, sa remarque semblait aussi cruelle que superficielle et en accord avec la joie tumultueuse de vivre et de prospérité qui frappe chaque Américain de retour, par son contraste avec l'abnégation de l'Europe, soulignée par de tels détails obtenus grâce à des aperçus dans les vitrines des magasins de la Cinquième Avenue, comme l'exposition d'une paire de bas en soie pour femmes incrustés de dentelle, d'un prix de cent dollars.

Pendant ce temps, elle tricotait des chaussettes ou des cache-nez, je ne sais plus, pour les Alliés. Sa confusion à propos des nouvelles de la guerre était commune à tout le pays, qui entendait les plaidoiries particulières des deux parties sans aucun interrogatoire par un avocat. Elle remarqua comment les bulletins alliés disaient que les Alliés gagnaient et les bulletins allemands que les Allemands gagnaient ; mais d'après ce qu'elle pouvait voir sur la carte, les armées restaient à peu près dans les mêmes positions et les massacres continuaient. Son intérêt, j'ai appris après une enquête plus approfondie, était limité et partisan. Lorsque les Allemands eurent remporté la victoire, elle refusa d'en lire davantage et jeta son journal avec dégoût.

Il y avait quelque chose d'humain dans son attitude, aussi humain que la guerre elle-même. C'était un rappel de la distance qui sépare la Somme du Mississippi ; quelle est l'étendue de l'Atlantique ; combien il est impossible de se projeter au loin même à l'époque du sans fil. Elle se déplaçait dans l'orbite de ses affaires, avec ses limites, tout comme les soldats dans les leurs. Avant la guerre, le luxe était aussi courant à Paris qu'à New York ; mais avec une lutte aussi horrible qui se déroulait en Europe, il semblait hors de propos que la joie de vivre perdure partout dans le monde.

Pourtant, l'Europe suivait tranquillement son chemin alors que les États du Sud souffraient de souffrances et de difficultés pires que celles que la France et l'Angleterre ont connues. Paris et Londres dînaient et souriaient quand Richmond était en flammes.

La guerre ne peut être ramenée dans aucune communauté tant que ses propres fils ne meurent pas et ne risquent pas la mort. En aucun cas nous ne sommes autant les créatures de notre environnement que dans la guerre. Pendant les premières semaines où j'étais chez moi, une nation qui progressait dans une ère de prospérité avait un aspect de vulgarité ; la paix elle-même était vulgaire en contraste avec l'atmosphère de sacrifice héroïque dans laquelle j'avais vécu pendant plus d'un an. Je me demandais si mon pays pourrait un jour s'élever à l'état d'exaltation de la France et de l'Angleterre. Même si la première pensée, à en juger par les seules apparences superficielles, aurait pu dire « non », je savais que nous le pourrions si jamais un appel était lancé pour défendre notre sol – un appel qui pourrait être ramené dans les vallées de l'Hudson et du Mississippi comme un appel est porté dans les vallées de la Somme, de la Meuse et de la Marne.

De nombreux Américains sont revenus d'Europe avec des informations faisant état d'humiliations subies en raison de l'attitude de leur pays. Les commerçants auraient tenu des propos insultants, ont-ils déclaré, et auraient parfois refusé de vendre leurs marchandises. Ils avaient fait preuve d'hostilité sous la politesse de leurs amis français et anglais. Une confirmation superficielle de leur affirmation pourrait être tirée de l'affiche que j'ai remarquée en me rendant de la gare de Paddington à mon hôtel à mon arrivée en Angleterre. Il a publié un article dans un hebdomadaire bon marché sous le titre « Oncle Sham ».

J'ai pris cela aussi au sérieux que j'ai pris une caricature dans un journal du soir new-yorkais à tendance pro-allemande le jour de mon départ de New York, qui montrait John Bull restant les bras croisés et exhortant la France à des sacrifices pour la défense de l'Allemagne. Verdun. Il était aussi facile pour un Américain de s'indigner contre l'un que pour un Anglais contre l'autre, mais un peu indigne de l'intelligence de l'un ou de l'autre. J'étais trop convaincu que l'Oncle Sam, qui ne suit pas toujours mes conseils, est sain de cœur et un membre respectable de la famille des nations pour être le moins du monde perturbé dans mon sens de la bonne volonté internationale. Si j'avais été irrité, j'aurais contribué à la mesquine médisance des malicieux mal informés qui sème la mésentente entre les peuples.

Je savais aussi, par expérience, comme je n'avais cessé de le répéter chez moi, que lorsque le moment choisi pour frapper les Britanniques arriverait, ils prouveraient par des actes l'impudeur de cette éclaboussure d'encre d'imprimerie et confondraient, comme ils l'ont fait sur la Somme. , le mot d'esprit d'un célèbre Français qui a depuis présenté ses excuses pour avoir déclaré que les Britanniques continueraient à se battre jusqu'à ce que la dernière goutte de sang français soit versée. D'ailleurs, le jour même où j'ai vu l'affiche, j'ai vu dans une publication britannique une reproduction d'un dessin animé allemand – illustrant le même genre de facilité vulgaire – représentant l'Oncle Sam mené par le nez par John Bull.

Les Anglais et les Français réfléchis, lorsqu'ils s'arrêtent dans leur souci de donner leur vie et leur fortune pour leur cause, pour examiner ce sujet étranger, se rendent compte de la sympathie généralisée des États-Unis pour la cause alliée et de la façon dont une grande partie de notre peuple était prête à se rendre aux États-Unis. guerre après le naufrage du *Lusitania* pour un objet qui ne pouvait leur apporter aucune récompense territoriale. Si nous nous battons uniquement pour l'argent et l'agrandissement, comme le prétendent les raisonneurs du style « Oncle Sham » , nous aurions dû conquérir depuis longtemps le Mexique et l'Amérique centrale. Personnellement, personne ne m'a jamais dit que j'étais « trop fier pour me battre », mais si je disais que j'avais honte de mon pays, je pourrais le faire ; car quand je pense à mon pays, je ne pense à aucun groupe de politiciens, de financiers ou de propagandistes, à aucune bureaucratie ou secteur d'opinion particulier, mais à notre peuple dans son ensemble. Mais nous étions incontestablement impopulaires auprès des masses européennes. Une phrase sortie de son contexte a été interprétée à tort comme un slogan indiquant la lâcheté d'une nation attachée à ses pots de chair, qui prétendait une supériorité morale sur d'autres dont le sacrifice passionné les rendait hypersensibles lorsqu'ils regardaient de l'autre côté de l'Atlantique vers les États-Unis. , qu'ils voyaient profiter du malheur des autres.

En vivant chez moi, j'ai acquis une perspective sur la guerre et en vivant avec la guerre, j'ai acquis une perspective sur mon propre pays. Au front, j'étais préoccupé jour après jour par la conquête des tranchées et la prise de villages dont les noms signifiaient aussi peu pour le Moyen-Ouest qu'une lutte acharnée pour le bon gouvernement dans une ville occidentale signifiait pour les hommes du front. Après quelques mois de paix, à mon retour en Angleterre, j'étais mécontent des réglementations en matière de passeports qui étaient auparavant monnaie courante ; mais bientôt je suis revenu dans le vieux rythme, celui de la guerre, la guerre semblant aussi normale en Angleterre que la paix aux États-Unis.

À Londres, les affiches de recrutement exhortant de manière frénétique les hommes anglais à se porter volontaires ne couvraient plus les panneaux publicitaires et les murs des bâtiments privés. La conscription était arrivée. Tout homme valide doit désormais servir sous le commandement du gouvernement. L'Angleterre semblait avoir une plus grande dignité. La guerre était entièrement maîtresse de son fier individualisme, qui était obstinément convaincu que l'homme qui combattait le mieux était celui qui choisissait de se battre plutôt que celui à qui on ordonnait de se battre.

Il y avait un nouveau chef d'état-major au War Office, Sir William Robertson, qui avait servi sept ans comme simple soldat avant de recevoir sa commission d'officier, exprimant singulièrement dans sa carrière le caractère du système britannique, qui laisse libre cours à mérite la porte en tête d'un long escalier qui demande une montée difficile. L'Angleterre croit aux hommes et il a gagné sa place à la direction de l'usine la plus énorme avec le plus grand personnel que l'Empire britannique ait jamais créé.

Il était quelque peu difficile pour l'appelant de comprendre toute l'étendue du pouvoir et de la responsabilité de ce leader autodidacte assis à son bureau dans une grande salle donnant sur Whitehall Place, car il avait tellement simplifié une organisation qui avait été créée en deux ans. qu'il semblait courir sans aucun effort apparent de sa part. Les méthodes des hommes qui ont une grande autorité nous intéressent tous. J'avais vu pour la première fois Sir William à un bureau dans une petite pièce d'une maison d'une ville française, alors que son activité était celle du transport et du ravitaillement du corps expéditionnaire britannique. Puis il s'installe dans un local plus grand dans la même ville, comme chef d'état-major de l'armée en France. Maintenant, il en avait un encore plus grand et à Londres.

J'avais beaucoup entendu parler de son pouvoir d'application, qui lui avait permis de maîtriser les langues tout en progressant progressivement ; mais j'ai découvert que le nouveau chef d'état-major de l'armée britannique n'était pas « assez stupide pour se surmener », comme le disait l'un de ses subordonnés, et qu'il n'était pas non plus esclave de longues heures de corvée à son bureau.

"En plus de sa routine", a déclaré un autre subordonné, parlant de la méthode de Sir William, "il doit beaucoup réfléchir." Cette remarque passagère était des plus éclairantes. Sir William devait penser dans son ensemble. Il avait formé d'autres personnes pour réaliser ses projets, et en tant qu'ancien directeur de l'École du personnel ayant eu de l'expérience dans chaque branche, il était censé savoir comment chaque branche devait être gérée.

De retour au front, mon premier voyage en voiture qui m'a conduit sur les voies de communication a révélé la transformation, d'autant plus appréciable en raison de mon absence, que l'hiver avait opérée. La Nouvelle Armée avait pris toute son ampleur. Et j'avais vu cette Nouvelle Armée se former. J'avais vu les cent mille premiers habitants de Kitchener travailler dans la plaine de Salisbury sous la direction d'anciens instructeurs à la retraite qui, même s'ils étaient enthousiastes, restaient flous quant aux tactiques modernes. Les hommes sous leurs ordres avaient l'esprit qui supporterait la corvée de l'entraînement. Avec le temps, ils doivent apprendre à devenir soldats. Plus de matière première, mois après mois, est entrée dans la trémie. L'appel urgent des affiches de recrutement et de la presse avait, dès les premiers stades de la guerre, fourni tous les volontaires susceptibles d'être utilisés. Il a fallu beaucoup plus de temps pour préparer l'équipement et les installations que pour inciter les hommes à s'enrôler. Les bataillons de la Nouvelle Armée qui arrivèrent au front en août 1915 n'avaient leurs fusils que depuis un mois. Avant que des fusils puissent être fabriqués, des usines de fusils ont dû être construites. En décembre 1915 encore, les États-Unis n'envoyaient aux Britanniques que cinq mille fusils par semaine. Des soldats parfaitement entraînés au maniement des armes attendaient les armes avec lesquelles combattre ; mais une fois l'approvisionnement en munitions des nouvelles usines commencé, la situation se transforma rapidement en inondation.

Tout l'hiver, les bataillons de la Nouvelle Armée étaient arrivés en France. Avec eux étaient apparus les mécanismes compliqués qu'exige la guerre moderne. Leur quantité stupéfiante était une meilleure preuve que les chiffres figurant sur la liste d'expédition de l'immense tonnage qui part en mer sous pavillon britannique. L'ancienne vie au front, telle que nous la connaissions, n'était plus. Lorsque j'ai vu pour la première fois l'armée britannique en France, elle détenait dix-sept milles de ligne. Dix-sept seulement, mais dix-sept dans la fange des Flandres, y compris le renflement du saillant d'Ypres.

Le 1er janvier 1915, une grande partie des officiers et des hommes du corps expéditionnaire initial avaient péri. Des réservistes étaient venus prendre les places vacantes. Les officiers et sous-officiers qui ont survécu ont dû diriger une armée combattante sur le terrain et former une nouvelle armée chez eux. Une offensive était hors de question. Tout ce que les forces présentes dans les tranchées pouvaient faire, c'était tenir. Alors que le monde se demandait pourquoi il ne pouvait pas faire davantage, ceux qui connaissaient la véritable situation se demandaient comment il pouvait faire autant. Avec une infanterie de chair et de sang tenue contre le double de ses propres effectifs, appuyée par des canons tirant cinq fois plus d'obus britanniques. Les Britanniques ne pouvaient admettre leur situation sans encourager les Allemands à intensifier leurs attaques, comme celles de la première et de la deuxième bataille d'Ypres, qui faillirent dangereusement réussir.

Cette petite armée n'admettrait pas la vérité, même dans son propre esprit. Avec cette désinvolture avec laquelle l'Anglais cache ses émotions, les officiers survivants des bataillons qui avaient été battus pendant des mois dans les tranchées parleraient d'être « le chef de file, maintenant ». Alors que le monde pensait que la Nouvelle Armée allait bientôt venir à leur secours, ils savaient que seuls des soldats entraînés pouvaient savoir combien de temps il fallait pour constituer une armée à partir de matières premières. Leur attitude de victoire était si persistante qu'elle les a hypnotisés jusqu'à les convaincre. Comme il ne leur était jamais venu à l'esprit qu'ils pouvaient être battus, ils ne l'ont pas été.

Si parfois la logique des faits prenait le dessus sur la simulation, on parlerait du handicap de combattre un ennemi capable de porter avec la longue portée de ses canons des coups auxquels il ne pouvait pas répondre. Mais cela n'arrivait pas souvent. Cela faisait partie du jeu pour l'Allemand de rassembler plus d'armes qu'eux s'il le pouvait. Ils ont accepté la situation et ont continué à se battre. Eux aussi attendaient avec impatience « le jour », comme les Allemands l'avaient fait avant la guerre ; et leur jour était celui où la Nouvelle Armée devait être prête à porter son premier coup.

Il y avait aussi un nouveau leader en France, roi du monde britannique. Sir William lui envoya les nouveaux bataillons, les canons, la nourriture pour les hommes et les canons, et son objectif était d'en faire une armée. Ils sont arrivés en pensant qu'ils étaient déjà un, comme ils l'étaient contre n'importe quel ennemi ordinaire, mais pas encore dans une organisation homogène contre un ennemi qui s'était préparé à la guerre pendant quarante ans et qui avait en plus deux ans d'expérience dans la bataille réelle.

Sur une route tranquille près de la ville du quartier général, où se déroulaient toutes les affaires du quartier général, un brin de drapeau était accroché à l'entrée du parc d'un petit château moderne. Il ne semblait pas y avoir d'endroit dans toute la France plus isolé et plus tranquille, sa taille interdisant de nombreux invités. C'était une maison dans laquelle un homme calme et studieux aurait pu choisir de se reposer pendant ses vacances d'été. Le bruit des canons ne l'atteignit jamais ; le grondement des transports militaires était inaudible.

Si vous y alliez déjeuner, vous seriez reçu par un jeune aide de camp que, dans le jargon militaire, on appelait un « pot » ; c'est-à-dire qu'il avait été invalidé à la suite de blessures ou d'une exposition dans les tranchées et, bien qu'inapte au service actif, il pouvait toujours servir d'assistant du commandant en chef. A la minute fixée, conformément à la ponctualité militaire, qu'il s'agisse de généraux ou de rideaux de feu, un homme aux cheveux gris fer, aux yeux clairs et bienveillants et au menton indubitablement fort, sortit de son bureau et accueillit le invités avec une simplicité informelle. Il semblait avoir complètement laissé ses affaires derrière lui lorsqu'il quittait son bureau. Vous l'avez connu tout de suite pour le type d'officier britannique bien conservé qui ne néglige jamais de se maintenir en bonne forme physique. C'est tout un talent chez les officiers britanniques que d'avoir fait des campagnes en Inde et en Afrique du Sud et pourtant de paraître toujours aussi frais que s'ils n'avaient jamais connu quelque chose de plus fatiguant que la vie tranquille d'un gentilhomme de la campagne anglais.

J'avais toujours entendu dire à quel point Sir Douglas Haig travaillait dur, tout comme j'avais entendu dire à quel point Sir William Robertson travaillait dur. Sir Douglas non plus n'a montré aucun signe de pression et, naturellement, le contrôle magistral des environs sans aucun effort apparent fait partie de l'équipement des chefs militaires. Le pouvoir du général moderne n'est évident dans aucun des symboles anciens.

C'est en réalité l'armée qui a choisi Sir Douglas comme commandant en chef. Chaque fois que la possibilité de la retraite de Sir John French était évoquée et que vous demandiez à un officier qui devrait le remplacer, la réponse était toujours soit Robertson, soit Haig. Dans n'importe quelle profession, les membres devraient être les meilleurs juges de l'excellence dans cette profession, et après dix-huit mois d'organisation et de combat, ces deux hommes avaient gagné les éloges universels de leurs compagnons d'armes. Robertson se rend à Londres et Haig reste en France. L'Angleterre comptait sur eux pour la victoire.

La naissance a été douce pour Sir Douglas. Il était issu d'une vieille famille écossaise aux belles traditions. Oxford le suivit presque comme une évidence et ensuite il entra dans l'armée. Depuis ce jour, il y a quelque chose en commun entre sa carrière et celle de Sir William : un simple zèle professionnel et une industrie. Ils ont décidé de maîtriser la vocation qu'ils avaient choisie. Bien avant que le public ait entendu parler de l'un ou l'autre, leurs capacités étaient connues de leurs camarades soldats. Aucun officier n'était plus opposé à toute forme de publicité publique, qui était contraire à leurs instincts tout autant qu'à l'éthique du soldat. En Afrique du Sud, qui était l'école pratique où les commandants de l'armée britannique d'aujourd'hui apprirent pour la première fois à commander, leur travail d'état-major efficace les distingua comme des hommes à venir. Tous deux avaient une vision. Ils étudièrent les systèmes de guerre continentaux et, lorsque la grande guerre éclata, ils disposaient de documents qui constituaient une recommandation indéniable qui les distinguait de leurs camarades. Sir John French et Sir Ian Hamilton appartenaient à la génération qui les a précédés, la différence étant celle entre les années 50 et les années 60.

C'est l'épreuve de commandement d'un corps puis d'une armée en Flandre et dans le nord de la France qui a fait de Sir Douglas commandant en chef, une épreuve qui dépasse la capacité académique qui dirige les joueurs d'échecs sur l'échiquier : celle de la capacité physique à endurer la tension de mois après mois de campagne, garder une perspective calme, ne jamais laisser la maîtrise de la force sous vos ordres devenir incontrôlable et ne jamais être accablé par des détails sauf ceux qui sont vitaux.

Le subordonné qui était d'humeur incertaine pour voir Sir Douglas ou Sir William est reparti avec un sentiment de conviction inébranlable. Tous deux avaient le don de simplifier n'importe quelle situation, aussi complexe soit-elle. Lorsqu'un certain général se déchaîna pendant la retraite de Mons, Sir Douglas parut considérer que son premier devoir était d'aider cet homme à retrouver son calme, et il passa son bras sous celui du général et le promena de long en large jusqu'à ce que le calme revienne. Encore une fois, lors de la retraite de Mons, Sir Douglas a déclaré : « Nous devons rester ici pour le moment, si nous mourons tous pour cela », énonçant cette nécessité militaire aussi froidement que si cela impliquait simplement d'attendre encore un quart d'heure pour l'arrivée d'un invité. dîner.

Tout comme le général Joffre, Sir Douglas vivait selon la règle. Lui aussi insistait pour bien dormir la nuit et se lever frais pour sa journée de travail. Durant la période de préparation à l'offensive, sa routine commençait par une promenade dans le jardin avant le petit-déjeuner. Puis les chefs des différentes branches de son état-major dans la ville-siège venaient tour à tour faire leurs rapports et recevoir des instructions. Au déjeuner, il ne parlerait probablement pas de guerre. Un homme de sa formation et de son expérience ne manque pas de sujets pour se distraire de ses devoirs. Chaque jour, à deux heures et demie, il partait en promenade, accompagné de son propre régiment de lanciers. Le reste de l'après-midi fut consacré à des conférences avec les subordonnés qu'il avait convoqués. Le dimanche matin, il se rendait toujours au siège social et, dans une petite chapelle temporaire en bois, écoutait le sermon d'un dominie écossais qui ne ménageait pas ses longueurs, impressionné par le membre éminent de sa congrégation. Autrement, il ne quittait le château que lorsqu'il allait voir de ses propres yeux quelque partie du front ou de l'organisation en développement.

Bien entendu, la pièce du château qui servait de bureau était tapissée de cartes, comme le sont, selon certaines informations, les bureaux de tous les grands dirigeants. Cela semble être la décoration la plus évidente. Qu'il s'agisse de la dernière photographie d'un avion ou du schéma le plus récent de plans d'attaque, il se demandait si ses subordonnés pensaient que cela en valait la peine . Toutes les rivières d'informations affluaient vers le petit château. On pouvait dire que lui et le chef d'état-major étaient seuls au courant de tout ce qui se passait. En causant avec lui dans le bureau, qui avait été le bureau d'un gentilhomme de la campagne française, on se faisait une idée des choses qui l'intéressaient ; des processus par lesquels il construisait son organisation. Il était le centre d'échange de toutes les idées et, à travers elles, il fixait le critère d'efficacité. Il parlait de la cause pour laquelle il combattait comme si c'était la chose la plus importante pour lui et pour tous ceux qui étaient sous ses ordres, mais sans permettre à ses sentiments d'interférer avec son jugement de l'ennemi. Son adversaire était vu sans illusion, comme un soldat voit un soldat. Pour lui, son problème n'était pas un problème de sentiment, mais un problème de puissance militaire. Il distribuait des coups ; et les coups seuls pourraient gagner la guerre.

La simplicité et la franchise de pensée, la décision et la volonté d'accepter des responsabilités semblaient une seconde nature à l'homme reclus dans ce petit château, libre de toute confusion de détails, qui avait une tâche - la plus grande jamais incombée à un commandant britannique - de faire d'une armée brute une force capable d'entreprendre une offensive contre des positions frontales considérées comme imprenables par de nombreux experts et occupées par l' habile armée allemande. Il avait, comme Sir William Robertson, « beaucoup de réflexion à faire » ; et quel meilleur endroit aurait-il pu choisir que cette retraite, à l'abri du bruit des canons, où, par l'intermédiaire de ses subordonnés, il sentait jour après jour le pouls de toute l'armée ?

Son expression favorite était « l'esprit qui vivifie » ; l'esprit d'effort, de discipline, de camaraderie, de cohésion de l'organisation, s'étendant depuis la personnalité au bureau dans cette salle jusqu'aux hommes eux-mêmes, à travers toutes les unités. Bien que les officiers et les soldats le voyaient rarement, ils avaient ressenti l'impulsion de son esprit peu après qu'il ait pris le commandement. Une nouvelle ère était arrivée en France. Cette vieille organisation appelée Empire britannique, lâche et décentralisée – et unie parce qu'elle l'était – avait fait un nouveau pas en avant dans le rassemblement de ses forces en une force compacte.

II

VERDUN ET SA SUITE

La grande stratégie allemande et Verdun - Pourquoi les Britanniques ne sont pas allés à Verdun - Ce qu'ils ont fait pour aider - Caractéristiques raciales dans les armées - Le père Joffre avare de divisions - Le pays de la Somme - Tactiques séculaires - Si le flanc ne peut pas être tourné, le le front serait-il brisé ? — Théorie de l'offensive de la Somme.

Pour bien préparer le terrain pour la bataille de la Somme, qui fut le corollaire de celle de Verdun, il faut, au risque d'avoir l'air de battre de la paille, considérer le plan de campagne allemand en 1916, lorsque l'état-major allemand s'était retourné ses yeux de l'Est vers l'Ouest. Au cours de l'été 1915, elle n'avait tenté aucune offensive sur le front occidental, mais s'était contentée de maintenir ses solides lignes de tranchées, convaincue que ni les Britanniques ni les Français n'étaient préparés à une offensive à grande échelle.

C'était pour nous des jours bleus avec l'armée britannique en France en juillet et début août, tandis que les bulletins officiels révélaient sur la carte comment les légions de von Hindenburg et de von Mackensen traversaient la Pologne. Plus critique encore fut la période qui suivit, au cours de laquelle des informations privilégiées indiquèrent que l'intrigue allemande à Petrograd, derrière les lignes russes pilonnées par les canons allemands, pourrait réussir à conclure une paix séparée. Utilisant ses lignes intérieures pour le mouvement rapide des troupes, entourées d'un anneau d'acier et luttant contre des nations parlant des langues différentes avec leurs capitales largement séparées et leurs armées non en contact, chacune ayant ses propres objectifs sentimentaux et territoriaux dans la guerre, l'objet évident de Dès le début, la politique de l'Allemagne serait de briser cet anneau, forçant l'un des Alliés à capituler sous les coups allemands.

En août 1914, elle avait espéré remporter une bataille décisive contre la France avant de tourner ses légions contre la Russie pour prendre une décision. Elle entendait maintenant accomplir à Verdun ce qu'elle n'avait pas réussi à accomplir sur la Marne, sûre d'elle que la France était épuisée. Ce fut au tour de von Hindenburg de tenir la ligne mince tandis que les Allemands concentraient sur le front occidental vingt-six cent mille hommes, avec tous les canons dont ils pouvaient disposer et toutes les munitions accumulées après la fin de la offensive russe. La chute de Paris n'était pas nécessaire à leur objectif. Les capitales, que ce soit Paris, Bruxelles ou Bucarest, ne sont que les trophées de la victoire militaire. L'objectif principal des Allemands, qui incluait naturellement la prise de

Verdun, était de marteler le cœur de la défense française jusqu'à ce que la France, chancelante sous les coups, son *moral* brisé par la perte de la forteresse, sa nature soi-disant changeante au plus profond de la dépression, céderait à son impulsion et demanderait des conditions.

Après le début des attaques allemandes à Verdun, tout le monde se demandait pourquoi les Britanniques, qui ne détenaient alors qu'une soixantaine de milles de ligne et devaient disposer de réserves importantes, ne se précipitaient pas au secours des Français. Les Français eux-mêmes étaient quelque peu réticents face à ce qui était censé être l'inaction britannique. Les dirigeants de l'armée ne pouvaient pas révéler leurs plans en donnant les raisons – qui sont désormais évidentes – de leur action ou de leur inaction. Pour certains esprits non militaires, la situation semblait aussi simple que si Jones était attaqué dans la rue par Smith et Robinson, tandis que Miller, l'ami de Jones qui se trouvait à un pâté de maisons, ne voulait pas aller à son secours. Pour d'autres, peut-être un peu plus avertis, il semblait qu'il s'agissait simplement de faire traverser le pays à quelques divisions britanniques ou de les mettre à bord d'un train.

Bien entendu, les Britanniques n'étaient que trop prêts à aider les Français. Toute autre attitude aurait été inintelligente ; car, une fois l'armée française brisée, l'armée britannique se retrouverait obligée de supporter seule le poids des coups allemands à l'Ouest. L'armée britannique pouvait suivre trois cours.

D'abord. Elle pourrait envoyer des troupes à Verdun. Mais le mélange d'unités parlant des langues différentes dans le réseau complexe de communications requis pour diriger les opérations modernes, et le mélange de transports au cours de fortes concentrations au milieu d'une action critique où la cohésion absolue de toutes les unités était nécessaire, doivent aboutir à confusion qui rendrait un tel projet impraticable. Seule la situation désespérée des Français, sans réserve, aurait pu obliger à une seconde considération, car elle représentait l'extrême de cette inefficacité militaire qui entraîne un gaspillage de vies et de matériel.

Deuxième. Les Britanniques pourraient attaquer le long de leur front pour faire diversion et soulager la pression sur Verdun. Les Allemands étaient parfaitement préparés à cela. Cela correspondait exactement à leur plan. Sachant que la Nouvelle Armée britannique n'était pas encore développée en tant qu'instrument d'offensive et qu'elle manquait encore de canons et d'obus, les Allemands avaient frappé dans le mauvais temps de février à Verdun, pensant, à tort à mon avis, que Le handicap à la vitalité de leurs hommes : le grésil, le gel et le froid, les pluies détrempées seraient compensés par le temps gagné. Non seulement les Allemands disposaient de suffisamment d'hommes pour poursuivre l'offensive de Verdun, mais, face aux Britanniques, leur nombre représentait le plus grand nombre de kilomètres depuis la première bataille d'Ypres. Familiers de la valeur britannique résultant de contacts réels au cours de batailles de Mons à la Marne et de retour à Ypres, et en particulier lors de l'offensive de Loos (qui fut la première « révélation » de la Nouvelle Armée à l'état-major allemand), les Allemands estimèrent que , avec ce qu'un Allemand appelait « le courage de leur stupidité, ou la stupidité de leur courage », les Britanniques, poussés par la demande du public à aider les Français, enverraient leur infanterie fraîche avec un soutien d'artillerie insuffisant contre les mitrailleuses et les rideaux allemands. de feu, et entassent leurs morts jusqu'à ce que leurs pertes réduisent toute l'armée à l'inertie pour le reste de l'année.

Bien entendu, l'hypothèse allemande – celle qui a coûté à von Falkenhayn sa place de chef d'état-major – reposait sur un tel état d'épuisement des Français qu'une attaque britannique serait obligatoire. La phase initiale de l'attaque allemande fut à la hauteur des attentes en termes de terrain gagné, mais pas en termes de prisonniers ou de matériel pris. Les Français se replièrent habilement devant l'assaut allemand contre les positions légèrement tenues par les défenseurs en prévision de l'attaque, et tournèrent leurs rideaux de feu sur l'ennemi en possession des tranchées capturées. Ensuite, la France a réservé une autre surprise au monde extérieur. Son esprit, toujours brillant en attaque, est devenu froid dans une défensive obstinée et économe. Elle n'était pas « groggy », comme le supposaient les Allemands. Pour chaque mètre de terre gagné, ils devaient payer un prix effroyable ; et leur propre admiration pour les obus et la valeur française est une gloire professionnelle suffisante soit pour Pétain , Nivelle ou Mangin , soit pour les soldats dans les rangs.

Troisième. Les Britanniques pourraient s'emparer de davantage de lignes de tranchées, libérant ainsi les forces françaises pour Verdun, ce qui était le plan adopté lors de la conférence des commandements français et britannique. Un matin, à la place d'une armée française en Artois, une armée britannique était en occupation. Les casques ronds des Britanniques remplaçaient les casques oblongs des Français le long du parapet ; Les soldats britanniques étaient cantonnés à la place des Français dans les villages à l'arrière et les canons britanniques se déplaçaient dans les emplacements de canons français avec la précision ordonnée que l'entraînement militaire avec sa seule discipline assure ; tandis que l'armée française était à bord de trains circulant à intervalles donnés sur des rails réservés à leur utilisation en route vers Verdun où, sous ce simple système d'état-major français qui est le produit de l'héritage, de l'entraînement antérieur et de l'expérience de cette guerre, ils tombèrent mis en place comme une partie du mur d'hommes et de canons.

Les critiques extérieures, qui tiraient de cet arrangement la conclusion qu'il laissait les Britanniques à l'occupation méthodique de tranchées tranquilles tandis que leurs alliés étaient envoyés au sacrifice, eurent leur effet pendant un certain temps sur l'opinion publique extérieure et même sur les Français, mais n'eurent aucun effet. troubler la sérénité de l'état-major britannique au cours de ses préparatifs ou de l'état-major français, qui savait bien que le moment venu, l'armée britannique ne se montrerait pas pointilleuse quant au prix rouge de la victoire. Quatre mois plus tard, alors que les bataillons britanniques se précipitaient contre les positions frontales avec un abandon que leurs états-majors devaient contenir, les mêmes sources de critiques extérieures, y compris les rumeurs superficielles à Paris, se plaignaient du fait que les Britanniques étaient trop courageux dans leur gaspillage de vies. Il est devenu à la mode chez certains de critiquer les Britanniques, évidemment sous l'impression que la Nouvelle Armée britannique serait meilleure qu'une armée continentale dès que ses bataillons seraient débarqués en France.

Les méthodes de chaque armée, la façon de penser de chaque état-major sont caractéristiques à long terme de ceux qui lui fournissent des soldats. L'armée allemande est ce qu'elle est non pas grâce à l'application d'une quelconque théorie académique de la perfection militaire, mais grâce à l'application de l'organisation au caractère allemand. Naturellement flegmatiques, naturellement peu enclins à l'initiative, les Allemands d'avant l'ère de l'Allemagne moderne avaient bien moins d'instinct martial que les Français. Les bâtisseurs de l'armée allemande, y compris le maître de tous, von Moltke , entreprirent d'utiliser la docilité et l'obéissance allemandes pour créer une machine d'une industrie, d'une rigidité et d'une discipline impitoyables singulières. Des méthodes similaires entraîneraient une révolte dans la France démocratique et dans l'Angleterre individualiste où chaque homme porte la Magna Charta, talisman de ses propres « droits », dans la poche de son gilet.

Le paysan français labourant ses champs à portée de canon, le maraîcher descendant le matin ses produits de la Somme jusqu'à Amiens, ou l'employé, l'homme d'affaires et l'ouvrier parisien, c'est la France et l'armée française. Mais la force de cœur et de caractère de la France, je pense, réside dans son paysan têtu, conservateur et souriant. C'est répéter un lieu commun que de dire qu'il a toujours quelques pièces d'or dans son bas. Il n'en cède une qu'en une occasion critique, et alors en grommelant un peu, avec l'économie du négociant qui veut dire qu'elle sera bien dépensée.

L'Anglo-Saxon, dont l'héritage est particulièrement évident chez les Américains à cet égard, lorsqu'il cède en cas de crise, devient extravagant, que ce soit en argent ou en vie, comme l'Angleterre l'a fait dans cette guerre. La mer est à lui et les nouvelles terres sont à lui, tout comme elles sont les nôtres. Les Australiens, avec leur dollar et demi par jour, rachetant les magasins d'un village lorsqu'ils n'étaient pas dans les tranchées, étaient stupéfiants pour les indigènes, mais pas du tout pour eux-mêmes. Ils se comportaient comme des Anglo-Saxons normaux élevés dans un continent insulaire riche. Les Anglo-Saxons ont de l'argent à dépenser et le dépensent avec la certitude qu'ils en gagneront davantage.

Le général Joffre, ancré dans la France du peuple et du terroir, était un général économe. En effet, de la bouche de Français haut placés, les Allemands auraient pu apprendre que l'armée française manquait d'hommes. Joffre ne semblait plus avoir de divisions à revendre ; mais il ne lui arrivait jamais de crise sans qu'il ne trouvât une autre division au bout de son bas, qu'il abandonnait en grommelant comme le paysan se sépare de sa pièce d'or.

Avare de divisions, le Père Joffre. Il en avait assez pour Verdun, comme on le sait, et bien plus encore. Tandis qu'il y tenait sur la défensive, il a pu préparer une offensive ailleurs. Il épargna le matériel et les canons pour coopérer avec les Britanniques sur la Somme et envoya plus tard au général Foch, commandant du groupe nord des armées françaises, l'insurpassé Corps de Fer de Nancy et le célèbre Corps Colonial.

C'est en mars 1916, alors que le suspense autour de Verdun est à son comble, que Sir Douglas Haig, commandant en chef du groupe des armées britanniques, et Sir Henry Rawlinson, qui sera son bras droit tout au long de l'offensive, en tant que commandant de la Quatrième Armée , il parcourut le terrain en face du front britannique sur la Somme et établit les plans de leur attaque, et Sir Henry reçut des instructions pour commencer les préparatifs élaborés de ce qui allait devenir la plus grande bataille de tous les temps. Il comprenait, comme première étape, la construction de plusieurs kilomètres de voies ferrées et d'autoroutes pour le transport des énormes quantités d'armes et de matériel nécessaires.

La Somme serpente à travers de riches terres alluviales à cet endroit et autour de plusieurs îles verdoyantes dans son cours tranquille. Vers le sud, le long de l'ancienne ligne de front, le terrain est plus plat, là où la rivière fait son coude devant Péronne . Vers le nord, de manière générique, il s'élève dans une région de pays vallonné, avec une ligne de crête irrégulièrement marquée que tenaient les Allemands.

Aucune partie du front britannique n'avait été aussi calme au cours de l'été 1915 que la région de Picardie. Depuis la colline où j'ai assisté plus tard à l'attaque du 1er juillet, un jour du mois d'août de l'année précédente, j'avais une vue si large que si un obus avait explosé n'importe où sur un front de cinq milles, il m'aurait été visible. et je n'ai pas vu un seul éclat de fumée provenant d'un explosif puissant ou d'un éclat d'obus. Apparemment, les

Allemands n'avaient jamais prévu d'entreprendre une quelconque offensive ici. Toute leur énergie était consacrée aux préparatifs défensifs, sans même une attaque occasionnelle sur quelques centaines de mètres à garder en main. Il en résulta une tranquillité qui équivalait à une simulation de trêve. À différents endroits, vous pourriez voir des Allemands se promener à découvert et l'observateur pourrait se tenir exposé à portée de main des canons sans être visé par l'artillerie, comme il l'aurait été dans le saillant d'Ypres.

Lorsque les Britanniques prirent possession de ce tronçon de ligne, ils manquaient si peu de canons qu'ils durent dépendre en partie de l'artillerie française ; et leurs troupes étaient des bataillons bruts de la Nouvelle Armée ou des réguliers renforcés par un petit pourcentage de vétérans de Mons et d'Ypres. Le manque de canons et d'obus exigeait en conséquence davantage de troupes par kilomètre, ce qui les laissait toujours dépendants de la chair et du sang plutôt que des machines pour se défendre. L'armée britannique se trouvait à mi-chemin de quelques troupes hautement entraînées et de la première arrivée des immenses forces à venir ; tandis que les Allemands occupés sur le front de l'Est n'étaient pas disposés à forcer les choses. On raconte qu'un jour, une batterie allemande, pour varier la monotonie, commença à bombarder assez lourdement une tranchée britannique. Les Britanniques, en réponse, ont affiché une pancarte : « Si vous ne vous arrêtez pas, nous vous tirerons notre seule grenade à fusil ! » ce à quoi les Allemands ont répondu dans la même veine : « Désolé ! Nous allons arrêter » – comme ils l'ont fait.

Le sous-sol des collines est constitué de craie, qui cède assez facilement au pic et constitue des murs solides pour les tranchées. Après avoir choisi leur position, ce qu'ils avaient pu faire lors des opérations d'après-Marne alors que les deux armées , oscillant dans la bataille pour les positions vers le nord, s'arrêtaient, les Allemands s'étaient mis, grâce à l'expérience, à construire des ouvrages imprenables à l'époque où les forts étaient devenus moins importants et où la tranchée était devenue suprême. Comme le maintien de la ligne nécessitait peu de combats, les Allemands industrieux, sous les liens stricts de la discipline, eurent tout le temps de creuser de profondes abris et des galeries de liaison sous leur première ligne et d'élaborer leurs tranchées de communication et leur deuxième ligne, jusqu'à ce qui était autrefois une terre agricole paisible. se composait désormais de marques irrégulières de craie blanche traversant des champs sans haies ni clôtures, dont le contour n'avait été interrompu que par un groupe occasionnel de bâtiments agricoles d'un grand propriétaire, une parcelle de bois ou des communautés villageoises où vivaient et se rendaient les agriculteurs. de leurs fermes qui n'étaient délimitées à l'œil nu que par les lignes de culture.

On ne peut jamais commettre l'erreur de trop simplifier les détails compliqués des tactiques modernes où la difficulté est toujours de voir la forêt derrière les arbres. La stratégie n'a pas changé depuis la préhistoire. Cela doit toujours rester le même : feinte et surprise. Le premier homme primitif qui regarda la poitrine de son adversaire et le frappa brusquement au visage était un stratège ; de même, l'anthropoïde du zoo qui en amène un autre à sauter vers un trapèze et à le retirer de dessous lui ; il en va de même pour le voyou qui attend d'attraper sa victime sortant d'une ruelle à l'improviste. Quiconque affronte plusieurs adversaires tentera de protéger ses arrières par un mur, ce qui est aussi de la stratégie, la stratégie étant le véritable instinct de conservation qui vise à obtenir un avantage dans la disposition des forces.

Placez deux lignes de cinquante hommes face à face à découvert, sans officiers, et un homme ayant de l'initiative à droite ou à gauche donnera instinctivement le mot et mènera une ruée vers un abri quelque part sur le flanc, ce qui permettra une enfilade des troupes ennemies. rangs. Pratiquement toutes les grandes batailles du monde ont été gagnées en tournant le flanc d'un ennemi, ce qui l'obligeait à battre en retraite si cela n'entraînait pas une déroute ou une capture.

La marche rapide d'une division ou d'une brigade de la réserve au flanc au moment critique a souvent fait tourner la fortune d'une journée. Toute manœuvre a cet objet en vue. La supériorité numérique facilite l'opération, et la victoire se résume le plus souvent à une supériorité numérique pressant un flanc et rien de plus ; bien que plus tard ses compatriotes admiratifs acclamèrent le vainqueur comme l'inventeur d'un plan stratégique qui était vieux avant qu'Alexandre n'entre en campagne, lorsque le génie du vainqueur consistait dans l'utilisation des opportunités qui lui permettaient de frapper au point critique avec plus d'hommes que son adversaire. Sur le flanc de la Confédération du Sud, Sherman traversa le sud ; en flanc, les confédérés visaient à faire reculer la ligne fédérale à Kulp's Hill et à Little Round Top. Par le flanc, Grant repoussa Lee vers Appomattox. Yalu, Liao Yang et Moukden furent vaincus dans la guerre russo-japonaise grâce à des mouvements d'accompagnement qui forcèrent Kouropatkine à se retirer, mais jamais de manière désastreuse.

La charge de Pickett à Gettysburg reste pour les Américains l'illustration la plus futile et la plus glorieuse d'une charge contre une position frontale, avec sa tentative de briser le centre. Le centre peut vaciller, mais ce sont les flancs qui vacillent ; bien que, bien entendu, dans toutes les opérations cohérentes des grandes armées, un incident nécessaire à tout effort visant à repousser les ailes est une pression suffisante sur le front, exercée simultanément, pour maintenir toutes les troupes en position et maintenir le commandement ennemi dans l'appréhension de l'attaque. désastre qui s'ensuivrait si le centre se brisait gravement en même temps que ses flancs étaient repliés. Ce qui précède n'est que la répétition de principes qui ne peuvent être modifiés par la longueur de la ligne, les masses de troupes et les volumes incroyables de tirs d'artillerie ; ce qui rend la guerre européenne d'autant plus déroutante pour le lecteur moyen qu'il reçoit ses informations en termes techniques.

Le même objet qui conduit une ligne d'hommes à tenter d'en flanquer une autre envoie l'armée allemande à travers la Belgique afin de frapper l'armée française en flanc. Elle y parvint, mais ne parvint pas à tourner le flanc français ; mais par cette opération, en violation du territoire d'une nation neutre, elle fit du territoire ennemi le théâtre d'une action future. On peut discuter jusqu'au bout de ce qui se serait passé si les Allemands avaient lancé leurs légions directement contre l'ancienne frontière française. Personnellement, conformément à l'idée que j'exprimais dans "Le Dernier Coup", je pense qu'ils ne seraient jamais passés par la Trouée de Miracourt ni dépassé Verdun.

Avec une solide ligne de tranchées allant de la Suisse à la mer du Nord, toute offensive doit en quelque sorte « briser le centre » afin de laisser la place à une opération de flanc. Elle doit affronter les positions frontales, en intégrant dans sa stratégie toutes les leçons défensives apprises ainsi que les tactiques et armes défensives développées au cours de dix-huit mois de guerre de tranchées. Si, comme on le supposait généralement, la précision des armes modernes, avec des fusils et des mitrailleuses envoyant leurs balles à trois mille mètres et des rideaux de tir tirés par des canons cachés entre deux et quinze milles de distance, était en faveur de la défensive, alors comment , alors qu'à l'époque des fusils à chargement par la bouche et des canons à canon lisse, les attaques frontales avaient échoué, pouvait-on réussir en 1916 ?

Encore et encore, dans nos mess et dans tous les mess au front, et partout où les hommes se rassemblent dans le monde, la question : la ligne peut-elle être brisée ? a été discuté. Comme nous l'avons vu, il s'agit d'une question académique. La réponse pratique dépend de la force de la force attaquante par rapport à celle de la force défensive. Si les Allemands pouvaient garder seulement cinq cent mille hommes sur le front occidental, ils devraient se retirer d'une partie de la ligne, se concentrer sur des positions choisies et dépendre de tactiques pour défendre leurs flancs exposés dans une bataille rangée. Trois millions d'hommes, avec dix mille canons, ne pourraient pas briser la ligne contre une armée tout aussi habile de trois millions avec dix mille canons ; mais cinq millions, avec quinze mille canons, pourraient briser la ligne tenue par une armée tout aussi habile d'un million, avec cinq mille canons. Vous êtes ainsi amené à une question de nombre, de compétence et de matériel. Si l'objectif est l'attrition, alors l'offensive, si elle peut poursuivre ses attaques avec moins de pertes en hommes que la défensive, doit gagner. Avec des pertes à peu près égales, l'offensive doit aussi finir par gagner si elle dispose de réserves suffisantes.

Rien ne pouvait empêcher le public, qui avait le souhait de croire, que l'attaque du 1er juillet sur la Somme était un effort de décision immédiate, bien que l'officier d'état-major responsable ait pris soin de déclarer qu'il n'y avait aucune attente d'une décision immédiate. briser la ligne et que le but était d'obtenir une victoire morale , d'entraîner l'armée dans les conditions réelles pour de futures offensives et, une fois le bilan équilibré, de prouver qu'avec des tirs supérieurs, l'offensive pouvait être menée avec moins de pertes que la défensive dans les conditions modernes. C'est, je pense, qu'il serait préférable de le dire maintenant. Les résultats que nous examinerons plus tard.

Une chose était sûre : avec la force croissante des armées britannique et française, elles ne pouvaient pas rester les bras croisés. Ils doivent attaquer. Ils doivent retirer l'initiative aux Allemands. Plus les masses allemandes retenues sur le front occidental sous le pilonnage allié étaient importantes, meilleure était la situation des Russes et des Italiens ; et, en conséquence, le plan pour l'été 1916 permettait pour la première fois à tous les Alliés, grâce à des munitions accrues , mais pas suffisantes - cela ne peut jamais arriver - de mener quelque chose comme une offensive commune. Celle des Russes, partie plus tôt que les autres, fut la première à s'arrêter, ce qui signifie que les offensives anglo-française et italienne battirent leur plein, tandis que les Russes, pour le moment, s'étaient installés dans de nouvelles positions.

La préparation de cette attaque sur la Somme, opération sans précédent en caractère et en ampleur si ce n'est l'offensive allemande de Verdun qui avait échoué, ne pouvait être trop complète. Il doit y avoir un flux continu de munitions qui permette la poursuite de la bataille coup sur coup une fois qu'elle a commencé. La réalisation adéquate de sa tâche n'aurait pas précipité un général à l'entreprendre avant d'être pleinement prêt, et les préférences militaires, si d'autres considérations l'avaient permis, auraient reporté l'offensive au printemps 1917.

II Je

UNE INNOVATION CANADIENNE

Rassemblement des clans d'Australie, de Nouvelle-Zélande et du Canada - L'Angleterre envoie des hommes à Sir Douglas Haig mais pas une armée - Méthodes de conversion des hommes en armée - Le raid de tranchées une invention canadienne - Développement du raid de tranchées - Quartiers des correspondants - Se préparer pour le « grand coup de pouce » : un secret bien gardé.

"Certains durs!" » remarqua un Canadien en voyant pour la première fois les Australiens marcher sur une route française. Eux et les Néo-Zélandais se distinguaient en France par leurs chapeaux de feutre à bord bouclé sur le côté, leur physique robuste et leurs visages bien rasés et bien dessinés. Ceux qui avaient été à Gallipoli constituaient le renforcement de l'expérience et de la camaraderie des anciens combattants pour ceux qui venaient de rentrer de chez eux ou des camps en Égypte.

Les bataillons canadiens, qui s'étaient entraînés au Canada puis en Angleterre, augmentèrent les effectifs canadiens jusqu'à avoir une armée de taille égale à celle de Meade ou de Lee à Gettysburg. Les Anglais, les Écossais, les Gallois, les Irlandais, les Sud-Africains et les Terre-Neuviens se réunissant en Picardie, en Artois et en Flandre ont laissé s'interroger sur l'anglais car « on le parle ». Sur le front britannique, j'ai entendu toutes sortes de divergences, y compris celles de différentes régions des États-Unis. Un jour, j'ai reçu une lettre d'un compatriote qui disait ceci :

"Je suis ici dans la RFA avec des ' krumps ' qui éclatent sur ma noix de coco et je vais m'en sortir. Si vous avez des journaux ou des magazines américains qui traînent, envoyez-les-moi, car je suis loin de la Californie. "

Les clans arrivaient sans cesse. Chaque jour, de nouveaux bataillons et de nouveaux canons débarquaient. L'Angleterre envoyait à Sir Douglas Haig des hommes et du matériel, mais pas une armée au sens moderne du terme. Il dut souder les envois en un tout sur le terrain, face à l'ennemi. Les munitions étaient une question de ressources et de fabrication, mais la grande usine de toutes était celle des hommes. Il ne suffisait pas que les artilleurs sachent tirer avec assez de précision en Angleterre, au Canada ou en Australie. Ils doivent apprendre à coopérer avec des dizaines de batteries de différents calibres dans des rideaux de feu et, à leur tour, avec l'infanterie, dont ils doivent soutenir les attaques avec la finesse du calcul scientifique et la *liaison instinctive* qui ne vient que avec l'expérience sous la direction d'officiers entraînés, contre l'armée allemande qui ne manquait pas de matériel dans ses rangs de conscrits pour être promue afin de pourvoir les postes vacants dans les listes d'officiers.

De dix-sept milles de front à vingt-sept, puis à soixante et enfin à près de cent, les Britanniques avaient élargi leur responsabilité, qui ne signifiait qu'un entraînement défensif, tandis que les Allemands avaient deux ans d'entraînement offensif. Les deux offensives britanniques à Neuve Chapelle avait inclus une petite partie des bataillons qui devaient combattre sur la Somme ; et le troisième, incomparablement plus ambitieux, devait faire face à une plus forte concentration de troupes et d'armes que ses prédécesseurs.

Ce qui n'a pas été acquis lors de l'entraînement au combat doit être rapproché lors de l'exercice militaire. Tout commandant de bataillon, tout officier d'état-major et tout général ayant eu une certaine expérience, doit être instructeur aussi bien que directeur. Ils doivent assembler leur machine et la mettre au point avant de la mettre sur une route plus rigide que celle essayée auparavant.

La zone de l'armée britannique en France est devenue une école pour la Grande Offensive ; et tandis que les gens à la maison pensaient : « Nous vous avons envoyé les hommes et les fusils, maintenant à l'action ! le temps de préparation était tout à fait trop court pour les apprenants assidus. Tous les types possibles de programmes simulant les conditions réelles d'une attaque avaient été conçus. En se déplaçant vers l'arrière, le crépitement d'une mitrailleuse à dix milles en arrière de la ligne indiquait l'école de mitrailleuses ; une série d'explosions a attiré l'attention sur les bombardiers qui se frayaient un chemin à travers des tranchées d'entraînement dans un champ ; une explosion plus lourde provenait de l'académie des mortiers de tranchée ; un puissant nuage de fumée et de terre s'élevant de deux ou trois cents pieds était une nouvelle expérience minière. Sir Douglas partit de la théorie selon laquelle aucun soldat ne peut trop bien connaître son travail. Il entendait ne permettre à aucun homme sous ses ordres de s'ennuyer à cause de l'oisiveté.

La guerre des tranchées était devenue systématique et, inévitablement, le maintien de la même ligne mois après mois n'était pas favorable au développement de l'initiative. Un homme habitué à une vie sédentaire n'est pas enclin à l'action physique. Celui qui creuse toujours des pirogues répugne à quitter l'habitation qui lui a coûté beaucoup de travail pour vivre en plein air.

Les bataillons étaient en position pendant un nombre de jours donné, variant selon la nature du poste occupé, lorsqu'ils étaient relevés pour se reposer dans des cantonnements. Pendant leur occupation, ils ont subi des tirs d'obus qui variaient énormément selon les différents secteurs. Quelques hommes guettaient, armés de fusils et de mitrailleuses, toute démonstration de l'ennemi, tandis que les autres restaient inactifs lorsqu'ils ne creusaient pas. Ils envoyèrent des patrouilles de nuit dans le No Man's Land pour obtenir des informations ; ont échangé des grenades à fusil, des mortiers et des bombes avec l'ennemi. Chaque semaine apportait son bilan, léger dans les endroits tranquilles, lourd dans le coin terriblement chaud du saillant d'Ypres, où les attaques et contre-attaques ne cessaient jamais et l'appréhension de voir votre parapet brisé par une « préparation » d'artillerie, qui pourrait être le signe avant-coureur d'une attaque, pesait sans relâche sur les nerfs.

C'était un lieu commun que chaque fois que l'on le désirait, on pouvait prendre un front de mille ou deux mètres simplement en concentrant son tir, en coupant les barbelés de l'ennemi et en déchirant les sacs de sable de son parapet en rubans, ce qui entraînait pour lui des pertes effroyables ; puis une charge rapide, sous le couvert de l' ouragan d'artillerie, prendrait possession des débris , des blessés de l'ennemi et de ceux encore en vie dans ses pirogues. Les pertes dans des opérations de ce genre étaient généralement beaucoup plus légères dans la prise de position de l'ennemi que dans la tentative de la maintenir, car celui-ci, en réponse à votre offensive, tourna toute la force de ses canons sur son ancienne tranchée que vos hommes essayaient d'organiser. dans l'un des leurs. Plus tard, sous le couvert de ses propres canons, ses protégés récupérèrent les ruines, forçant le groupe de la première partie qui avait commencé le "spectacle" à retourner dans son ancienne tranchée de première ligne, ce qui laissa la situation telle qu'elle était auparavant, les deux camps étant en conflit. perdant des vies sans gagner de terrain et avec la perspective de devoir reconstruire à nouveau leurs traverses et leurs terriers et de remplir de nouveaux sacs de sable.

C'est la répétition de ce genre d'"incident", rapportés dans les *communiqués quotidiens* , qui a conduit le monde extérieur à s'interroger sur la stupidité et la satire de la chose, sans comprendre que son objectif était uniquement de *moral* . Une attaque fut lancée pour maintenir les hommes à la hauteur ; une contre-attaque afin d'empêcher jamais l'ennemi de développer un sentiment de supériorité. Chaque soldat qui participait à une charge apprenait quelque chose en matière de méthode et gagnait quelque chose en matière de qualité considérée comme requise par ses commandants. Il s'était rencontré face à face dans un combat au corps à corps mortel dans la tranchée qui traverse l'ennemi qui était une force invisible derrière une ligne grise de parapet qui lui tirait dessus à chaque fois qu'il montrait la tête.

Attaquer et contre-attaquer sans ajouter un mètre carré supplémentaire au territoire en votre possession : cela avait coûté des centaines de milliers de victimes sur le front occidental. L'étape suivante consistait à acquérir le *moral* d'attaque sans perdre de vies en essayant de conquérir de nouveaux terrains.

Le mérite du raid dans les tranchées, qui s'est déroulé tout au long de l'hiver 1915, appartient au Canadien. Son plan était aussi simple que celui de l'Indien d'Amérique qui s'est précipité vers une colonie blanche et s'est enfui après avoir été scalpé ; ou les cowboys qui ont tiré sur une ville ; ou les insurgés mexicains qui descendent dans un village pour une brève visite de massacres et de pillages. Le Canadien proposait d'entrer par surprise dans les tranchées allemandes, d'y rester suffisamment longtemps pour profiter au maximum de la confusion qui en résulterait, puis de regagner ses propres tranchées sans chercher à tenir et à organiser la position ennemie et ainsi tirer sur sa tête tout en s'occupant du combat. lancez un volume meurtrier de tirs d'obus.

Les premiers raids se faisaient en petits groupes sur un front étroit et la tactique était celle du pionnier, qui ne manque jamais d'initiative individuelle et de maîtrise du terrain . Derrière leurs lignes, les Canadiens répétaient encore et encore avec minutie jusqu'à ce que chaque homme soit parfait dans le rôle qu'il devait jouer dans la « petite surprise prévue au Canada pour frère Boche ». Le moment choisi pour cet exploit était une nuit sombre et orageuse, où le battement de la pluie et le vent soufflant dans leur direction étoufferaient les mouvements des hommes qui se frayaient un chemin à travers les barbelés pour leur course de panthère . C'était le genre d'expérience dont le succès dépend du silence de chaque participant et de l'exécution de la tâche qui lui est assignée avec une exactitude minutieuse.

Les Allemands, confiants dans l'intégrité de leurs barbelés, et tous, sauf les sentinelles dont les oreilles et les yeux ne parvenaient pas à détecter le danger endormis dans leurs abris, découvrirent que les hommes du Maple Leaf avaient sauté par-dessus le parapet et étaient à la porte pour exiger la reddition. . C'était une affaire qui réjouissait le cœur d'Israël Putnam ou du colonel Mosby, et son succès était une nouvelle contribution tactique à une guerre dans l'impasse qui semblait avoir épuisé toutes les inventions et nouveautés possibles. Des raids de tranchées furent effectués sur des fronts de plus en plus larges jusqu'à devenir des opérations considérables, où les barbelés étaient coupés par l'artillerie qui apportait aux hommes le même type de soutien qu'elle devait apporter plus tard lors de la Grande Offensive.

Il y avait une nouvelle terreur dans les tranchées et les habitations. Or, l'homme qui dormait dans une pirogue pour la nuit ne risquait pas seulement d'être projeté vers le ciel par une mine, ou d'être enterré par l'explosion d'un obus lourd, ou encore d'être obligé de surgir en réponse au son du gong qui annonçait une attaque au gaz, mais il pourrait être réveillé à deux heures du matin (heure préférée des raids) par le cri des sentinelles qui avaient été maîtrisées par la ruée furtive de silhouettes sombres dans la nuit, et pendant qu'il se levait, être tué par le éclatement d'une bombe lancée par des hommes qu'il supposait également endormis profondément dans leurs propres quartiers à deux ou trois cents mètres de là.

La rivalité entre bataillons lors des raids de tranchées, que les commandants aimaient instaurer , s'est inévitablement développée. Les bataillons devinrent aussi fiers de leurs raids sur les tranchées que les cuirassés de leur entraînement sur cible. Un bataillon qui n'avait pas réussi un raid de tranchée avait quelque chose à expliquer. Quelle fierté pour les Bantams – ces petits gars en dessous de la taille réglementaire qui s'étaient enrôlés dans leur propre division sur la suggestion de Lord Kitchener – lorsque, lors d'un de leurs raids de tranchées, ils ramenaient de gros Allemands imposants et une mitrailleuse allemande de taille humaine à travers le No. Terre des hommes !

Les pillards n'ont jamais tenté de rester longtemps dans les tranchées ennemies. Ils tuèrent les Allemands obstinés, firent d'autres prisonniers et, outre les dégâts qu'ils causèrent, revinrent toujours avec des identifications des bataillons qui occupaient la position, tandis que les prisonniers amenés fournissaient des informations précieuses.

Les Allemands, plus adaptatifs que créatifs, plus organisateurs que pionniers, n'hésitèrent pas à apprendre des Britanniques, et bientôt eux aussi organisèrent des fêtes surprises dans la nuit. Même s'ils resserrèrent la discipline défensive des deux côtés, les raids de tranchées furent bien plus utiles aux Britanniques qu'aux Allemands ; car l'état-major britannique y trouva une méthode inestimable de préparation à l'offensive. Non seulement l'artillerie s'était entraînée à soutenir des attaques réelles plutôt que théoriques, mais lorsque les hommes franchissaient le parapet, c'était face à l'ennemi, qui risquait d'allumer ses mitrailleuses s'il n'était pas réduit au silence par des tirs précis. Ils apprirent à coordonner leurs efforts, individuellement ou en unités, tant dans la charge que dans le nettoyage des pirogues allemandes. Leur sens de l'observation, de leur adaptabilité et de leur jeu d'équipe s'est accru lors du contact vital avec l'ennemi.

Au cours des mois du printemps, les raids de tranchées se sont poursuivis dans leur processus visant à « saigner » la nouvelle armée pour la « grande poussée ». Pendant ce temps, les correspondants, qui étaient là pour rendre compte des opérations de l'armée, passaient un moment tranquille comme un gentilhomme de campagne dans son domaine, sans aucun des soucis de son surintendant.

Notre lieu d'origine après nos pérégrinations autour de l'armée n'était pas trop loin de la ville-quartier-général pour être en contact avec elle, ni trop près pour ressentir le respect de la proximité de l'autorité dirigeante de centaines de milliers d'hommes. Les raids de tranchées avaient perdu de leur nouveauté pour le public desservi par les correspondants. La description d'une visite dans une tranchée était aussi banale pour les lecteurs que l'expérience elle-même pour l'un de nos six hommes chevronnés. Nous avions vu toutes les écoles de guerre et aussi le bataillon des objecteurs de conscience, ces pacifistes extrémistes qui refusent de tuer leurs semblables. Leurs opinions étant respectées par la liberté et l'individualisme anglais, ils se mirent à réparer les routes et à effectuer d'autres tâches similaires.

La guerre était devenue complètement statique. À moins qu'une nouvelle manière de tuer ne se développe, même le public anglais ne se souciait pas de lire des informations sur sa propre armée. Lorsque mes camarades anglais virent qu'un petit scandale occupait plus de place dans les journaux londoniens que leurs récits d'un vaillant raid aérien, ils eurent des moments de dépression cynique.

Entre les voyages, nous faisions de longues promenades, allions nidifier les oiseaux et discutions avec les paysans. Qu'avions-nous à voir avec la guerre ? Pourtant, nous ne sommes jamais allés dans des tranchées ou dans des quartiers généraux, à l'hôpital ou à une position d'artillerie, sans trouver quelque chose de nouveau et de merveilleux pour nous, sinon pour le public, dans cette vaste ruche de l'industrie militaire.

"Mais si jamais nous démarrons la poussée, ils liront chaque détail", a déclaré notre homme le plus sage. "C'est l'impulsion qui est dans toutes les têtes. L'homme de la rue en a marre d'entendre parler de répétitions. Il veut que le rideau se lève."

Chacun de nous savait que l'offensive allait arriver et où, sans jamais en parler dans notre mess ni être censé le savoir. Personne n'était censé le savoir, à l'exception de quelques « chapeaux d'airain » dans la ville-siège. L'une des principales exigences du galon d'or qui désigne un général ou de la bande rouge autour du bonnet et de la languette rouge sur le revers du manteau qui désigne le bâton est la capacité de garder un secret ; mais une longue association avec une armée en fait une sorte de seconde nature, même avec un groupe de civils. Quand vous rencontriez un Brass Hat, vous feigniez de croire que la monotonie de ces rapports officiels de l'armée sur le bombardement d'une nouvelle redoute allemande ou un violent duel d'artillerie, ou quatre avions ennemis abattus, qui se lisaient vendredi comme jeudi, allait continuer. pour toujours. Les Brass Hats faisaient semblant de croire la même chose entre eux. Les armées britannique et française devaient continuer à lancer des explosifs sur l'armée allemande depuis les mêmes positions.

Parfois, un Brass Hat a laissé entendre que l'offensive aurait probablement lieu au printemps 1917, sinon plus tard, et vous avez accepté l'information comme strictement confidentielle et indéfinie, comme vous devriez accepter toute information reçue d'un Brass Hat. Il n'est jamais venu à l'esprit de personne de demander si « 1917 » signifiait juin ou juillet 1916. Ce serait aussi mal vu que de demander à un homme dont la tête était grise l'année dernière et noire cette année s'il s'est teint les cheveux.

Ces obusiers lourds, tout juste sortis de la fonderie, tirés par de gros tracteurs à chenilles, se dirigeaient tous dans une seule direction : vers la Somme. Les villages situés le long de leur parcours se remplissaient de troupes. Plus on se rapproche du front, plus la concentration d'hommes et de matériel est grande. Des coquillages, de la taille des bidons de lait des gares de banlieue, se trouvaient en ordre serré sur les quais, à côté des voies d'évitement des nouveaux chemins de fer légers ; des obus de tous calibres étaient entassés dans de nouveaux dépôts de munitions ; les champs étaient coupés par les traces des canons qui se mettaient en position ; les rouleaux à vapeur traçaient les routes au milieu des longs cortèges de camions automobiles, lourdement chargés lorsqu'ils se dirigeaient vers les tranchées et vides au retour ; des enclos de barbelés étaient prêts à servir de postes de rassemblement pour les prisonniers ; les groupes de tentes-hôpitaux situés à d'autres endroits semblaient disproportionnés au flot de blessés résultant de la guerre de tranchées habituelle.

Toute cette préparation, s'étendant sur des semaines et des mois, sans émotion et méthodique, infinie dans les détails, prodigieuse dans l'effort, évoquait le travail d'ingénieurs, d'entrepreneurs et de sous-traitants dans la construction d'un grand pont ou d'un canal, avec des ouvriers tous dans le même genre de travail. uniforme et avec des directeurs, des surintendants et des contremaîtres ayant chacun des insignes de grade et les chapeaux de laiton et les onglets rouges les inspecteurs et les auditeurs.

L'officier installant un nouveau poste de traitement des blessés, ou plaçant une arme à feu, ou démarrant un autre dépôt de munitions, n'avait entendu parler d'aucune offensive. Il ne faisait que ce qu'on lui disait. Ce n'était pas son affaire de demander pourquoi à un Red Tab, pas plus que ce n'était l'affaire d'un Red Tab de demander pourquoi à un Brass Hat, ou son affaire de savoir que le même genre de chose se passait sur une devanture de magasin. seize milles. Chacun ne voyait que sa petite partie de la ruche. Les ordres limitaient strictement les travailleurs à leurs sections tout en leur fermant les lèvres. Les entrepreneurs ne couraient aucun risque de grève ; les salariés ne recevaient aucune rémunération supplémentaire pour les heures supplémentaires. Il était aussi évident que l'offensive devait être sur la Somme que que le cirque était arrivé en ville, quand on voit les tentes se lever à l'aube sur un terrain vague tandis que les éléphants font la queue.

Vers la fin du mois de juin, j'ai demandé au Red Tab qui était assis à la tête de notre table si je pouvais partir en permission pour Londres. Il a été surpris, je pense, mais il n'a pas semblé surpris. C'est l'une des conditions requises pour obtenir une Red Tab qu'il ne devrait pas. Il a dit qu'il ne savait pas si l'autorisation était accordée à l'heure actuelle. C'était inhabituel, car aucune indication de refus n'avait jamais été faite auparavant. Quand j'ai dit que ce ne serait que pour deux ou trois jours, il a pensé que cela pouvait s'arranger. Ce que signifiait ce Red Tab prévenant, c'était que je devais revenir « à temps ». Pourtant, il n'avait pas mentionné qu'il y aurait une offensive, et moi non plus. Nous avions gardé la foi du secret militaire. D'ailleurs, je n'en savais vraiment rien, à moins d'ouvrir un casier dans mon cerveau. C'était aussi mon affaire de ne pas savoir — la seule affaire que j'avais avec la « grande poussée », à part regarder.

À Londres, mes amis m'ont surpris en s'exclamant : « Qu'est-ce que tu fais ici ? » et « Ne manquerez-vous pas l'offensive qui va commencer ? Maintenant, que dirait un Brass Hat dans une urgence aussi délicate ? Aurait-il l'air sage ou imprudent en disant cela ? Essayant de paraître imprudent, j'ai répondu : "Ils ont les hommes maintenant et peuvent frapper à tout moment. Ce n'est pas à moi de savoir où et quand. J'ai demandé la permission et ils l'ont donnée." J'ai été assez soulagé et j'ai senti que j'étais moi-même presque digne d'un chapeau de cuivre secret, lorsqu'un homme a fait remarquer : « Ils ne vous disent pas grand-chose, n'est-ce pas ?

Il serait hors de question de garder secrets des préparatifs aussi immenses parmi les anglophones. Seuls les Japonais sont mentalement équipés pour assurer la sécurité des informations. Avec les autres races, c'est un effort difficile. Pouvez-vous imaginer Washington garder un secret militaire ? On pouvait entendre les chuchotements confidentiels depuis le ministère de la Guerre jusqu'au Capitole. Dans un mouvement aussi vaste que celui de la Somme, il suffit d'un seul maillon faible dans une chaîne de dizaines de milliers d'officiers, sans parler d'un million de simples soldats.

IV

PRÊT POUR LE COUP

Esprit national français - Nos jardiniers - Préparation à l'attaque - Surveillance du ciel - Ballons-saucisses - Guerre factuelle et systématique - Furie des raids de tranchées - Réserves en marche - Volonté humaine organisée - Fils du vieux pays prêts à grève : la plus grande lutte de la guerre qui va commencer.

Durant mon premier été au front, notre quartier général se trouvait dans la région frontalière plate du Pas de Calais, qui ne semblait ni la Flandre ni la France. Notre deuxième été exigeait que nous nous trouvions plus près du milieu de la ligne britannique, qui s'étendait vers le sud, afin de rester en contact avec l'ensemble. Dans le pays vallonné de l'Artois, un château moins confortable était compensé par la compagnie souriante des voisins dans les champs et les villages de la vraie France.

La qualité de cet appel sympathique était celle de l'esprit racial et national pur-sang d'un grand peuple, dans la politesse qui donnait à une paysanne trapue une certaine grâce, dans les sourires du pays et de ses habitants, dans ce patriotisme inné qui, à travers les siècles ont créé une civilisation particulière dite française par les mêmes sacrifices acharnés pour sa continuité que ceux qui furent consentis sur la Marne et à Verdun. La Flandre n'est pas la France, et la France est de plus en plus française à mesure que vous avancez d'Ypres à Amiens, la capitale de la Picardie. J'étais heureux que la Picardie ait été choisie comme théâtre de l'offensive. Cela donnait l'impression que ce coup était plutôt un coup porté à la France. J'apprendrai à aimer la Picardie et ses habitants à l'épreuve des combats.

Pour nous rapprocher du champ de la Somme, nous devions encore déménager nos quartiers, et nous avions la douleur de dire adieu à un autre jardin et à un autre jardinier. Tous les jardiniers de nos différents châteaux avaient été des philosophes. C'est Louis qui a dit qu'il aimerait mettre en salade tous les hommes politiques qui ont causé les guerres, en accompagnant sa menace de gestes appropriés ; Charles qui pensait qu'une fois bien taillés, les « Boches » pourraient devenir des membres acceptables de la société internationale ; et Léon qui voulait que le Kaiser soit mis à la charrue dans un manteau de velours côtelé comme le meilleur remède à sa vanité. Cet après-midi-là, alors que *les au revoir* étaient prononcés et que nos voitures sillonnaient les routes détournées de la campagne isolée, aucun soldat n'était visible jusqu'à ce que nous arrivions à la grande route principale, où nous avons reçu le signal qu'un environnement paisible était enfin laissé derrière nous. le rugissement lointain et incessant des canons, comme un gigantesque battement de tambour appelant les armées au combat.

Un géant avec des nerfs comme des fils téléphoniques, des muscles d'acier et un cœur humain semblait gronder son défi avant de passer à l'action. Nous connaissions la signification des tonnerres répétés du bombardement préliminaire. Cette nuit-là, vers l'est, le ciel était une aurore boréale pleine d'éclairs ; et le lendemain nous avons cherché la source des éclairs .

Les pentes derrière la ligne britannique étaient cousues, tracées et entaillées et densément peuplées d'hommes occupés en kaki. Chaque scène nous était familière de par notre expérience, mais chacune avait pris un nouveau sens. L'ensemble exerçait un charme majestueux. Les différents calibres d'armes à feu étaient classés comme l'échelle sociale britannique. Ceux qui avaient la plus grande portée étaient les plus en retrait. Des ducs d'obusiers de quinze pouces ou des comtes d'obusiers de neuf pouces, avec leurs grandes gueules laides et leur feu délibéré et puissant, combattaient seuls, chacun dans son antre, que ce soit sous un arbre ou au milieu des ruines d'un village. Les longs canons navals, bien que de plus petit calibre, avaient une portée encore plus grande et envoyaient leurs obus de cinq à dix milles au-delà des tranchées allemandes.

Les obusiers de huit et six pouces étaient plus grégaires. Ils travaillaient par groupes de quatre et parfois plusieurs batteries étaient en ligne. Derrière eux se trouvaient ces roturiers alertes, les canons de campagne, au tir rapide avec leurs obus de dix-huit livres. Ceux-ci semblaient plus dociles et plus sociables, mieux adaptés aux associations humaines, moins brutaux mécaniquement. Ils n'étaient pas assez monstrueux pour nécessiter des tracteurs à moteur pour les tirer à une allure majestueuse, mais derrière leurs équipes pouvaient se lever et s'éloigner à travers les champs en peu de temps, leurs caissons de munitions grinçant derrière eux. Le long des tranchées de communication, les soldats en sueur transportaient des « plum puddings » ou des obus de mortier de tranchée qui devaient être tirés depuis la ligne de front et des boîtes de bombes en forme d'œuf qui tenaient bien dans la paume de la main pour être lancées.

Il semblait que tous les canons du monde devaient tirer quand on écoutait de loin, même si quand on arrivait dans la zone où les canons étaient rangés derrière le couvert d'une pente favorable, on constatait que beaucoup se taisaient. Les hommes d'une batterie pouvaient dormir tandis que sa voisine envoyait des obus avec une délibération un-deux-trois. Tout sommeil ou repos que les hommes ont eu doit être là au milieu de ce babel fracassant de gorges d'acier. Encore une fois, les couvertures étaient mises sur les bouches pour la nuit, ou, sur ce qui semblait être un flanc de colline vierge, une batterie cachée qui n'avait pas tiré auparavant envoyait ses vicieuses bouffées de fumée avant que ses rapports n'atteignent vos oreilles. Chaque batterie fonctionnait selon les instructions d'un centre nerveux ; chacun avait sa cible enregistrée sur la carte : une tranchée, ou une route, ou une batterie allemande, ou l'endroit où l'on pensait qu'une batterie allemande devrait se trouver.

Le flux de munitions pour tous augmentait régulièrement, ses dépenses étaient réglées sur des tableaux par des officiers qui surveillaient les extravagances et s'efforçaient de faire en sorte que chaque obus compte. Une fortune était tirée toutes les heures ; une somme qui permettrait d'envoyer un jeune pendant un an à l'université ou d'élever un enfant allait dans une seule grande coquille qui n'aurait peut-être pas la chance de tuer un être humain comme excuse pour son existence ; une dotation pour une maternité était représentée par une journée de destruction d'un seul acre de terre de blé piétinée. Un mortier de tranchée consommerait en une heure des puddings aux prunes pour une école orpheline. Car vous pourriez vous arrêter pour y penser de cette façon si vous le souhaitiez. Des milliers de personnes le font au front.

Sur les rives de la Somme, les uniformes bleus des Français, à la place des kaki britanniques, flottaient autour des emplacements de canons ; le *soixante-quinze*, avec sa précision artistique virtuose, était voisin du dix-huit livres britannique. Des armes, des armes, des armes – en français et en anglais ! Les mêmes nids, face à Gommecourt et à Estrées, se croisaient de part et d'autre de la Somme à travers les brumes estivales sur les espaces verts des îles bordés de l'argent de son flux tranquille au clair de lune ou de son éclat au soleil.

L'un des moindres calculs de cette activité consistait à filtrer chaque détail de l'observation aérienne. De nouveaux hangars s'étaient élevés au bord des champs plats, d'où les machines de combat rapides d'une concentration d'avions en harmonie avec la concentration de canons et de tout autre matériel montaient pour la reconnaissance, ou pour attendre comme un faucon pour se jeter sur un avion d'invasion allemand. . Ainsi, le ciel était surveillé par la fuite, à l'abri des regards indiscrets. Si un avion allemand pouvait descendre à une altitude de mille pieds, ses photographies révéleraient aux artilleurs allemands l'emplacement d'une centaine de batteries et montreraient le plan de concentration suffisamment clairement pour ne laisser aucun doute sur la ligne d'attaque ; mais les canons anti-aériens, nombreux maintenant comme d'autres matériels britanniques, l'auraient attrapé en train de voler, sinon de venir, à condition qu'il n'ait pas été bousculé à mort par une demi-douzaine d'avions britanniques avec leurs mitrailleuses crépitantes.

« camouflet » est devenu un nouveau verbe anglais. Les avions britanniques testaient la visibilité aérienne d'une batterie. Des peintres paysagistes ont été appelés pour aider à la tromperie. L'un d'eux était chargé de « camoufler » le fourgon automobile pour les pigeons qui, transportés dans des paniers sur le dos des hommes de charge, étaient lâchés comme autre moyen de faire savoir le déroulement d'une attaque obscurcie par la fumée des obus. Cet artiste consciencieux a « camouflé » le fourgon à pigeons avec tant de succès que les pigeons n'ont pas pu retrouver le chemin de leur maison.

La nuit était l'heure du mouvement. La nuit, les avions, s'ils décollaient, ne voyaient qu'une terre vague et sombre. Les ballons-saucisses, allemands et alliés, ces surveillants du ciel, ligne de points d'interrogation opaques et étranges sur le bleu, se regardaient hors de portée des canons ennemis, "repérant" les chutes d'obus de leur côté. depuis leurs postes d'observation suspendus depuis tôt le matin jusqu'à ce qu'ils soient attirés par leurs moteurs à essence au crépuscule. Ils semblaient maladroits et impuissants ; mais comme le reste de l'armée, ils avaient appris à atteindre rapidement leurs abris au premier signe de tir d'obus, et y descendaient alors avec un empressement ridicule qui suggérait la possession de l'intelligence animale d'auto-préservation. Parfois, l'un d'eux se détachait et, ballotté comme un parapluie dans la rue par le vent, partait vers le Rhin. Et la veille de la grande attaque, le corps de l'aviation britannique lança par surprise les saucisses allemandes, dont six disparurent en boules de feu.

Un homme manchot d'âge moyen originaire d'Inde, qui avait proposé de faire sa « part », a refusé un poste chez lui en raison de ses limitations physiques. Ses yeux allaient bien, dit-il, lorsqu'il s'est présenté comme observateur de ballons, et il n'a jamais souffert du mal de mer que les ballons-saucisses provoquent le plus méchamment. Beaucoup d'hommes qui y sont montés non seulement ne pouvaient rien voir, mais voulaient ne rien voir, et retournant les épinards éparpillés sur le rail du panier priaient seulement pour que le moteur commence à aspirer immédiatement.

Un jour, le pilote manchot était accompagné d'un « joy-rider » ; c'est-à-dire un officier qui n'était pas un observateur aérien régulier mais qui faisait du tourisme. Le ballon s'est soudainement détaché avec le vent soufflant fort vers Berlin, ce qui était un peu gênant, comme il l'a fait remarquer, étant donné qu'il avait un passager inexpérimenté.

"Il ne faut pas se laisser avoir par les Boches !" il a dit. "Regarde bien et fais ce que je dis."

Il fit d'abord mettre le joy-rider dans le harnais de parachute pour de telles urgences et le faire passer par-dessus le côté, puis lui-même, tous deux descendant en toute sécurité sur le côté droit des tranchées britanniques - ce qui était plutôt un « travail intelligent », comme diraient les Britanniques, mais tout cela au goût du pilote manchot en quête d'aventures. J'ai compté trente-trois ballons-saucisses britanniques dans mon champ de vision depuis une colline. L'année précédente, les Britanniques n'en avaient pas une douzaine.

Qu'est-ce qui manque ? En avons-nous assez de tout ? Ces questions hantaient les organisateurs en ces derniers jours de préparation.

Une fois la nuit tombée, la scène depuis une colline, alors que vous chevauchiez vers l'horizon des éclairs, était d'une incroyable grandeur. Derrière vous, alors que vous regardiez vers les lignes allemandes, se trouvait la couverture de la nuit percée et lacérée par les éclairs des détonations ; au-dessus du ciel, le balayage rauque et glaçant de leurs projectiles ; et au-delà de l'obscurité, la journée avait été transformée en un jour chaotique et étrange par les flammes sautillantes, bondissantes et se propageant qui faisaient ressortir tous les objets du paysage en silhouettes vacillantes. Des jets de flammes provenant des grands obus s'élevaient des entrailles de la terre, adoucissant de leur lueur les éclats de lumière vive, concentrée et vicieuse des éclats d'obus. De petits éclairs jouaient parmi de grands éclairs et des éclairs se superposaient à la manière de bardeaux dans une émeute de compétition sinistre, tandis que le long de la ligne des tranchées allemandes, à certains endroits, s'étendait une brume de flammes chatoyantes provenant du tir rapide des mortiers de tranchée.

Le plus ingénieux des auteurs descriptifs a le droit de dire que la scène était indescriptible. Les correspondants faisaient de leur mieux, et après avoir pressé l'éponge rhétorique de sa dernière goutte d'encre distillée en une frénésie d'adjectifs avec un effort insuffisant, ils posaient, haletants, leur copie sur la table du censeur, qui ne se souciait pas des "images de mots" qui ne contenaient aucun secrets militaires.

La vision exaltée et engourdie par le spectacle, l'esprit cherchait le sens et le but de ce bombardement sans précédent, avec sa précision de la « kultur » particulière du diable, qui était de couper les barbelés des Allemands, de briser leurs tranchées, pénétrer dans leurs abris, fermer leurs tranchées de communication, faire à leur deuxième ligne la même chose qu'à leur première ligne, enterrer leurs mitrailleuses dans les débris , écraser chaque point fort de ralliement dans ce dédale de garennes, faire exploser les toits des cantonnements de village au-dessus de leurs têtes, érigent une barrière de mort sur toutes les routes et, au milieu du processus de tueries et de blessures, emprisonnent les hommes de la ligne de front sans secours par des troupes fraîches et les privent de nourriture et de munitions. Théâtrale, horrible et plus encore : une guerre concrète et systématique ! Il y eut relativement peu de réponse de la part des batteries allemandes, dont le silence avait une allure sinistre. Ils attendaient l'attaque pour se venger des pertes qu'ils subissaient.

Ils savaient désormais, grâce au bombardement, sinon par d'autres sources, qu'une attaque britannique allait se produire à un certain point de la ligne. Leurs fusées éclairantes jouaient régulièrement au-dessus du No Man's Land pour révéler tout mouvement des Britanniques ou des Français. De leurs tranchées s'élevaient des fusées de signalisation - les seuls véritables feux d'artifice, tranquilles et innocents, sans aucune piqûre de mort dans leurs étincelles - qui semblaient dire "Pas encore de mouvement" aux commandants qu'il était impossible d'atteindre par d'autres moyens à travers les rideaux de la forteresse. le feu et aux artilleurs qui voulaient allumer leurs propres rideaux de feu dès que la charge commença. Puis il y eut d'autres petits éclairs et traits de lumière et de flammes qui insistèrent pour ajouter leur moitié à l'ensemble criard. Et sous les tranchées allemandes, en plusieurs points, se trouvaient de vastes charges d'explosifs qui avaient été patiemment transportées sous terre à travers des tunnels péniblement creusés.

Voilà pour la machinerie matérielle. Jusqu'à présent, nous n'avons mentionné que les armes à feu et les explosions, les objets construits en acier pour tirer des missiles en acier et les objets sur roues, et peu de choses sur la machine des êtres humains maintenant pour être au courant de l'enregistrement de la charge, les hommes qui avaient été "sanglantés". », la « chair à canon ». Chaque obus était destiné à tuer des hommes ; chaque batterie et mitrailleuse allemande était un monstre écumant de rouge aux lèvres en prévision du massacre.

Une furie de raids de tranchées éclata de la Somme à Ypres pour confondre davantage l'ennemi quant au véritable front d'attaque. Les hommes se précipitèrent vers les tranchées qu'ils devaient prendre et tenir plus tard, et apprirent par leur brève visite si les barbelés avaient été correctement coupés ou non pour donner à la grande charge un chemin dégagé et si les tranchées allemandes étaient correctement écrasées ou non. Ils amenèrent des prisonniers dont l'identification et l'interrogatoire étaient d'une valeur inestimable pour les services de renseignement, où la grande carte accrochée au mur était remplie de la localisation des divisions allemandes, construisant ainsi l'ordre de bataille, si vital pour tous les plans, avec la révélation de la disposition et la force des forces ennemies. On sait que les Allemands installent rapidement de nouvelles batteries au nord de l' Ancre tandis que la faible visibilité retarde le jour de l'attaque.

Les hommes qui travaillaient sur les nouvelles routes pour les maintenir en état de passage des transports lourds, qu'il s'agisse de colonnes de camions à moteur, de caissons ou de grands tracteurs tirant des canons, ne faisaient pas moins partie du projet que les audacieux pillards. Chaque soldat qui franchissait le parapet lors de l'attaque devait avoir sa nourriture et sa boisson, ses bombes à lancer et ses cartouches à tirer après avoir atteint son objectif.

Parmi tous les éléments innombrables et suggestifs qui m'ont été les plus révélateurs, ce sont les rues de tentes blanches vides aux postes d'évacuation des blessés, les wagons d'hôpitaux vides sur les voies d'évitement et les nouveaux enclos pour les prisonniers, car ils exprimaient une note humaine. Ceux-ci disaient que l'homme devait être la cible.

L'état-major pouvait planifier, les artilleurs pouvaient diriger leur tir avec précision contre des cibles invisibles grâce à la magie de leurs calculs, les généraux pouvaient préparer leurs ordres, le réseau complexe de fils téléphoniques et télégraphiques pouvait bourdonner d'instructions, mais le test final appartenait à celui qui, au fusil, et bombe prête à la main, allait traverser le No Man's Land et prendre possession des tranchées allemandes. Mille images obscurcissent la mémoire et créent un tout intense dans l'esprit, qui tient tout fièrement dans l'admiration du stoïcisme, de la discipline et de l'esprit humains et malheureusement aussi avec une crainte consciente dans la possession comme d'un trésor qui lui a été confié et qu'il déprécie. par son effort d'expression maladroit.

Étape par étape, la partie humaine avait progressé. Des silhouettes kaki envahissaient les rues du village tandis que les gens les regardaient avec une sorte d'admiration vénérable pour leurs corps robustes et entraînés et une appréciation sympathique de ce qui allait arriver. Ces hommes au teint clair et à la langue étrange devaient frapper les Allemands. Deux choses que les Français avaient appris des Anglais : ils étaient généreux et ils étaient justes, quoique flegmatiques. Ils devaient maintenant prouver qu'ils étaient courageux grâce à leur délibération méthodique. Certains allaient bientôt mourir au combat – et pour la France.

Le jour, ils flânaient dans les villages en attendant la tombée de la nuit, leur entraînement terminé – il n'y avait plus qu'à attendre. S'ils avançaient, c'était par pelotons ou par compagnies , de peur qu'ils ne tracent une ligne visible sur le fond crayeux de la route à l'œil de l'aviateur. Un bataillon rangé dans un champ autour d'un commandant de bataillon, solidement assis sur son cheval alors qu'il leur donnait ses derniers conseils, faisait ressortir l'affection militaire de la loyauté d'un officier envers l'homme et d'un homme envers l'officier. Un soldat se séparant à une porte d'une jeune Française aux yeux de laquelle il avait trouvé grâce lors d'un bref séjour dans son village toucha une autre corde sensible. Cette vieille femme qui faisait ses adieux à un jeune parlait comme à son propre fils qui était au front et inconsciemment au nom d'une mère anglaise. Au crépuscule, près des tranchées, dans le dernier cantonnement avant le rassemblement d'attaque, les officiers de la compagnie rappelaient l'essentiel des instructions à une ligne stationnée à l'aise d'un côté de la rue tandis que les caissons d'obus avaient la priorité.

Avec l'arrivée de la nuit, des bataillons de réserves se formèrent et se mirent en marche, se dirigeant vers les éclairs du ciel qui illuminaient les hommes dans leur marche régulière, la chaleur de leurs corps et leurs souffles se pressant près de votre voiture tandis que vous vous détourniez pour rejoindre votre voiture. laissez-les passer. « East Surreys », « West Ridings » ou « Manchesters » pourraient être la réponse à vos questions. Tous portaient les emblèmes de leurs unités dans des carrés de tissu sur les épaules, et sur le dos de certaines divisions se trouvaient des taches jaune vif ou blanches pour les distinguer des Allemands aux artilleurs dans la fumée des obus.

Rien dans leur action, à première vue, n'indiquait le stress de leurs pensées. Officiers et hommes, dont les mouvements physiques étaient déterminés par le moule de la discipline, étaient dans leurs gestes, dans leur voix, dans leurs manières, comme lorsqu'ils étaient sur une route anglaise en formation. Cela faisait partie de l'exercice, de la maîtrise par l'homme de ses émotions. Aucun ne se faisait d'illusions comme l'étaient les soldats d'autrefois. Rares étaient ceux qui nourrissaient la vieille idée d'être l'homme chanceux qui s'échapperait. Ils connaissaient les risques qu'ils prenaient, le sens des attaques frontales et la rapidité meurtrière et massive des méthodes de mitrailleuses.

La volonté, la volonté humaine organisée, était sur leurs pas et brillait dans leurs yeux. Il m'est venu à l'esprit qu'ils auraient pu échapper à cette situation si l'Angleterre s'était tenue à l'écart de la guerre au prix de quelque chose dont les Anglais refusaient de se séparer. « Le jour » venait, « le jour » qu'ils avaient prévu, « le jour » que leur peuple attendait.

Alors qu'ils se rapprochaient de la mort, les clans qui composent l'Empire britannique sont restés fidèles à leur caractère, comme le font tous les hommes. Ces bataillons chantaient les chants et sifflaient les airs des terrains d'exercice chez eux, bien qu'à voix basse pour que l'ennemi ne les entende, et tombaient dans le silence lorsqu'ils s'approchaient du front et traversaient les tranchées de communication.

Calmer les Anglais, ce grand corps de l'armée qui se considère comme le jupe de la frange celtique, péniblement peu démonstratif avec des souvenirs du flegme de leur histoire gardant des émotions inexprimées ; les Écossais en kilt, au torse profond, avec leurs jambes en forme de tronc et leurs hanches larges, leur visage musclé sous leurs casques en forme de champignon, ressemblaient à des hommes d'armes du Moyen Âge prêts en esprit et en allure pour de féroces combats au corps à corps ; les Gallois, plus émotifs que les Anglais, avaient des chansons agréables à l'oreille si les paroles étaient méconnaissables ; et les Irlandais au visage rougeaud, avec leurs voix douces, avaient dans les yeux un rayon d'anticipation intérieure du genre de choses à venir qu'aucun Irlandais ne rencontre jamais avec hésitation. Aucune troupe d'outre-mer n'était là, à l'exception du bataillon de Terre-Neuve ; car seuls les fils du vieux pays devaient faire grève le 1er juillet.

En revenant d'une tournée nocturne, j'avais absorbé ce qui semblait à un moment l' irréalité et à un autre la réalité austère et inflexible des scènes. Le vieux territorial français, au visage ridé et avec un effort de moustache militaire, qui sortait de sa guérite à un poste de contrôle en louchant à la lueur d'une lanterne tenue près de son nez le bout de papier qui laissait la liberté de mouvement à son porteur. l'armée et hochant la tête de son mot poli d'accord, était un type qui aurait pu arrêter un voyageur du temps de Louis XIV. Tous les paysans qui dormaient dans les villages et qui se lèveraient à l'aube pour travailler, tous les Amiens savaient que l'heure était proche. Le fait était dans l'air autant que dans les esprits. Personne n'a mentionné que la plus grande lutte de la guerre était sur le point de commencer. Nous savions tous que c'était dans les cœurs, les âmes, les fibres.

Il y a eu des moments où l'imagination n'a donné à cette armée, dans son intégrité d'organisation, qu'un seul cœur dans un seul corps. Encore une fois, c'était un million de cœurs dans un million de corps, sourds sauf à la voix du commandement. Le plus étonnant était l'absence de bruit, que ce soit avec les Français ou les Britanniques. Tout le monde semblait faire ce qu'on lui disait de faire et savoir comment le faire. Beaucoup de choses étant laissées à l'improvisation après le début de l'attaque, rien ne pouvait être négligé au cours de la préparation.

Autrefois, lorsque l'infanterie en marche se déployait et se présentait soudainement contre l'ennemi dans un conflit ouvert, le suspense d'anticipation n'était pas long et était oublié dans le bref espace du conflit. Ici, ce suspense s'accumulait réellement depuis des mois. Elle se construisait peu à peu, à mesure que le matériel et les préparatifs augmentaient, que les bataillons se rassemblaient, jusqu'à ce que parfois, malgré le rugissement de l'artillerie, il semble y avoir un grand silence pendant qu'on attendait qu'une corde tendue se brise.

Dans la nuit du 30 juin, derrière une porte fermée dans l'hôtel, on fit savoir que le lendemain, sept heures trente du matin, c'était l'heure et que les spectateurs devaient être appelés à cinq heures, ce qui semblait être le dernier mot en matière de prévision du personnel

V

LE SOUFFLE

Plans au quartier général - Une bataille par centimètres - Au poste d'observation - Les débris d'un village en ruine - "Adoucissement" par des tirs d'obus - Une tranche du front - La tâche du fantassin - L'aube avant l'attaque - Cinq minutes encore — Une vague d'hommes longue de vingt-cinq milles. — Brume et fumée d'obus. — Devoir du correspondant de guerre.

J'étais heureux d'avoir eu un aperçu de tous les aspects de la préparation, depuis le quartier général du bataillon dans les tranchées de la ligne de front jusqu'au quartier général, qui avait maintenant été transféré dans une petite ville près du champ de bataille où la branche du renseignement occupait une partie d'une école. Au lieu d'exercices de géographie et de lithographies d'objets d'histoire naturelle, sur les murs des salles de classe étaient accrochées des cartes de l'ordre de bataille allemand, construites à partir de nombreuses sources d'information, auxquelles les Britanniques devaient faire face. Il n'y avait aucun ordre de bataille britannique en vue. Comme les Allemands le savaient, vous pourriez trouver cela dans un bureau de renseignement allemand ; mais les Britanniques n'allaient pas aider les Allemands à le vérifier en leur donnant la moindre publicité.

Au moyen d'une carte étalée sur une table, un officier expliquait le plan d'attaque en se référant à de larges lignes colorées qui dénotaient les objectifs. Le tout était aussi explicite que si Bonaparte avait dit :

"Nous allons engager lourdement sur notre gauche, bombarder le centre avec notre artillerie et flanquer sur notre droite."

Plus on monte dans le commandement, plus les plans semblent simples, qui, par des traits directs et complets, dissimulent les détails délégués aux différentes unités. A Gommecourt, il y avait un saillant, un angle de la ligne de tranchées allemande vers les Britanniques qui semblait inviter au « pincement », et ce devait être le pivot du mouvement britannique. Les Français qui se trouvaient des deux côtés de la Somme devaient attaquer depuis leur flanc sud près de Soyecourt de la même manière que les Britanniques depuis le nord, amenant ainsi l'objectif le plus profond le long de la rivière en direction de Péronne , qui tomberait. quand finalement les positions tactiques qui le commandaient furent conquises.

Pas dès le premier élan, car les lignes de l'objectif étaient tracées bien en deçà de celui-ci, mais avec les élans ultérieurs, les Britanniques entendaient gagner la formation de crête irrégulière de Thiepval à Longueval , ce qui les mettrait sur la voie de la consommation de leur siège. martelage. Ce devait être une bataille par centimètres ; le début d'une longue tâche. *Le moral* des Allemands était encore élevé sur le front occidental ; leur nombre est immense. *Le moral* ne pouvait être brisé, les chiffres usés, qu'en frappant.

A supposer que l'attaque du 1er juillet réussisse sur toute la ligne, elle ne gagnerait que peu de terrain ; mais elle percerait partout les fortifications de première ligne sur un front de plus de vingt-cinq milles, les Britanniques sur une quinzaine et les Français sur une dizaine. L'informateur militaire de "Intelligence" a également rappelé à l'auditeur que les bataillons qui pourraient être coincés ou se heurter à des obstacles inattendus souffriraient terriblement comme dans toutes les grandes batailles et qu'il fallait faire attention à ne pas être trop déprimé par les récits des survivants. ou exaltés par les récits roses des bataillons qui avaient tout balayé devant eux avec de légères pertes.

La veille de voir le plan de l'ensemble, j'avais vu le plan d'une partie à un poste d'observation à Auchonvillers . Les deux se ressemblaient dans un système standardisé, un seul traitant des corps et l'autre des bataillons. Un voyage à Auchonvillers, à un moment quelconque de l'année précédente ou jusqu'à la fin juin 1916, n'avait pas comporté de risques particuliers. C'était sur la route des « joy-riders », comme on dit.

Quand j'ai dit que les batteries allemandes répondaient relativement peu au bombardement britannique préliminaire, je ne voulais pas laisser entendre qu'elles manquaient des occasions. A l'heure limite pour les automobiles sur la route, l'éclatement d'un éclat d'obus au-dessus de nous eut un caractère suggestif qu'il n'aurait pas eu à d'autres moments. Peut-être que les Allemands étaient sur le point de dresser un barrage sur la route. Peut-être allaient-ils démarrer sérieusement leurs armes. Heureusement, ils ont toujours été très prévenants à mon égard et ils n'ont lancé que quelques obus au cours de la routine d'artillerie, ce qui s'est également produit à notre retour du poste d'observation. Mais ils étaient constamment attentifs avec des « krumps » à un bosquet où quelques obusiers britanniques cherchaient l'écran de feuillage d'été. S'ils pouvaient mettre des batteries hors de combat en attendant l'attaque, c'était une bonne affaire, car cela signifiait moins d'armes à l'œuvre pour soutenir la charge britannique.

Un artilleur, en sueur et éclaboussé par les éclats d'obus, qui traversait les champs, a déclaré : « Ils ont renversé le coin de notre poste de tir et ont pris deux hommes. C'est tout. Ses yeux brillaient ; il était dans l'exaltation du combat. Les pertes étaient un incident dans la préoccupation de son travail et dans sa pensée : "Enfin, nous avons les obus ! Enfin c'est notre tour !"

Sur notre chemin, nous avons croisé d'autres batteries et nous sommes sagement tenus à l'écart d'elles, car elles sont de dangereux compagnons dans un duel d'artillerie. Ensuite, nous sommes entrés dans la tranchée de communication sinueuse avec son système de fils fixés aux murs, et avons continué jusqu'à ce que nous passions sous un rideau levé dans une chambre familière couverte de lourds blocs de ciment et de terre.

"À l'abri d'un tir direct de cinq virgule neuf", a déclaré l'officier observateur, un habitué des rangs qui "repétait" les obus depuis le début de la guerre. "Un neuf pouces briserait les blocs, mais je ne pense pas que cela nous briserait. "

Même si cela nous « détruisait », eh bien, nous n'étions que deux ou trois hommes. Toute cette protection avait peut-être moins pour but d'assurer la sécurité que d'assurer la sécurité de l'observation de ces yeux de canons. L'officier était aussi fier de son OP que n'importe quel commandant de bataillon de sa tranchée ou qu'un commandant de batterie de sa position de canon, ce qui est le même genre de fierté humaine qu'un homme éprouve dans les améliorations apportées à son nouveau domaine de campagne.

Il y avait un banc sur lequel s'asseoir face à l'étroite fente d'observation, semblable à celle du kiosque d'un cuirassé, qui offrait une large vue. Une *mise en scène* assez banale *des* jours moyens, désormais significative en raison de l'étendue du monde mort des systèmes de tranchées et du No Man's Land qui allait bientôt bouillonner du tumulte de la mort.

Directement devant nous se trouvait Beaumont-Hamel. Avant la guerre, c'était comme des centaines d'autres villages. Depuis la guerre, ses ruines ressemblaient à des dizaines d'autres sur la ligne de front. Des parties de quelques murs étaient debout. Il était difficile de dire où commençaient les débris de Beaumont-Hamel et où finissaient ceux de la tranchée allemande. La poussière se mêlait aux bouffées de fumée noire s'élevant de la masse conglomérée de bâtiments et de rues rassemblées par les explosions précédentes. L'effet évoquait le jet régulier de geysers provenant d'un rocher du désert écrasé par des charges de dynamite.

Quelqu'un pourrait-il être vivant à Beaumont-Hamel? Ce bombardement ne battait-il pas de la paille qui avait depuis longtemps donné son dernier grain ? N'était-ce pas simplement pilonner les tombes d'une garnison ? D'autres villages, tout aussi passifs et abandonnés, étaient soumis aux mêmes coups de marteaux systématiques, semblables à des coups de marteau chronométrés.

"Nous continuons à les adoucir", a déclaré l'observateur.

Les soldats ont le don de trouver les mots appropriés pour décrire leur travail, comme tous les experts professionnels. Ramollissement! Il personnifiait l'ennemi comme quelque chose de dur et de résistant qui deviendrait pulpeux sous des coups suffisamment bien planifiés frappant toutes les parties vitales, des pirogues aux cantonnements.

Tous les enchevêtrements de barbelés devant les tranchées de première ligne semblaient avoir été coupés, mutilés, tordus en boules, repoussés dans la terre et exhumés à nouveau, ne laissant qu'une marque de sol tacheté de cratère devant le contour crayeux de la tranchée. les tranchées de première ligne qui avaient été écrasées et déformées.

"Oui, la première ligne boche a l'air plutôt brouillonne", dit l'officier. "Nous lui avons fait un sale boulot ces derniers jours. Tournons maintenant notre attention surtout vers la deuxième ligne. C'est notre sort, là-bas", a-t-il ajouté en désignant une série d'éclats au-dessus d'un nid de terriers plus haut sur la côte. côté colline .

"Des tentatives pour réparer leurs fils la nuit ?" J'ai demandé.

"Non. Ils doivent le faire sous nos tirs de mitrailleuses. Tous les Boches qui ont survécu sont des menteurs."

Combien de pirogues constituaient encore des refuges intacts et sûrs pour les Allemands en attente ? Seuls des raids dans les tranchées ont pu le confirmer. Tout aussi bien l'observateur avec ses lunettes ou un avion regardant vers le bas pourrait tenter de recenser le nombre d'habitants d'un village de chiens de prairie qui se trouvaient tous dans leurs trous.

L'officier a déployé sa carte marquée « Secrète et confidentielle », délimitant les limites d'un secteur étroit. Il n'avait rien à voir avec ce qui se trouvait à droite et à gauche – d'autres secteurs, les affaires d'autres hommes – de la zone encerclée par les lignes claires et lourdes traversant les tranchées britanniques et allemandes – une tranche du front, pour ainsi dire. S'adressant au téléphone aux canons aveugles, il ne s'intéressait qu'au contrôle des tirs dans ce secteur. La charge qui lui était imposée consistait en des lignes sur la carte parallèles aux tranchées qui se trouveraient à des points donnés à des moments donnés – des lignes qu'il devait soutenir lorsque leurs homologues soldats étaient invisibles à travers la fumée des obus dans le joli calcul du temps et de la portée qui devrait mettre en place des lignes sur la carte. les obus sur l'ennemi et jamais sur l'homme qui charge.

Pour les commandants d'infanterie disposant de cartes similaires, ces lignes respiraient des lignes humaines d'hommes qu'ils avaient entraînés, et les tirs étaient une sorte de pulvérisation que les artilleurs devaient ajuster pour la protection des bataillons lorsqu'ils traversaient cet espace mort. Une fois que les Britanniques étaient dans les tranchées du front allemand, les détails qui avaient été fixés à cet effet étaient de prendre possession des abris et de les « arracher » des prisonniers et de désarmer tous les autres Allemands, de peur qu'ils ne tirent dans le dos de ceux qui portaient l'armement. chargez plus loin jusqu'à l'étape finale de l'objectif. Ce qui les attendait, ils ne le sauraient que lorsqu'ils escaladeraient le parapet et deviendraient des silhouettes de chair vulnérable à l'air libre. Oui, il y avait le système dans le grand et dans le petit, par l'armée, le corps, la division, la brigade, le bataillon et l'homme, le fantassin individuel qui devait subir ce risque de marcher à découvert vers les tranchées. que ni les canons, ni les camions, ni les obus de mortier de tranchée ne pouvaient prendre, mais que lui seul pouvait prendre et tenir.

L'avantage de surveiller l'attaque depuis ce PO par rapport à celle d'autres points a été évoqué ; car le spectateur devait choisir son siège pour le panorama. Cette fois, nous cherchions un endroit où nous espérions voir quelque chose de la bataille dans son ensemble.

" *C'est arriver !* " me dit le vieux portier à la porte quand je quittai l'hôtel avant l'aube. Le grand jour était arrivé !

Amiens était dans l'obscurité, et les éclairs des canons qui n'avaient jamais cessé leur travail pendant la nuit lançaient dans le ciel leur appel magnétique au combat. Lorsqu'un plongeon dans une vallée fermait leur rugissement, un silence divin s'étendait sur le monde. De chaque côté de la grande route régnait la paix de l'heure précédant l'aube qui faisait sortir les paysans de leurs lits vers les champs. Il n'y avait pas encore de lumière dans les villages. Il n'était pas venu à l'esprit des habitants d'essayer de voir la bataille. Ils savaient qu'ils gêneraient ; des sentinelles ou des artilleurs les arrêteraient.

La circulation était fluide et tous les véhicules, à l'exception de la voiture d'un officier d'état-major volant, avançaient méthodiquement. Vaguement, alors qu'on passait devant une station d'aviation, on voyait des avions poussés hors de leurs hangars ; le bourdonnement des hélices en cours d'essai se faisait faiblement entendre. Les oiseaux de bataille testaient leurs ailes avant de s'envoler et chacun, parmi les centaines qui participeraient ce jour-là, avait sa tâche fixée, pas moins qu'un corps, un régiment d'artillerie ou des bombardiers en charge.

"C'est ici qu'il faut", fut le mot adressé au chauffeur alors que nous franchissions une pente dans l'obscurité brumeuse.

Des écrans en toile étaient tendus d'un tronc à l'autre des arbres au bord de la route pour cacher le transport à l'observation de l'ennemi. Passer entre eux avait pour effet de traverser les rideaux pour entrer dans un parterre. Le jour commençait à peine et nous étions dans un champ de jeunes betteraves au sommet d'une colline, sans aucun relief au-delà de nous jusqu'à Thiepval , qui était dans l'objectif du jour, et jusqu'à Pozières , qui était au-delà. Normalement, par temps clair, nous aurions dû avoir d'ici une vue sur cinq ou six milles de front et, à travers nos lunettes, l'action aurait dû être visible en détail.

Ce matin, le soleil ne montrait pas la tête et la brume matinale était opaque sur toutes les positions, retenant en place l'énorme volume de fumée des éclats d'obus. Comme il n'était pas sept heures, le soleil pouvait encore faire son devoir en juillet et dissiper ce linceul si épais qu'il masquait en partie les éclairs des canons et les éclats d'obus.

Sept heures dix arrivèrent et sept heures vingt et toujours plus de lumière. Il était maintenant trop tard pour chercher une autre colline et, si nous en avions cherché une, nous n'aurions pas eu de meilleure vue. Au moins, nous en voyions autant que le commandant de la Quatrième Armée dans sa pirogue à proximité . Les tirs d'artillerie s'intensifient. Chaque arme tirait maintenant, toutes étirant leur puissance au maximum. La brume et la fumée au-dessus des positions semblaient trembler sous les explosions. Les obus proches, surtout allemands, se brisaient avec brio sur un fond si épais qu'il engloutissait les éclairs des obus plus lointains dans sa densité criarde. Des milliers d'officiers étudiaient leurs montres-bracelets à la recherche du tic-tac du « zéro » tandis que les aiguilles des minutes avançaient avec un fatalisme impitoyable ; et des centaines de milliers d'hommes qui s'étaient mis en position du jour au lendemain faisaient la queue dans les tranchées, attendant le mot de leurs officiers.

Notre petit groupe dans le champ de betteraves était agité et silencieux ; ou si nous parlions, ce n'était pas de ce qui opprimait notre esprit et calmait nos battements de cœur. Nos lunettes ne nous aidaient pas ; ils n'ont fait que rendre le brouillard plus épais. Si nous avions été dans les tranchées britanniques de première ligne, nous aurions à peine pu voir les hommes qui les avaient laissés à travers ce mur de fumée et de brouillard alors qu'ils entraient dans la première ligne allemande et les « krumps » allemands qui avaient répondu nous auraient conduits aux abris et aux tranchées allemandes. des rideaux de feu nous retenaient prisonniers.

L'un de nous a attiré l'attention sur une alouette qui s'était levée et chantait de toute sa puissance dans sa petite gorge. Un autre évoque un escadron d' avions sur fond de ciel doux et sans dôme , volant avec la précision des oies sauvages. Nous savions que les canons allemands répondaient maintenant, car les derniers coups de concentration britanniques avaient été un signal d'attaque suffisant si un prisonnier britannique capturé lors d'un raid dans une tranchée n'avait pas révélé l'heure.

Sept heures vingt-cinq ! » quelqu'un a dit, mais aucun d'entre nous n'avait besoin d'un rappel. Encore cinq minutes et la grande expérience allait commencer. Sir Douglas Haig avait-il constitué une armée à la hauteur de la tâche ? Quelle serait la réponse aux sceptiques qui affirmaient que les cockneys de Londres, les ouvriers des usines de Manchester et tous les autres sans formation militaire ne pouvaient pas devenir une force suffisamment habile pour prendre ces tranchées ? L'exploit de conquérir ces fortifications était-il dans les limites du courage, de l'habileté et des ressources humaines ?

Ce n'était pas ce que l'on voyait, mais ce que l'on ressentait et savait qui comptait. Une foule est fascinée en regardant un clocher au travail, ou un aviateur faisant un "loop-the-loop", ou un acrobate se balançant d'un bar à l'autre au-dessus du cercle de sciure, ou le "saut de la mort" des films ; et nous étions ici en présence d'une multitude qui courait un risque bien plus grand dans un effort non essayé, avec pour inspiration non un auditoire essoufflé mais un devoir. Car personne ne voulait mourir. Tous étaient humains en cela. Aucun n'avait le sens du sport glorieux de la guerre, seulement celui de la sombre routine.

Notre groupe n'était pas particulièrement religieux, mais je pense que nous faisions tous une prière pour l'Angleterre et la France. À sept heures trente, quelque chose semblait craquer dans notre cerveau. Il n'y avait aucun signe visible qu'une vague d'hommes longue de vingt-cinq milles, s'étendant de Gommecourt à Soyecourt , partout où les tranchées traversaient les champs, les villages et le long des pentes jusqu'aux rives de la Somme et au-delà, avait quitté ses parapets. Je connaissais trop bien les hommes qui se lançaient dans cette charge pour avoir la moindre appréhension qu'un bataillon faiblisse. La chose devait être faite et ils devaient le faire. Maintenant, ils étaient dans le No Man's Land ; ils se trouvaient désormais face à la réception qui leur était préparée. Des milliers de personnes pourraient déjà être en panne. Nous pouvions discerner que les canons allemands, attendant longtemps leur proie, la cherchaient avec une férocité avide, en déposant leurs rideaux de feu sur les lieux désignés qu'ils avaient enregistrés. L'enfer des poètes et des prêtres doit avoir une certaine émotion, une certaine variation de tempérament. C'était un véritable enfer mécanique, son pouls étant celui de la dynamo et du moteur.

Sept quarante cinq! Impuissants, nous avons regardé la couverture. Si la charge était rentrée chez elle, elle se trouvait déjà dans les tranchées allemandes. D'après ce que nous savions, il aurait pu être repoussé et ses restes se débattraient à travers les rideaux de tirs d'artillerie et les tirs de mitrailleuses. Alors que le soleil se levait sans dissiper la brume et la fumée des obus sur le champ, nous avons aperçu quelques réserves qui ressemblaient à une tache jaune derrière une colline se déployant pour avancer, évoquant les coléoptères à dos jaune qui étaient les serviteurs organisés de l'armée. un esprit supérieur sur une autre planète.

C'est tout ce que nous avons vu ; et en faire davantage ne serait pas juste pour d'autres occasions où les vues sur les attaques étaient plus intimes. Pourtant, je ne changerais pas cette impression maintenant. Il a sa place dans l'histoire de la bataille pour le spectateur.

VI

PREMIERS RÉSULTATS DE LA SOMME

A la petite école - Vingt milles de fortifications allemandes prises - Situation douteuse au nord de Thiepval - Prisonniers et blessés - Défaite et victoire - La topographie de Thiepval - Jets de balles et tirs d'artillerie - "Le jour" de la Nouvelle Armée - Le courage de l'homme civilisé — Combattant avec une sorte d'entêtement divin — Plus courageux que la « Brigade légère » — Mort au combat comme preuve finale de l'esprit de la Nouvelle Armée — Rampant à travers le No Man's Land — Non battu mais brutalement manipulé.

Dans la pièce située au sommet des escaliers étroits de l'école de la paisible ville-siège, nous devrions avoir la réponse à la question : l'attaque britannique a-t-elle réussi ? qui palpitait dans nos battements de pouls . Par la même carte sur la table au centre de la salle montrant le plan d'attaque avec ses lignes indiquant les objectifs, nous devrions savoir combien d'entre eux ont été atteints. L'officier qui avait esquissé le plan de bataille avec une belle franchise était également franc sur ses résultats, pour autant qu'ils étaient connus. Non seulement il évitait de mâcher ses mots, mais il évitait de les gaspiller.

Depuis Thiepval , vers le nord, la situation était obscure. La réponse de l'artillerie allemande avait été lourde et l'action avait été presque entièrement occultée par l'observation. Certains détachements devaient avoir atteint leur objectif, puisque leurs signaux avaient été vus. De La Boisselle vers le sud, les Britanniques avaient pris tous les objectifs. Ils étaient à Mametz et Montauban et autour de Fricourt . Pour les Français, cela a été une victoire nette, sans une seule révolte. Vingt milles de ces formidables fortifications allemandes étaient en possession des Alliés.

Sur le rebord de la fenêtre de la salle de classe, alors que les voix aiguës des enfants à la récréation qui jouaient dans la cour en contrebas montaient jusqu'à mes oreilles, j'ai rédigé chez moi ma dépêche pour la presse, moins conscient alors qu'aujourd'hui de l'émerveillement de la situation. En bas, le curé de l'église voisine se tenait sur les marches, l'air impatient. Quand je lui ai annoncé la nouvelle, son sourire et l'éclat de son œil, qui manquaient de la douceur habituellement associée à l'Église, étaient agréables à voir.

"Et les Français?" Il a demandé.

"Tous leurs objectifs !"

"Ah!" Il inspira profondément et se frotta doucement les mains. "Et les prisonniers ?"

"Une grande majorité."

"Ah ! Et les armes ?"

"Oui."

Il gravit ainsi l'échelle du bonheur. Je l'ai laissé sur les marches de l'église avec un regard fier, joyeux et distrait.

Au-delà de la ville, des champs paisibles s'étendaient jusqu'à la zone de combat, où les personnages entassés dans les nouveaux enclos des prisonniers formaient une tache verte. Les détritus étaient épais dans les rues des postes de secours qui étaient vides hier. Il n'y avait plus d'ambulances inutilisées désormais. Ils avaient des passagers en vert ainsi qu'en kaki. Les premiers trains hospitaliers quittaient la gare ferroviaire, en face d'une gare de dédouanement. Ainsi, rapidement, comme prévu, les processus de bataille s'étaient déroulés d'eux-mêmes.

A partir de cas « légers » et de cas « mauvais », d'officiers et de soldats, vous aviez le récit de l'expérience suprême d'un individu, infinitésimale par rapport à l'ensemble mais prise ensemble constituant le tout. Les blessés du secteur de Thiepval-Gommecourt ont raconté avoir "rampé" à travers le No Man's Land. Au sud de Thiepval, ils étaient « repartis à pied ». Cela aussi racontait l'histoire de la différence entre la repoussée et la victoire.

Tout comme le combat se déroulait pour chaque homme dans la mêlée, la bataille se dirigeait vers sa conception. Le spectateur allant ici et là pouvait entendre des récits dans un quartier général de bataillons qui se trouvaient au-delà des tranchées de première ligne et dans un autre de bataillons dont les survivants étaient de retour dans leurs propres tranchées. Il pouvait entendre un blessé dire : « C'était trop rigide, monsieur. Il était impossible de passer à travers leurs rideaux de feu contre leurs mitrailleuses, monsieur ; » et un autre : « Nous sommes allés sans interruption dans leur première ligne et avons continué tout droit, en nous rassemblant en chemin chez les Boches .

La victoire est douce. Il s'écrit tout seul. Peut-être parce que l'échec est plus difficile à écrire, même si dans ce cas il est tout aussi glorieux, nous l'aurons en premier. Pour mieux comprendre cette journée, imaginez un mouvement de tout le bras, l'épaule à Gommecourt et le poing rentrant à Montauban , écrasant ces fortifications. Elle a percé sur une distance supérieure à celle du coude jusqu'au bout des doigts, à vingt milles au sud de Thiepval , nom à retenir. Les hommes traversant la zone ouverte sous des vagues protectrices de tirs d'obus avaient prouvé que les hommes dans des pirogues avec des mitrailleuses n'étaient pas invincibles.

D'un certain poste d'observation d'artillerie perché dans un arbre, on avait une bonne vue sur Thiepval , déjà un endroit noirci avec les ruines du château visibles en son sein, blanches et piquées par les troncs d'arbres en forme de cure-dents, dénués de leurs branches, qui devaient devenu un spectacle si familier sur le champ de bataille. Le chemin jusqu'à Thiepval était difficile pour les Britanniques. Une rivière dite, en réalité un ruisseau, l' Ancre , coule au pied du versant et tourne vers l'est au-delà de Thiepval , où une crête appelée crête du Crucifix au nord-est du village tire son nom d'un Christ aux bras tendus visible de beaucoup. des kilomètres à la ronde. Puis au-delà du détour de l' Ancre, les positions britanniques et allemandes continuent jusqu'au saillant de Gommecourt .

Sur ces cinq milles, les chances de terrain étaient toutes contre les Britanniques. Les hauteurs qu'ils cherchaient à conquérir étaient d'une valeur tactique suprême. La nature était l'alliée de l'industrie militaire dans la construction des défenses. L'état-major allemand s'attendait à recevoir le plus gros de l'offensive dans ce secteur et chaque heure de retard dans l'attaque était inestimable pour ses derniers préparatifs. Thiepval , Beaumont-Hamel et Gommecourt ne seraient pas cédés s'il y avait une quelconque puissance en hommes ou en matériel sous commandement allemand pour les garder. En effet, les Allemands disaient que Thiepval était imprenable. Leur vantardise fut bonne le 1er juillet, mais pas à la fin, comme nous le verrons, car, avant la fin de l'été, Thiepval devait être prise avec moins de pertes pour les Britanniques que pour les défenseurs.

A Beaumont-Hamel et à Thiepval notamment, et dans tous les villages, les caves des maisons avaient été agrandies et reliées par de nouvelles galeries, les débris des bâtiments formant un toit plus épais contre la pénétration des obus. Là où il semblait qu'il n'y avait aucune vie à Beaumont-Hamel, les bataillons étaient confortablement installés dans leurs refuges alors que la terre autour tremblait sous les explosions. Les parapets bombardés des tranchées allemandes de première ligne, qui semblaient représenter une destruction complète, n'avaient pas rempli toutes les portes des abris que les gros obus n'avaient pas réussi à atteindre. Les fragments de barbelés coupés et tordus qui étaient les restes du dédale d'enchevêtrements bordant les parapets ne les protégeaient plus d'une charge ; mais les garnisons dépendaient d'un autre type de défense qui envoyait ses tempêtes meurtrières contre l'infanterie qui avançait.

Les bataillons britanniques qui franchirent le parapet depuis Thiepval vers le nord furent du même courage que ceux qui prirent Montauban et Mametz ; leur formation et leur préparation sont les mêmes. Là où les bataillons vers le sud avançaient conformément au plan et où le pionnier des canons était couronné de succès, ceux de ce front partaient dans de nombreux cas de tranchées déjà détruites par les tirs d'obus allemands. Quelques pas à travers cet espace mort et les officiers savaient que l'artillerie d'appui, travaillant ici aussi minutieusement à son bombardement préliminaire qu'ailleurs, n'avait pas la situation en main.

Tous les canons que les Allemands avaient déployés pendant que le temps retardait l'attaque britannique ajoutaient leur poids à la concentration d'artillerie. Dans la vallée de l' Ancre, à son coude, ils formaient plus ou moins une enfilade. Des mitrailleuses avaient survécu dans leurs positions dans les débris des tranchées ou avaient été montées pendant la nuit et d'autres sont apparues des trous d'égout devant les tranchées. Des gerbes de balles traversaient les explosions des rideaux de tirs d'artillerie allemands. La façon dont des hommes pouvaient parcourir l'étendue du No Man's Land et survivre aurait été qualifiée de miraculeuse en d'autres jours ; on sait aujourd'hui que c'était dû à la loi du hasard qui blesse un homme dix fois et n'écorche jamais la peau d'un autre.

N'importe quelle troupe aurait pu être justifiée d'abandonner la tâche avant d'atteindre la première tranchée allemande. Les anciens combattants auraient pu prendre leur retraite sans critique. C'est le privilège des soldats éprouvés qui ont remporté des victoires et qui sont assurés par une expression telle que : « Si la vieille garde a vu que cela ne pouvait pas être fait, pourquoi, alors, cela ne pourrait pas. Mais c'étaient des hommes de la Nouvelle Armée qui en étaient à leur première offensive. Leurs victoires n'étaient pas encore remportées. C'était « le jour ».

Chaque officier et chaque homme s'était livré en otage à la mort pour sa cause, sa fierté de bataillon et sa virilité lorsqu'il franchissait le parapet. La tâche des officiers était de conduire leurs hommes vers certains objectifs ; celle des hommes devait accompagner les officiers. Tout cela est un raisonnement très simple, mais à peine une raison : la seconde nature de l'entraînement et de l'esprit. Comme les officiers avaient étudié le détail de leurs objectifs sur la carte pour les reconnaître lorsqu'ils étaient atteints ! Comme c'était comme un exercice d'exercice la façon dont ces vagues humaines avançaient ! Mais dans certains cas, il ne s'agissait que de vagues, seuls les survivants avançant toujours comme s'ils faisaient partie d'une vague, invisibles pour leurs commandants dans la fumée des obus, secoués par des explosions d'explosifs puissants, chacun continuant simplement vers le but. jusqu'à ce qu'il arrive ou tombe. Insensé, dites-vous. Peut-être. C'est un mot facile à prononcer sur une carte après l'événement. Vous auriez trouvé de plus belles paroles si vous aviez été au front.

L'Angleterre aurait-elle voulu que sa Nouvelle Armée agisse autrement ? — la première grande armée qu'elle avait mise en campagne pour l'éprouver sur le continent européen contre une armée qui avait, en vertu de sa propre expérience, le droit de considérer les nouveaux venus comme des esclaves. des amateurs ? Ils sont devenus plus habiles plus tard ; mais à la guerre, toute compétence repose sur le courage dont ces hommes ont fait preuve ce jour-là. Ceux qui siègent dans des bureaux en temps de paix et pensent autrement feraient mieux d'être soulagés. C'est le précepte que l'armée allemande elle-même a enseigné et mis en pratique à Ypres et à Verdun. Le 1er juillet, une question fut posée à tous ceux qui avaient participé à la guerre de Mandchourie. Il apprit que ceux qui ont été élevés à proximité des cathédrales dans la civilisation du poème épique peuvent surpasser, sans aucune inspiration de fatalisme oriental ou de fanatisme religieux, le courage du pays du shintoïsme et du Bushido.

Dans la plupart des endroits, la charge atteignit les tranchées allemandes. Là, souvent en infériorité numérique par rapport à la garnison, les hommes poignardaient et bombardaient, se battaient pour éteindre les mitrailleuses qui se tournaient contre eux et ainsi arrêter la marée qui sortait de la bouche des pirogues - ils se battaient simplement et continuaient à se battre avec une sorte d'entêtement divin. .

La "Light Brigade" de Tennyson semble grandiloquente et jouée en galerie après le 1er juillet. Dans ce cas, des hommes à cheval qui avaient reçu un ordre partaient et revenaient, et les vers rendaient toujours mémorable ce galop sauvage d'exaltation avec les chevaux portant les hommes. Les bataillons du 1er Juillet marchèrent seuls, poussés par leur propre volonté vers leurs objectifs, sans faire marche arrière. Les officiers survivants, dont les objectifs étaient gravés dans la cervelle, conduisaient les hommes survivants au-delà des tranchées de première ligne si les instructions l'exigeaient. " Il ne leur appartenait pas de raisonner, mais d'agir et de mourir. Le canon à droite d'eux tirait et tonnait", - un canon à poudre fumigène à l'ancienne génération tirant à coups ronds pour la brigade légère ; pour ces bataillons d'aujourd'hui, toutes sortes d'obus et de mitrailleuses modernes, des pluies de mort et des draps de mort !

Le but, le but ! Dix hommes sur cent l'ont atteint dans quelques cas et lorsqu'ils sont arrivés, ils ont envoyé des signaux de fusée pour dire qu'ils étaient là ! là! là! Deux ou trois bataillons ont littéralement disparu dans le bleu. Je pensais que les Allemands auraient pu faire un nombre considérable de prisonniers, mais ce n'est pas le cas. Ces lots isolés qui poursuivaient leurs objectifs sans se soucier de toute autre pensée moururent en combattant, comme preuve finale de l'esprit de la Nouvelle Armée, contre les Allemands enragés par les lourdes pertes causées par le bombardement britannique préliminaire.

C'est là où existaient des brèches et où la bravoure avançait aveuglément, incapable de voir dans le brouillard de fumée d'obus si les unités de droite ou de gauche étaient en haut, que se faisaient ces sacrifices d'héroïsme ; mais là où le commandement était détenu sur la ligne et où l'opposition n'était pas variable, on décida de l'impossible et la retraite fut ordonnée. Autrement dit, les unités se sont retournées vers leurs propres tranchées sous la direction. Ils durent traverser le même rideau de tirs d'obus pour revenir que pour charger, et devant eux, à travers les explosions, ils poussèrent leurs prisonniers.

"Peu importe. C'est de ton côté !" » disait un Britannique à un Allemand qui avait été renversé par un « krump » allemand alors qu'il se relevait ; et l'Allemand répondit que cela ne lui plaisait pas davantage.

Le No Man's Land était parsemé de blessés britanniques se mettant à l'abri dans des cratères d'obus nouveaux et anciens. Un Britannique et son prisonnier se mettaient à l'abri ensemble. Une explosion et le prisonnier pourrait être réduit en miettes, ou si le ravisseur l'était, un autre Britannique prenait en charge le prisonnier. Les ravisseurs étaient constamment obstinés à retenir les prisonniers qui étaient des trophées de cet enfer, et lorsqu'un Britannique était de retour dans la tranchée de première ligne avec son Allemand, sa joie était plus grande de délivrer son homme vivant que d'assurer sa propre sécurité. Dans le No Man's Land, les blessés serraient leurs cratères d'obus jusqu'à ce que le feu se calme ou que la nuit tombe, puis ils reculaient en rampant.

Là où, tôt le matin, il semblait que l'attaque était un succès, des bataillons de réserve furent envoyés pour soutenir ceux qui étaient en face, et, sans hésitation et avec autant de régularité qu'à l'exercice, ils pénétrèrent dans la couverture de fumée d'obus avec ses éclairs vifs et ses sifflements. des balles d'obus et des fragments d'obus. J'ai découvert que les commandants étaient impressionnés par le courage inébranlable de leurs troupes. Officiers ou soldats, ceux qui sortaient de l'enfer restaient fidèles à leur héritage de flegme anglais.

Couverts de poussière de craie à force de ramper, leurs bandages imbibés de sang, éclaboussés du sang de leurs camarades alors qu'ils s'allongeaient sur des civières ou entraient dans une tranchée de communication, ils avaient l'air vide lorsqu'ils évoquaient les scènes dont ils avaient été témoins ; mais ils ne donnaient aucune impression de désespoir. Il ne leur est pas venu à l'esprit qu'ils avaient été battus ; ils avaient été malmenés au cours d'un round d'un combat qui en avait nécessité plusieurs. Si une contre-attaque allemande s'était développée, ils se seraient installés, fusil à la main, pour passer le tour suivant. Et ce jeune officier d'à peine vingt ans, souriant quoique affaibli par la perte de sang de deux blessures, refusant de l'aider alors qu'il se traînait parmi les « blessés ambulants », montra une bravoure dans son stoïcisme égale à n'importe quel autre sur le terrain lorsqu'il dit : « Il ne s'est pas bien passé cette fois", d'une manière qui indiquait que, bien sûr, cela finirait par se passer.

C'est sur une de ces grandes cartes en relief montrant en fac-similé toutes les élévations qu'un certain commandant de corps raconta l'histoire de toute l'attaque avec une simplicité et une franchise qui étaient une victoire de caractère même s'il n'avait pas remporté de victoire au combat. . Il répétait les détails de la préparation, qui étaient les mêmes, dans leur minutie, que ceux des corps qui avaient réussi ; et il ne dit pas que la chance avait joué contre lui – en fait, il n'a jamais utilisé ce mot – mais simplement que les fortifications allemandes avaient été trop fortes et les tirs trop intenses. Il se comportait de la même manière que dans sa maison en Angleterre ; mais ses yeux parlaient de souffrance et lorsqu'il parlait de ses hommes, sa voix tremblait.

Où le jeune officier avait dit que cela ne s'était pas bien passé cette fois et un soldat avait dit : « Nous devons réessayer, monsieur ! le général avait déclaré que la répulsion était un incident d'une opération prolongée dans la phase initiale, ce qui semblait plus professionnel mais n'était pas plus éclairant. Tous ont parlé des leçons apprises pour l'avenir. Ils avaient ainsi résisté à l'épreuve suprême que seule la répulsion peut donner.

Que pouvait dire ou faire un observateur qui n'était pas banal aux yeux d'hommes qui avaient vécu de telles expériences ? Écoutez et regardez seulement avec la crainte de celui qui se sent en présence d'un héroïsme immortel. Et à une heure de route en voiture se trouvaient des troupes rayonnantes de ce succès sans comparaison dans son exaltation physique : le succès des armes.

VII

HORS DE LA TRÉMIE DE BATAILLE

Une armée de mouvement - S'emparer de l'espace conquis - A Minden Post, carrefour des combats - Prisonniers allemands - Leur désir de vivre - Leur variété - La ligne d'ambulance - Les déchets de la trémie de bataille - Le repos sur la ligne de bataille - Réminiscences des combattants. — Un puissant cratère. — Les pirogues autour de Fricourt. — Méthode de prise d'une pirogue. — Les détritus sur le terrain.

Lorsque je traversais ce monde de triomphe vers le sud, en revenant de Mametz et de Montauban, je pensais à un homme fort qui s'était libéré de ses liens et qui respirait profondément avant un nouvel effort. Où de Thiepval à Gommecourt les hommes qui espéraient organiser de nouvelles tranchées étaient de retour dans leurs anciennes et les artilleurs qui avaient espéré faire avancer leurs canons étaient dans les mêmes positions et tous les plans de ravitaillement anticipé d'une armée étaient toujours en cours. papier, vers le sud, l'anticipation était devenue réalité et le système conçu pour continuer après le succès était appliqué.

Une industrie puissante et enthousiaste envahissait l'arrière. Voilà enfin une armée en mouvement. De nouvelles routes doivent être construites pour que les transports puissent avancer plus loin ; les hommes du corps médical établissaient des postes de nettoyage plus avancés ; de nouveaux dépôts de munitions étaient localisés ; la police militaire adapte le code de la route à la nouvelle situation. D'anciennes tranchées avaient été comblées pour laisser passer les camions et les canons. Sur chaque visage était le désir brillant qui surmonte la fatigue. Une armée longtemps attachée à une tranchée s'étirait les membres alors qu'elle se retrouvait à découvert. Au quartier général du corps d'armée, des lignes étaient tracées sur les cartes des positions conquises et, au-delà, les lignes des nouveaux objectifs.

Serait-il possible que notre voiture roulait sur cette route derrière les tranchées de première ligne où cela aurait été la mort de montrer sa tête il y a deux jours ? Et des bataillons en réserve pourraient-ils se trouver à découvert dans des champs où, quarante-huit heures auparavant, une compagnie aurait essuyé le feu d'une demi-douzaine de batteries allemandes ? Était-ce un rêve ou une réalité que vous déambuliez dans les tranchées allemandes de première ligne ? Vous étiez habitués depuis si longtemps à la guerre stationnaire, avec votre camp et l'autre camp toujours aux mêmes endroits entourés de murs de tirs d'obus, que la transformation semblait aussi étonnante que si, par magie, du jour au lendemain, Lower Broadway et tous ses hauts immeubles avaient eu lieu. été déplacé de l'autre côté de la rivière du Nord.

Parmi certaines scènes que la mémoire tient encore dissociées des autres par leur caractérisation exceptionnelle, celle de Minden Post reste marquante comme illustrant le carrefour des trafics d'hommes de la bataille. Une série de grandes pirogues, de maisons et de grottes avec des murs de sacs de sable, à l'arrière de la première ligne britannique près de Carnoy, constituait un foyer de tranchées de communication et un aimant pour les hommes se précipitant des espaces balayés par les balles et les obus vers la sécurité. Le souffle chaud de la ligne de feu les avait brûlés et chassés, et ils se rassemblaient en masse à ce poste de déminage, comme une foule devant une porte. Les yeux étaient injectés de sang et enfoncés dans de profonds creux à cause de la fatigue, ceux des Britanniques ayant une lueur de triomphe et ceux des Allemands une interrogation hébétée alors qu'ils attendaient des instructions.

Une demi-heure seulement auparavant, peut-être, les Allemands combattaient avec la férocité de la haine raciale et la méthode d'une discipline de fer. Ils n'étaient plus que des êtres humains impuissants et échevelés, leurs bottes courtes et leurs uniformes verts blanchis par la poussière de craie. La faim avait affaibli l'endurance de beaucoup d'entre eux à l'époque où les bombardements britanniques préliminaires les avaient privés de ravitaillement ; mais aucun ne semblait vraiment sous-alimenté. Je n'ai jamais vu de prisonnier allemand qui se trouvait à l'exception des intervalles où la bataille éloignait de sa bouche la nourriture qui attendait à l'arrière, même si certains, de petite taille et mal proportionnés, semblaient incapables d'absorber la nourriture.

Afin de les inciter à mieux combattre, on leur avait dit que les Britanniques ne feraient pas de quartier. Sortis de l'enfer, sans que les obus n'éclatent au-dessus de leur tête et que les balles ne gémissent et ne sifflent plus, ils étaient seulement conscients qu'ils étaient vivants, et qu'ils étaient vivants, même s'ils avaient risqué leur vie comme si la mort était un incident, désormais libérés de la discipline et de l'exaltation. Au combat, leur désir de vivre était très humain dans la mesure où les mains se levaient si un mot dur leur était adressé par un officier. Ils manquaient totalement de dignité militaire lorsqu'ils défilaient ; mais il revint comme par magie lorsqu'un sous-officier fut chargé de prendre en charge un lot et de le conduire jusqu'à une enclos . Puis, en réponse au commandement, les épaules se redressèrent, les talons claquèrent l'un contre l'autre, et l'instinct d'un long entraînement leur plaça une baguette dans la colonne vertébrale qui raidit de simples êtres humains fatigués en soldats. Une profonde gratitude était évidente lorsque leurs papiers furent examinés suite à la restitution de leurs livrets d'identification, ce qui les laissa toujours inscrits et numérotés comme membres du « système » et non comme de simples âmes perdues comme ils se considéreraient autrement.

Boches en tout genre dans notre exposition !" dit un soldat britannique.

Comme il y avait en effet : des gaillards gros et maladroits, des jeunes imberbes, des hommes de quarante ans à courbure formée dans la vie civile, des professionnels avec des lunettes attachées aux oreilles par des cordons et des hommes gros avec une formation crânienne et une physionomie conforme aux Français. des images comiques du « type Boche ».

Mêlés aux blessés britanniques, ils arrivèrent, grands et petits, minces et corpulents, le tout formant un cortège hétéroclite d'amis et d'ennemis dans une étrange compagnie singulièrement sans rancune. Je n'ai vu qu'un seul incident de dureté de la part du ravisseur envers le prisonnier. Un gros Allemand courut contre le bras blessé d'un Britannique, qui grimaça de douleur, se retourna et donna à l'Allemand un coup de poing très humain avec son bras libre. Un autre Allemand, dont la jambe de pantalon fendue claquait autour d'un bandage, s'appuyait sur le bras d'un Britannique dont l'autre bras était en écharpe. Un Prussien géant portait un pickaback de camarade à lunettes . Les Allemands ont impressionné lorsque les porteurs de litières ont apporté des formes fixes en kaki. L'eau et le tabac, tels sont les bienfaits qu'aucun homme ne refuse à un autre dans une période comme celle-ci. Le gargouillis d'une gourde dans une bouche desséchée par cette chaude journée de juillet était le premier cadeau offert aux blessés britanniques ou allemands et le suivant, une cigarette.

Bien sûr, tous les Britanniques qui revenaient étaient blessés, mais la plupart des Allemands n'étaient pas blessés . De longues rangées de civières attendaient la visite des médecins pour un examen plus approfondi. Les premiers pansements appliqués par l'homme lui-même ou par un camarade dans la ligne de tir ont été enlevés et remplacés par de nouveaux pansements. Ambulance après ambulance accouraient, les civières de ceux qui étaient « les suivants » étaient glissées derrière les rideaux verts, et sur des ressorts souples sur des pneus en caoutchouc qui tournaient, les fardeaux étaient expédiés à toute vitesse en route vers l'Angleterre.

Les officiers mettaient de l'ordre dans la marée qui montait à travers les champs et les tranchées de communication, comme s'ils étaient habitués à de telles situations, avec la ligne de feu à seulement deux mille mètres. Les blessés graves étaient séparés des blessés légers, qui ne devaient pas s'attendre à monter à cheval mais devaient aller plus loin à pied. Le pickaback allemand mutilé par un camarade s'est retrouvé dans une ambulance en face d'un Britannique et son porteur devait savoir dormir après un repas carré dans l' enclos des prisonniers .

Et tout cela n'était que les déchets de la trémie de bataille, qui ne sert à rien pour les prisonniers que pour transporter des civières et à aucune utilité pour les blessés ; et ce n'était qu'un sous-produit de la preuve de succès, comparé à un voyage à travers le champ lui-même, un champ encore frais.

Des caissons d'artillerie, des ambulances, des chariots de signalisation et d'autres moyens de transport particulièrement privilégiés – favorisés par le risque d'être à portée de centaines de canons – parcouraient désormais la route de l'ancien No Man's Land qui, depuis près de deux ans, n'avait eu aucune vie, sauf les patrouilles de nuit. Les corps de ceux qui tombèrent lors de ces expéditions de reconnaissance nocturnes ne purent être retrouvés et leurs os gisaient là au milieu du vert et du kaki pourris en compagnie des morts frais de la charge qui n'avaient pas encore été enterrés.

Il y avait le bataillon qui prenait les tranchées posées là-bas à flanc de colline, tandis qu'un autre bataillon prenait place dans la ligne de feu. Les hommes avaient ôté leurs manteaux ; ils se lavaient, faisaient du thé et s'étalaient au soleil, ces vainqueurs, regardant les rideaux de feu là où la bataille faisait rage. Ainsi, les réserves auraient pu attendre à Gettysburg ou à Waterloo.

"Ils pourraient vous mettre des obus", suggérai-je à leur colonel.

"Peut-être", dit-il. Cette perspective ne semblait pas déranger ni lui ni les hommes. C'était une possibilité floue pour les esprits qui ne demandaient que du sommeil ou de la détente après deux nuits blanches sous le feu. "Les Allemands n'ont pas d' avions pour nous voir, ni de ballons-saucisses non plus. Depuis que nos avions ont abattu ces six personnes en flammes la veille de l'attaque, les autres ont été très timides."

Ses jeunes officiers étaient tous des produits de la Nouvelle Armée ; lui, le commandant, étant le seul régulier. Il restait encore suffisamment de soldats réguliers pour en fournir un à chacun des bataillons de la Nouvelle Armée, dans certains cas même deux.

"Les hommes étaient splendides", dit-il, "tout aussi bons que les habitués. Ils sont entrés sans faiblir et nous avions devant nous un bout de tranchée raide , vous savez. C'est sympa ici, n'est-ce pas ?"

Il était fatigué et peut-être serait-il tué demain, mais rien ne pouvait l'empêcher de parcourir une certaine distance pour nous montrer le chemin des tranchées dont ses hommes s'étaient emparés. Ils étaient des héros pour lui et il en était un pour eux ; et ils avaient gagné. C'était cela, la victoire, même s'ils la considéraient comme une évidence, qui leur donnait une lueur plus chaude que la lumière du soleil alors qu'ils étaient à l'aise sur l'herbe. Ils avaient «été dedans»; ils avaient vu le jour qu'ils attendaient depuis longtemps. Leur allure était empreinte de maîtrise, mais leur exaltation était tempérée par la pensée des camarades disparus, des morts.

"J'aurais aimé que Bill ne soit pas tombé avant d'arriver à la tranchée", a déclaré un soldat. "Il avait eu à cœur de voir à quoi ressemblait une pirogue boche ."

"Georges était à côté de moi lorsqu'un Boche l'a attrapé avec une bombe. Moi, je l'ai fait pour les Boche avec une baïonnette", raconte un autre.

"Quand la mitrailleuse a commencé, je pensais qu'elle nous tuerait tous, mais il fallait continuer."

Ils étaient neutres et s'attardaient sur l'essentiel simple. Des hommes étaient morts ; des hommes avaient été blessés ; les hommes avaient survécu. Tout cela était conforme aux attentes. La plupart du temps, ils n'ont pas répété leurs expériences. Leurs cerveaux avaient suffisamment d'émotions ; leurs corps demandaient du repos. Ils restaient allongés en silence, profitant de la vie et du soleil. Les détails perdus dans le brouillard de l'action se développeraient dans la mémoire au cours des années suivantes, comme les subtilités d'une plaque photographique.

L'ancienne tranchée allemande située sur une butte dominante ne ressemblait guère à une tranchée. Ici, les artilleurs avaient rempli à la lettre les exigences de l'infanterie. Des zones de cratères d'obus s'étendaient de chaque côté des murs effondrés et les entrées des abris-abris étaient presque toutes fermées. L'infanterie qui a pris position n'a rencontré aucun feu devant, mais a eu une enfilade en un point avec une mitrailleuse. Où le mort indiquait exactement l'étendue de sa portée par laquelle la charge était passée sans faiblir ; et ce n'était qu'un premier objectif. Comme vous avez pu le constater, la charge avait atteint sa seconde charge avec une légère perte. Un jeune officier, après avoir été blessé, avait rampé dans un cratère d'obus, avait passé son drap de caoutchouc sur lui et était ainsi mort paisiblement, le caillot de son sang sur la terre à côté de lui.

Dans le champ de ruines autour de Fricourt, un puissant cratère d'une des mines explosées le 1er juillet à l'heure de l'attaque était assez grand pour contenir un bataillon. Les Allemands s'étaient envolés dans une éclaboussure avec son vaste panache de fumée et de poussière arrachée des entrailles de la terre. Célèbres depuis lors pour les amateurs de guerre, les pirogues autour de Fricourt étaient le dernier mot de la protection allemande contre les attaques. La fabrication des pirogues est standardisée comme tout le reste dans cette guerre. Même angle d'entrée, même volée de marches pour accéder à ce refuge souterrain, selon le schéma établi. La profondeur, la capacité et le confort sont le résultat de l'initiative et de l'industrie locales. Il peut y avoir des lits, des tables et des niveaux de couchettes. Beaucoup de ces chambres étaient aussi tranquilles que si jamais un obus n'avait éclaté dans le voisinage. On avait dit aux Allemands occupés de tenir le coup ; une contre-attaque les soulagerait. La foi de certains d'entre eux a si bien résisté qu'ils ont dû être détruits par des explosifs avant de se rendre.

Il y avait du réconfort à proximité de si bonnes pirogues lorsqu'elles étaient habitables par un correspondant si des obus commençaient à tomber, ainsi qu'une protection pour les Britanniques en réserve. Certains lieux d'où provenaient les odeurs nauséabondes ont été fermés par les Britanniques comme étant la forme la plus simple d'enterrement pour les morts qui avaient attendu que les bombes soient lancées avant de se rendre. Car la méthode de prélèvement d'une pirogue était depuis longtemps devenue aussi standardisée que sa construction. Les hommes à l'intérieur pouvaient avoir leur choix auprès du Britannique à l'entrée.

"Soit classez, soit prenez ce que nous envoyons", comme l'a dit un soldat. "Nous ne pouvons pas vous laisser là pour sortir et tirer dans notre dos, comme le Kaiser vous l'a dit, alors que nous sommes partis en avant."

On pouvait suivre sur des kilomètres les ruines de la première ligne, se frayer un chemin parmi les morts allemands dans toutes les attitudes, tandis qu'une main ou une tête ou un pied sortait de la craie martelée mêlée de chair et de fragments de vêtements, la chose grandissant. horrible et nauséabond et votre émerveillement grandissant quant à la façon dont les tirs ont accompli la destruction et comment les hommes ont pu conquérir les restes que les obus avaient laissés. Ce fut un exploit prodigieux, soulignant encore une fois l'importance des mois de préparation.

Et les détritus sur tout le champ ! Ceci, à son tour, exprimait à quel point le matériel nécessaire à de telles opérations était varié et immense. On pensait au ménage après une effroyable débauche. Des fragments de coquilles étaient mélangés à la terre ; des tas de douilles gisaient à côté de mares de sang. Les mortiers de tranchée sortaient leurs canons à moitié remplis des murs de tranchée renversés. Des paquets de fusées éclairantes, des caisses de munitions vides, des casques en acier écrasés par des fragments d'obus, des sacs à gaz, des lunettes de protection contre les obus lacrymatoires, des pelles, des bouteilles d'eau, des grenades à fusil inutilisées, des bombes à œufs, des bombes allemandes à long manche, des étuis à cartes, des morceaux de pain allemand « KK », des fusils, des enveloppes d'acier d'obus et d'obus non explosés de tous calibres étaient éparpillés sur le terrain entre les marques irrégulières de sol crayeux où les tirs d'obus les avaient réduits en morceaux.

Les fusils et les accessoires des morts étaient rassemblés en tas, ce qui faisait également partie d'un système préétabli, tout comme le rassemblement des blessés et plus tard des morts qui les avaient portés. De grandes formes, jambes nues, du robuste régiment des Highlands, qui ne s'arrêteraient pas devant une mitrailleuse, étaient amenées et déposées dans une tranchée de communication allemande qui n'avait qu'à être fermée pour faire une fosse commune, chaque disque d'identification étant conservé comme une trace de l'endroit où ils se trouvaient. le corps gisait. Une autre tranchée de communication à proximité était réservée aux morts allemands qui étaient rassemblés en même temps que les Britanniques. Dans la vie, les ennemis s'étaient affrontés à travers le No Man's Land. Dans la mort, ils furent également séparés.

Bien entendu, jusqu'aux tranchées allemandes de première ligne, il n'y avait que des morts britanniques, ceux tombés lors de la charge. C'est ce qui donnait l'impression que les pertes étaient toutes d'un seul côté. Dans les tranchées allemandes apparaissaient les inscriptions de l'autre côté du grand livre ; et sur les champs et dans les tranchées de communication gisaient des figures vertes. Au-dessus de cet espace ouvert, il y avait des points verts éparpillés ; là encore, là où ils avaient couru se cacher jusqu'à la lisière d'un bois, ils étaient restés épais alors qu'ils étaient tombés sous le feu d'une mitrailleuse que les Britanniques avaient mise en action. Une féroce partie de lièvre et de meute avait été jouée. Les morts allemands et britanniques gisaient face dans la même direction lorsqu'ils étaient à découvert, les Allemands en retraite, les Britanniques à leur poursuite. Un officier a attiré l'attention sur cette sombre preuve que l'initiative revenait aux Britanniques.

Par le nombre de morts britanniques gisant dans le No Man's Land ou par les caillots de sang lorsque les corps avaient été retirés, il était possible de dire quel prix les bataillons avaient payé pour leur succès. Rien ne pouvait rendre la vie des camarades tombés devant Thiepval aux survivants de cette action ; mais s'ils avaient pu voir les larges ceintures du No Man's Land avec seulement une silhouette prostrée occasionnelle, ils auraient eu l'assurance qu'une autre fois, ils auraient peut-être pu y aller plus facilement. Partout où les Allemands avaient utilisé une mitrailleuse, les résultats de son travail constituaient un avertissement sévère sur la nécessité de faire taire ces tueurs automatiques avant de les charger. Pourtant, de Mametz à Montauban , les pertes avaient été légères, ne laissant aucun doute sur le fait que les Allemands, convaincus que le poids de l'attaque se porterait vers le nord, avaient été pris au dépourvu.

Les Alliés ne purent dissimuler le fait et le lieu général de leur offensive, mais ils dissimulèrent son plan dans son ensemble. Le petit nombre de cratères d'obus attestait qu'aucun rideau de tir d'artillerie n'avait été concentré ici comme de Thiepval à Gommecourt . Il est probable que les Allemands n'avaient pas d'artillerie en réserve ou l'avaient retirée vers le nord.

Toutes les branches de l'armée victorieuse s'installaient dans la zone conquise, parmi les morts et les détritus derrière l'ancienne première ligne allemande : c'était la marge de l'action. Au-delà, c'était la bataille elle-même, avec la ligne de feu qui avançait toujours sous des rideaux d'éclats d'obus.

VIII

ENVOYEZ LES ARMES !

Une batterie audacieuse - "Une occasion inhabituelle" - Des canons au front la nuit - Près de la ligne de tir - Peu dangereux pour les observateurs - Les lignes allemandes à proximité - Avantages d'une pente même douce - Positions allemandes savamment choisies - Un jeu de cache-cache avec la mort – Progrès semblable à celui des affaires – Brume, fumée d'obus et personnages en mouvement – Chaque personnage fait partie du « système ».

Ce commandant de batterie ne s'était-il pas trompé de direction lorsqu'il avait placé ses obusiers derrière une falaise dans l'ancien No Man's Land ? Ne savait-il pas que l'infanterie allemande n'était que de l'autre côté de la butte et que deux ou trois dizaines de batteries allemandes étaient à portée ? J'attendais qu'une tornade s'abatte aussitôt sur la tête des artilleurs. J'aimais leur audace, mais je ne courtisais pas leur compagnie lorsque je ne parvenais pas à rompre avec une habitude d'esprit issue des règles de la guerre des tranchées, où l'autre type était à la recherche de cibles aussi justes qu'eux.

Pour le moment, ces « comment » ne tiraient pas et les artilleurs se trouvaient dans un petit monde circonscrit, dissociés du mouvement autour d'eux, occupés à creuser des fosses pour leurs munitions. Le moment venu, quelqu'un pourrait leur dire de commencer à s'inscrire sur un certain point ou de se libérer sur un point qu'ils avaient déjà enregistré. Pendant ce temps, très professionnels en manches de chemise, ils ne se préoccupaient pas du trafic à l'arrière, sauf en ce qui concernait leur propre approvisionnement en obus, ou les détritus des champs, ou les morts, ou les enterrements et les des blessés épars revenant du feu. Leurs relations commerciales se déroulaient exclusivement avec la zone de combat cachée par la falaise. Je pensais qu'ils étaient "plutôt amoureux d'eux-mêmes" (comme disent les Britanniques) ce matin-là, mais peut-être pas tellement, car l'équipage des dix-huit livres encore plus en avant, à environ mille mètres des Allemands qu'ils jetaient avec des éclats d'obus.

D'ordinaire, les dix-huit livres devaient garder une distance de quatre ou cinq mille mètres ; mais il s'agissait d'une "occasion plutôt inhabituelle", comme l'expliqua un officier. Il ne suffirait jamais que les dix-huit livres soient des giroflées ; ils doivent être sur le sol de la salle de bal. Ces hommes qui glissaient machinalement les obus dans la culotte du fusil avaient-ils dormi la nuit dernière ou la nuit précédente ? Oh oui, pendant deux ou trois heures, quand ils ne tiraient pas.

Qu'importait la fatigue pour un esprit de dix-huit livres libéré de l'éternelle corvée de la guerre des tranchées et poussant à découvert de la manière que les dix-huit livres étaient censés faire ? N'était-ce pas de l'artillerie à cheval ? A quoi avaient-ils servi leurs chevaux dans le saillant immobile d'Ypres, sauf lorsqu'ils retiraient leurs canons vers les cantonnements après leur période de service ? - eux qui avaient entraîné et entraîné dans les évolutions en Angleterre avec l'impression que les canons de campagne étaient une arme mobile. !

Lorsque l'ordre est arrivé dans l'après-midi du 1er juillet d'aller de l'avant « directement », ce fut comme une convocation à des vacances pour un homme coincé dans un bureau et élevé dans les Rocheuses. Sortis dans la nuit avec des roues et des caissons grinçants suivis par les mots aigus et pressants du sergent : "Maintenant, les roues, comme je vous l'ai appris à Aldershot ", alors qu'ils traversaient de vieilles tranchées ou gravissaient une pente raide et dans l'obscurité, avec des transports. leur donnant la priorité, et sur un front en mouvement, avec des officiers étudiant leurs cartes et leurs directions à la lampe de poche - c'était à peu près. Et un jeune lieutenant se précipita vers l'endroit où les fusils parlaient pour signaler les résultats des tirs des canons tirés au milieu de la bataille. Quelque chose comme ça, en effet ! Les gars qui entraînent leurs pièces conformément à ses instructions pourraient bien sûr être confrontés à une soudaine concentration d'explosions de la part de l'ennemi. Cela ne faisait-il pas partie de l'expérience ? N'était-ce pas à eux de prendre leur part des coups, et n'appartenaient-ils pas aux canons ?

C'étaient des exemples à portée de main, mais parsemés dans la zone bien conquise, j'ai vu les bouffées d'autres batteries britanniques qui, après un voyage nocturne, se sont retrouvées le matin près de la ligne de tir. Tandis que je me déplaçais dans les environs, je jetais des regards en direction de cette batterie particulière de canons de dix-huit qui tirait encore sereinement, sans être dérangée par les canons allemands. Il y avait quelque chose d'irréel après presque deux ans de présence sur le saillant d'Ypres.

Mais le pire choc pour un esprit attaché aux tranchées a eu lieu lorsque je me suis tenu sur le parapet d'une tranchée allemande et que j'ai vu devant moi la ligne de feu britannique et allemande également. Je me suis esquivé aussi instinctivement, selon mon entraînement antérieur, que si j'avais vu une grosse chose noire et meurtrière se diriger droit vers ma tête. À l'époque de l'impasse, une douzaine de tireurs d'élite attendant de telles opportunités auraient tenté votre chance ; une mitrailleuse aurait pu se desserrer, et même des batteries d'artillerie, dans leur recherche de gibier pour se montrer à couvert, n'hésitaient pas à tirer avec des obus sur un individu.

Je dois être mort ; du moins je devrais être selon les formules précédentes ; mais réalisant que j'étais toujours en vie et que rien n'avait craqué ni sifflé au-dessus de ma tête, j'ai jeté un autre coup d'œil puis je suis resté debout. Je me considérais comme un mortel trop important. Les canons et les tireurs d'élite allemands n'allaient pas gaspiller leurs munitions contre un non-combattant à l'horizon alors qu'ils avaient un nombre écrasant de cibles belligérantes. Quelques éclats d'obus éclatés à distance étaient tout ce que nous avions pour nous déranger, et ceux-ci ont été envoyés avec parcimonie avec le message palpable : « Nous vous ferons savoir, les gars à l'arrière, ce que nous vous ferions si nous n'étions pas si préoccupés par d'autres affaires. ".

J'étais assez près pour voir les opérations ; S'en être rapproché eût été affronter à découvert le balayage des balles au-dessus des têtes de la ligne de front britannique épousant la terre, ce qui n'est pas sage à l'époque des mitrailleuses. Un correspondant aime voir sans qu'on lui tire dessus et son sort est parfois de se faire tirer dessus sans pouvoir voir autre chose que l'entrée d'une pirogue, parfois plus accueillante que les portes d'un palais.

Au loin se trouvait la principale deuxième ligne de tranchées allemandes sur la crête de Longueval et High Wood Ridge, que les Britanniques allaient plus tard gagner après une lutte qui ne laissait rien de bois, de villages ou de crêtes, à l'exception de cratères d'obus. Naturellement, les Allemands n'avaient pas limité leurs défenses initiales à la crête elle-même, pas plus que les Français n'avaient les leurs aux collines immédiatement en face de Verdun. Ils avaient placé leurs tranchées originales de première ligne le long d'une série de positions avantageuses sur la pente et transformé chaque parcelle de bois et chaque éminence en un point fort sur le chemin du retour vers la deuxième ligne, dont les enchevêtrements de barbelés rouillés par une longue exposition étaient distincte sous les verres. Un officier allemand se tenait sur le parapet et regardait dans notre direction, essayant probablement de localiser l'avancée de l'infanterie britannique qui étreignait un pli dans le sol et s'y reposait pour le moment. J'imaginais à quel point les Allemands de la deuxième ligne ressemblaient à des castors, renforçant leurs défenses. J'ai scruté toutes les pentes qui nous faisaient face dans l'espoir d'apercevoir une batterie allemande. Il doit y en avoir un sous ces boules de fumée noire provenant des explosifs puissants des canons britanniques et un autre à 800 mètres sous le même genre de douche.

"Ils ont retiré la plupart de leurs armes derrière la crête pendant la nuit", a déclaré un officier, "afin d'éviter d'être capturés au cas où nous nous précipiterions à nouveau."

De l'autre côté de ce mur naturel, ils seraient à l'abri de toute observation, sauf aérienne, et les batteries britanniques avancées, bien que toutes à découvert, se trouvaient dans des replis du sol, ou derrière des falaises, ou juste au-dessous de l'horizon d'une colline où ils avaient trouvé leur position assignée par la carte. Combien comptaient quelques pieds de dépression dans un champ, une route légèrement en contrebas, la pente douce d'une pente qui cachait l'homme ou le canon à la vue, je ne me rendais pas compte ce jour-là comme je devais le réaliser dans la lutte acharnée pour la position qui devait arriver dans les semaines suivantes.

Il était facile de comprendre pourquoi les Allemands avaient établi un point fort sur la première ligne où je me trouvais, car c'était une position qui, par rapport aux tranchées britanniques et allemandes, séduirait instantanément l'œil tactique. Ici, ils avaient placé des mitrailleuses pilotées par des hommes désespérés choisis, ce qui avait donné à la charge britannique sa pire expérience sur un front d'un mile. Je pouvais voir tout le mouvement sur une large zone à l'arrière, mais la colline sous mes pieds cachait la crête où se tenait l'officier allemand. L'avantage qu'avaient les Allemands après leur retraite de la Marne se retrouva une fois en terrain conquis. Un mille de profondeur de plus ou de moins n'avait pour eux aucun intérêt sentimental, car ils étaient en terre étrangère. Ils avaient choisi leurs positions par armées, par corps, par bataillons, par centaines de milles et dizaines de milles et dizaines de mètres en vue d'un commandement d'observation et de terrain. C'était une simple application d'une formule vieille comme l'homme ; mais c'était leur nombre et leur état de préparation qui permettaient son application et partout où les Alliés devaient entreprendre l'offensive, ils devaient faire face à ce fait militaire, qui rendait l'épreuve de leur habileté contre les positions frontales d'autant plus rigide et ajoutait un tribut au succès.

La scène devant nous faisait penser à un grand tapis qui ne reposait pas à plat sur le sol mais était ondulé, le tout étant incliné vers Longueval et High Wood Ridge. La Crête, je l'appellerai ainsi, car c'était ainsi qu'il était en majuscules pour des millions de soldats français, britanniques et allemands au cours de l'été 1916. Et ce tapis était peuplé d'hommes dans une partie de cache-cache avec la mort dans ses plis. .

Aucun véhicule, aucun cheval n'était visible nulle part. Pourtant, c'était un monde poignant et vivant où les anciennes lignes de tranchées avaient été un monde mort – un monde vivant dans les points d'hommes alignés le long de la crête, dans d'autres creusant de nouvelles tranchées, dans les messagers et les officiers en mouvement, dans les groupes de réserves derrière eux. une butte ou dans une vallée. Même si les éclats d'obus provoquaient comme toujours le même genre de bouffées d'un centre clignotant qui se propageait en nimbe rayonnant au soleil et que les explosifs puissants envoyaient les mêmes jets de fumée noire que si un bâton de dynamite avait éclaté dans une boite à charbon, les tirs d'obus semblaient différents ; il avait une qualité d'action et d'aventure en comparaison du spectacle monotone que nous avions vu dans une guerre sans issue. La mort avait désormais une part de gloire et de sport. Cela ressemblait moins à un destin figé dans un désastre stationnaire.

Juste devant, se trouvait un champ nu d'herbes sauvages entre les tranchées de communication allemandes où le blé avait poussé avant la guerre, et la ligne de tir britannique ressemblait à des têtes attachées à une couverture verdâtre. Tenant le terrain qu'ils avaient gagné, ils attendaient que quelque chose se passe ailleurs. Les autres doivent avancer avant de pouvoir aller plus loin.

La bataille n'était pas générale ; elle faisait rage en certains points où les Allemands s'étaient ancrés après s'être quelque peu remis du coup stupéfiant du premier jour. Au-delà de Fricourt, l'artillerie britannique se concentrait de manière écrasante sur un bosquet de bois. Cela semblait être l'endroit le plus chaud de tous. Je le regarderais. Rien, à part la couverture de fumée de coquillages suspendue au-dessus des arbres, n'était visible pendant un certain temps, à moins que l'on ne compte des personnages à une certaine distance se déplaçant dans une sorte de pantomime détachée.

Puis une ligne d'infanterie britannique sembla surgir du tas du tapis et je pus les voir se déplacer avec une régularité digne d'un exercice de terrain vers la lisière du bois, pour ensuite se perdre à l'œil nu dans un pli du tapis ou dans un contexte changé . Il y avait quelque chose de professionnel et d'audacieux dans leur progression rigide et concrète, reflétant la force humaine au combat, comme on le voit très distinctement pour un espace dans ce champ de brume déroutante et chatoyante. Je pensais en avoir aperçu certains juste avant qu'ils n'entrent dans le bois et qu'ils se mêlaient à des personnages sortant du bois. Quoi qu'il en soit, ce qui était sans aucun doute une demi-compagnie de prisonniers allemands descendait bientôt en masse la pente, pour disparaître comme s'ils jouaient eux aussi leur rôle dans le jeu de cache-cache de ce paysage irrégulier avec ses variations du blanc. feuillage craie à vert foncé.

Des silhouettes kaki se détachaient sur la craie et se fondaient dans les champs ou les sous-bois, ou montaient à l'horizon pour être englouties dans la terre probablement par la tranchée allemande dans laquelle elles pénétraient. Je me demandais si un groupe avait été tué, ou renversé, ou s'il s'était simplement abrité dans un cratère d'obus lorsqu'un « krump » allemand semblait éclater au milieu d'eux, alors qu'à quelques centaines de mètres, rien n'est aussi trompeur. comme l'emplacement d'un éclatement d'obus par rapport aux objets alignés avec lui. Le nuage noir tirait un rideau sur eux. Quand il s'est levé, ils n'étaient pas sur scène. C'était tout ce qu'on pouvait dire.

Ce qui semblait n'être qu'un peloton est devenu une compagnie l'espace d'un instant sous une réfraction lumineuse favorable. L'objet du kaki britannique, du bleu français et du vert allemand est l'invisibilité, mais rien ne peut être conçu qui ne soit visible dans certaines conditions. Un style hétéroclite tel que les "chars" peints serait le meilleur, mais le plus utilitaire des généraux n'a pas encore osé suggérer le hétéroclite comme uniforme pour une armée. Je me suis rendu compte à quel point l'action aurait été distincte si les participants avaient porté les manteaux bleus et les pantalons rouges dans lesquels les Français ont mené leurs premières batailles de la guerre.

Tout était confus dans ce mélange de brume, de fumée d'obus et de dédale de tranchées, avec les soldats apparaissant et disparaissant vivant des motifs du tapis qui, par moments, semblaient eux-mêmes bouger sous le regard fatigant et intensifié. Chacun élaborait sa part d'un plan ; chacun était une unité réactive du système de formation pour de telles affaires.

L'ensemble aurait paru fantastique s'il n'y avait pas eu le bruit des mitrailleuses et des fusils et le chœur plus grave des canons lourds, qui prouvaient qu'il ne s'agissait pas d'un spectacle hypnotique et fantastique mais d'un jeu avec la mort, précis et précis. ordonné, sans que rien de ce qui pouvait être répété ne soit laissé au hasard, pas plus qu'il n'y en avait dans la régulation du trafic qui s'avançait, colonne après colonne, de fournir la nourriture qui alimenterait la puissance d'artillerie et la main d'œuvre qui devait écraser le front. postes.

IX

QUAND LES FRANÇAIS GAGNENT

Les petits quartiers d'un grand homme - Général Foch - Capacité française à profiter d'une victoire - Qualité gagnante des Français vainqueurs - Quand le cœur de la France s'est arrêté - La bravoure de la race - L'estimation erronée de la France par l'Allemagne - Pourquoi les Français mèneront cette guerre jusqu'au bout — Français et Allemands, races aussi différentes que jamais voisines — La démocratie des Français — *Élan* — « Guerre de mouvement ».

Plus on va au sud, meilleures sont les nouvelles. Il y avait un autre monde de victoire de l'autre côté d'une certaine route de séparation où se mêlaient les transports français et britanniques. Ce monde que je devais voir ensuite un jour après l'autre, une fête d'exaltation.

Une brève note, autorisée à « circuler dans les lignes », écrite d'une écriture audacieuse dans le château où le général Foch dirigeait le groupe des armées françaises du Nord, n'imposait aucune limitation à la liberté de mouvement de mon ami français et de moi-même.

Certes, le château du général Foch était petit. Tous les châteaux occupés par de grands commandants sont petits et, par souci de méthode, j'ai tendance à le penser. S'ils disposent de logements limités, il n'y a de place pour l'intrusion de personne, à l'exception de leur personnel personnel, et ils peuvent vivre avec la simplicité qui est celle de l'entraînement d'un soldat dans une caserne.

Joffre, Castelnau et Foch étaient les trois grands noms de l'armée française que le public a connus après la Marne, et des trois Foch a peut-être le plus de l'élan que le monde associe au type militaire français. Il simplifie la victoire, fruit de la même préparation ardue que du côté britannique, d'un seul geste en passant son crayon sur la carte de Dompierre à Flaucourt . Ainsi son armée avait avancé et c'était tout ce qu'il y avait à faire, ce qui était suffisant pour les Français et aussi pour les Allemands sur ce front particulier.

"Ça s'est bien passé ! Ça se passe bien !" dit-il avec une brièveté dramatique. Il avait élaboré des plans si précis dans les grandes lignes audacieuses auxquelles il imposait à tous ses subordonnés une exécution coordonnée ; et je rencontrerais les hommes qui avaient réalisé ses plans, depuis les artilleurs qui avaient ouvert la voie jusqu'à l'infanterie qui avait pris d'assaut les tranchées ennemies. Il n'y avait aucun doute sur son bonheur. Ce n'était pas celui d'un général, mais le bonheur commun gagnet toute la France.

La victoire en France ne pourrait jamais signifier pour un Anglais ce qu'elle signifiait pour un Français. Il faudrait que l'Anglais soit sur son propre sol pour comprendre ce qu'il y avait dans le cœur des Français après leur expédition dans la Somme. J'imaginais ce jour-là que j'étais Français. Par procuration, je partageais leur joie de gagner, ce qui semblait en quelque sorte tirer un avantage injuste de ma position, étant donné que je n'avais pas combattu.

Il n'y a pas de race, me semble-t-il, qui sache aussi bien jouir de la victoire que les Français. Ils le font briller d'une qualité rare qui vous absorbe dans leur propre exaltation. J'avais le sentiment que le pouls de chaque citoyen français s'était accéléré de quelques battements. Toutes les paysannes, en marchant le long de la route, se tenaient un peu plus droites et les vieillards et les vieilles femmes renouvelaient leur jeunesse dans un triomphe tranquille ; car ils avaient désormais appris le premier résultat de l'offensive et pouvaient se permettre d'exulter.

Une fois auparavant, dans cette guerre de la Marne, j'avais suivi en avance les légions françaises. La victoire signifiait alors que la France était en sécurité. Le peuple avait trouvé le salut grâce à son sacrifice, et son soulagement était si profond qu'aux yeux du étranger, il ne ressemblait guère aux Français dans leur gratitude stoïque. Cette fois, ils étaient articulés, ressemblant davantage aux Français de notre conception. Ils pourraient caresser la victoire, la démonter, jouer avec et en tirer le meilleur parti.

Si je ne m'intéressais pas plus au succès d'un peuple européen que d'un autre, alors, en tant que spectateur, je choisirais que ce soit celui des Français, à condition qu'on me permette d'être présent. Ils ne font pas la victoire à une femme à la voix rauque, charnue, jubilatoire, ni à une super-femme, froide et efficace, qui considère comme son droit d'être supérieur, mais à une personne aimable, souriante, riant, chantant de façon humaine, qu'elle salue. il gagne des généraux ou des soldats ou regarde à la porte d'un château ou d'une chaumière.

Une race ancienne, les Français, a connu de nombreuses victoires et défaites jusqu'à ce qu'une qualité vitale et indescriptible qu'on peut appeler l'art de vivre gouverne toutes les émotions. La victoire des Allemands ne pouvait signifier la moitié de ce qu'elle aurait pour les Français. Les Allemands espéraient la victoire et l'avaient organisée pendant des années comme un objectif précis de leurs ambitions. Pour les Français, c'était une visite, une récompense de courage et de bonne fortune et le droit d'être Français dans leur propre monde et à leur manière, ce qui, pour l'homme ou pour l'État, est le droit le plus justifiable de tous.

Par deux fois, le cœur de la France s'était arrêté en suspens, d'abord sur la Marne, puis lors de l'assaut initial sur Verdun ; et entre la Marne et Verdun s'étaient écoulés seize mois où, sur le sol de leur France et face aux ruines de leurs villages, ils s'étaient efforcés de garder ce qui leur restait. Ils étaient le grand peuple guerrier d'Europe et ce depuis Napoléon III. les a fait trébucher par le fétichisme du nom Bonaparte en 70, les gens ont pensé qu'ils n'étaient plus martiaux. Cela donne tort au monde, car cela implique que le succès dans la guerre est le test de la grandeur. Quand le monde exprimait sa surprise et son admiration devant le courage français, la France souriait poliment, comme c'est le cas de la France, et, au milieu de ce désastre, tout en mettant tous ses nerfs à rude épreuve, elle était un peu amusée, pour ne pas dire irritée, de penser que les Français Ils devaient prouver une fois de plus au monde qu'ils étaient courageux.

Que le fils vienne des petites boutiques de Paris, de la Bretagne têtue, de la vallée de la Meuse ou des vignobles, la guerre a fait de lui le même genre de Français qu'il était au temps de Louis XIV. et Napoléon, combattant maintenant pour la France plutôt que pour la gloire comme il le faisait à l'époque de Napoléon ; un homme guéri de l'idée de conquête, avançait d'un pas au-delà du stade du conquérant, et son courage, quoique plus lent à répondre à la colère, n'en était que plus fin. Il avait prouvé que plus un peuple était hautement civilisé, plus il était content et avait à perdre à la guerre, moins il risquait d'être entraîné dans la guerre, plus il pouvait devenir ingénieux et plus obstiné dans sa défense - en particulier la jeune génération de Français avec ses habitudes exemplaires et son goût du grand air.

Si la France avait été battue à la Marne, l'humanité aurait été avertie que l'économie et le raffinement signifient l'énervement. Il aurait fallu croire aux alarmistes qui parlent de hordes orientales et de la vigueur de la virilité primitive vainquant l'art et l'éducation.

Les Allemands ne pouvaient abandonner leur idée selon laquelle les Français et les Anglais devaient être des races mourantes. L'état-major allemand avait été suffisamment bien informé pour comprendre qu'il devait d'abord détruire l'armée française en tant qu'armée continentale la plus digne de son acier et, en même temps, il ne pouvait pas se convaincre que la France était autre que faible. Elle aimait trop ses pots de chair ; ses familles céderaient et paieraient plutôt que de sacrifier uniquement des fils.

À tout moment depuis octobre 1914, les Français auraient pu connaître une paix séparée ; mais la réponse du Français, outre sa foi inébranlable envers les autres Alliés, fut qu'il n'accepterait pas de paix donnée, mais seulement une paix cédée. La France gagnerait par la force de sa virilité ou elle mourrait. Une fois la guerre terminée, un Français pouvait regarder un

Allemand en face et dire : « J'ai gagné cette paix par la force de mes coups » ; sinon la guerre se poursuivrait jusqu'à l'extermination.

Par moments, au cours des longs mois de sacrifice, la France était très déprimée ; car les Français sont plus enclins que les Anglais à ressentir des hauts et des bas dans leurs émotions. Ils ont leurs mauvais et leurs bons jours. Pourtant, lorsqu'ils étaient les plus découragés par les informations faisant état de la retraite de la Marne ou des pertes à Verdun, ils n'avaient aucune idée de conclure des accords. La dépression signifiait simplement qu'ils devraient tous succomber sans gagner. Ainsi, après les tergiversations et la résistance aux coups de Verdun, sans jamais faire de réels progrès pour chasser l'ennemi de France, rêvant toujours du jour où il verrait le dos des Allemands, la France avait attendu le mouvement qui arrivait. la Somme.

Les gens parlaient toujours de cette offensive. Ils avaient entendu dire que c'était en cours. Mais comment pourraient-ils connaître la vérité ? Les journaux donnaient de vagues indications ; les ragots en portaient d'autres, plus concrets, parfois corrects mais le plus souvent incorrects ; et tout ce que pouvaient faire les femmes, les vieillards et les enfants de la maison, c'était de continuer le travail. Et c'est ce qu'ils firent ; c'est l'instinct. Puis, un matin, la nouvelle parut en France que les Britanniques et les Français avaient fait plus de vingt mille prisonniers. Les rôles étaient enfin inversés ! La France était en marche !

"Vous voyez pourquoi nous aimons la France ?" dit mon ami T..., qui était avec moi ce jour-là, comme au détour d'un chemin nous apercevions la vallée de la Somme. Il balança sa main vers les champs de céréales ondulants, les villages et les parcelles de bois, tandis que le train filait le long des métaux entre des rangées d'arbres d'ombrage majestueux. "C'est la France. Elle est inscrite dans nos os. Nous nous battons pour cela, juste pour ce que vous voyez !"

"Mais ne prendriez-vous pas un peu de l'Allemagne si vous le pouviez ?" J'ai demandé.

"Non. Nous ne voulons pas de l'Allemagne et nous ne voulons pas d'Allemands. Qu'ils fassent ce qu'ils veulent de ce qui leur appartient. Ils sont courageux, ils se battent bien, mais nous ne les laisserons pas rester en France."

Regardez les visages des soldats français et ceux des Allemands et vous obtenez deux races aussi différentes que celles des voisins du monde. Il semblerait impossible qu'il puisse y avoir autre chose qu'une trêve entre eux et que l'un ou l'autre préserve ses propres caractéristiques de civilisation. Le privilège de chacun de survivre à travers tous les siècles s'est fait par la force des armes et, après la Marne et Verdun, la Somme a scellé le privilège français de survivre. S'il y a un espoir d'un véritable internationalisme parmi les peuples du continent, je pense qu'il peut compter sur le Français, qui ne veut que tirer le meilleur parti de son propre bien sans empiéter sur la propriété d'autrui et se désintéresse de l'incubation humaine dans le but de submerger son propre bien. voisins. Le véritable internationalisme naîtra d'un provincialisme qui s'accroche à son propre foyer et n'interfère pas avec le culte de leurs dieux par d'autres pays.

Tout cela peut paraître décousu, mais pour un spectateur de guerre qui s'adonne à un peu de philosophie, cela touche au cœur de la signification de la victoire pour les Français et à mon propre bonheur de voir les Français gagner. Parfois, le Français semble être le plus soldat des hommes ; là encore, un observateur superficiel pourrait se demander si l'armée française faisait preuve d'une réelle discipline. Et là encore, vous avez un tempérament français ; la vieille civilisation qui s'est définie dans la démocratie. Car les Français sont le plus démocratique de tous les peuples, sans nous exclure. Cela ne veut pas dire qu'ils sont les plus libres de tous les peuples, car aucun peuple sur terre n'est plus libre que les Anglais ou les Américains.

Un Anglais est toujours à l'affût pour éviter que quelqu'un ne porte atteinte à ses droits individuels tels qu'il les conçoit. Il est en un sens le moins grégaire de tous les Européens et les Français le plus grégaire, ce qui contribue à la démocratie française. C'est son caractère grégaire qui rend le Français poli et sa politesse qui permet la démocratie. Un officier peut parler avec un simple soldat et le simple soldat peut répondre en raison de la politesse et de l'égalité françaises, qui donnent lieu à une camaraderie à un moment donné et qui retombent ensuite dans les liens de la discipline qui, du consentement de l'opinion publique, se sont resserrés jusqu'à ce qu'ils soient. aussi strict qu'au temps de Napoléon. La grégarité était suprême en ce jour de victoire ; la démocratie triomphante. La démocratie avait encore fait ses preuves, tout comme la liberté anglaise contre le système prussien. La vitalité est une autre possession française et cela signifie l'industrie. L'Allemand est également travailleur, mais plus par discipline et par entraînement que par philosophie de vie. La vitalité française est innée, installée électriquement par le soleil de France.

Lorsqu'une batterie d'artillerie française avance sur la route, elle est démocratique, mais lorsqu'elle met ses canons en action, elle est militaire. Sa vitalité est alors quelque chose qui n'est pas le produit de la formation, quelque chose que la formation ne peut pas produire. Un bataillon français qui monte dans les tranchées ne semble pas avoir d'ordre particulier, mais lorsqu'il franchit le parapet lors d'une attaque, il a l'essence de l'esprit militaire qui est la coordination de l'action. Aucun soldat français ne se ressemble en marche ou lorsqu'il se déplace dans un village en permission.

Chacun semble être trois êtres : un Français, un soldat, un troisième lui-même. La psychologie allemande a laissé de côté le résultat de cette combinaison, tout comme elle n'a jamais considéré que les Britanniques pourraient, en deux ans, submerger suffisamment leur individualisme pour devenir une nation militaire.

Il existe un mot français, *élan* , qui a été très travaillé pour décrire le caractère français. Les autres nations n'ont pas de mot équivalent ; les autres races n'ont pas la qualité qu'elle exprime, une qualité que l'on retrouve dans le geste de la main d'une paysanne jusqu'à une voiture qui passe, chez la femme qui tient une boutique, dans l'art, les habitudes, la littérature française. Aujourd'hui, le vieux Monsieur Élan était directeur général du concours.

Ce peuple aux phrases justes en a un pour les opérations avant l'établissement du système de tranchées ; c'est la « guerre de mouvement ». C'était le mot mouvement pour désigner le fleuve bleu des hommes et du transport sur les routes du front. Nous étions en tout cas revenus pour le moment à la « guerre de mouvement » ; car les Français avaient percé les fortifications allemandes sur une profondeur de quatre à cinq milles en un seul jour.

X

SUR LE CHEMIN DE LA VICTOIRE

Une victoire économe - Des canons de dix-sept pouces endormis - Un cortège de canons qui encombrait les routes - Code de la route français - L'absence de système cache un excellent système - Butin de guerre - Le Corps Colonial - Les "chocolats" - " Boches " - Vainqueurs dramatiques— La ligne allemande devant l'attaque française— *Soixante-quinzes au galop* .

Quiconque a l'expérience des armées ne peut se tromper sur les pertes lorsqu'il est proche du front. Même s'il ne parcourt pas le terrain alors que les morts des deux camps y gisent encore, des signes infaillibles sans qu'un mot ne soit prononcé reflètent la vérité. Il brillait de panoplies de sourires auprès des Français après l'attentat du 1er juillet. La victoire était douce parce qu'elle coûtait peu. Les officiers d'état-major pouvaient se féliciter d'avoir conclu une affaire économe. Les postes d'évacuation des blessés faisaient de petites affaires ; les enclos des prisonniers comprennent un enclos routier.

"Nous n'avons rien sur quoi tirer", dit un officier d'artillerie lourde. "Nos objectifs sont hors de portée. Les Allemands sont allés trop vite pour nous ; ils nous ont laissés sans occupation."

Là où, avec les Britanniques, j'avais observé le développement des préparatifs de l'offensive, le rideau se levait désormais sur les préparatifs français, tout aussi élaborés, une fois l'offensive terminée. Le général Joffre avait épargné plus de canons de Verdun pour la Somme que l'optimisme ne le croyait possible. Ces immenses gaillards de douze à dix-sept pouces, montés sur des wagons de chemin de fer, étaient des lions endormis sous leurs couvertures sur les voies de garage qui leur avaient été construites. Leurs traces devraient être poussées plus loin avant qu'ils ne rugissent à nouveau contre les Allemands.

Cinq milles ne sont pas une distance pour qu'un bataillon puisse marcher, mais une distance immense pour une armée moderne avec son équipement étendu et compliqué. Même les aviateurs voulaient se rapprocher de l'ennemi et cherchaient un nouveau parc. Les hangars où étaient abrités les chevaux d'artillerie depuis plus d'un an étaient vides ; les camps étaient évacués ; de vastes tas d'obus devaient suivre les canons que faisaient avancer les tracteurs. Les nids de pirogues spacieuses à flanc de colline joliment murées par des sacs de sable avaient rempli leur fonction. Ils étaient hors de portée des canons allemands.

Pour la première fois, on réalisait à quoi ressemblerait le cortège qui envahissait les routes si le front occidental était effectivement brisé. Des canons de tous calibres des années 75 aux années 120 et 240, des trains de munitions, des ambulances hippomobiles et motorisées, des gros et petits camions automobiles, des voitures d'officiers d'état-major, des cyclistes et des motocyclistes, des petites charrettes à deux roues, tout cela se mêlait au flux de l'infanterie qui allait et venait et repoussait les cantonniers hors de la route.

Il n'y avait rien de la majesté des colonnes de camions britanniques ni de la rigidité de la marche britannique. Tout cela semblait être une grande affaire de famille. Lorsqu'on se demandait quel rôle jouait un élément du transport bigarré, on l'expliquait toujours rapidement.

Officiers et hommes échangèrent des appels de salutations en passant. Les yeux brillaient au gré des gestes. Il y a eu des discussions sur le droit de passage dans lequel l'homme avec la charrette à deux roues tenait tête au chauffeur du camion à moteur de trois tonnes. Mais l'argumentation s'est accompagnée d'action. Dans certains cas, la décision était prise et le blocage de la circulation levé avant qu'un homme flegmatique puisse avoir une discussion réellement engagée. Car les Français sont tout simplement rapides d'esprit et de corps et qu'ils tirent, poussent ou conduisent, ils aiment exprimer les émotions du moment. Si un véhicule de transport était bloqué, il y aurait un concert d'exclamations et de disputes récurrentes quant à la manière de le sortir de l'ornière, de sorte qu'au moment où un étranger pourrait penser qu'une confusion totale allait s'ensuivre, chaque Français en vue s'étaient précipités à la tâche sous la direction de quelqu'un qui semblait avoir fait la suggestion qui a gagné la faveur de la majorité.

On a beaucoup écrit sur le caractère sinistre des Français dans cette guerre. Naturellement, ils étaient sinistres au début ; mais ce qui m'impressionne le plus dans l'armée française chaque fois que je la vois, c'est qu'elle est entièrement française. Certains pensaient que lorsque les Français partaient en guerre, ils perdaient la tête, couraient, dansaient et criaient. Ils n'ont pas agi ainsi dans cette guerre et ils ne l'ont jamais fait dans aucune autre guerre. Ils parlent toujours avec les yeux, les mains et les épaules et se battent aussi avec eux.

La marée ne s'est jamais arrêtée longtemps. Cela s'est déroulé avec un empressement merveilleux et une apparente absence de système qui vous a vite convaincu qu'il cachait un système très excellent. Chaque homme savait vraiment où il allait ; il pouvait penser par lui-même à la mode française. Près du front, j'ai été témoin d'une scène typique où un officier est sorti en courant ct a arrêté un soldat qui traversait seul les champs et a demandé qui il était et ce qu'il faisait là.

"Je suis blessé, monsieur", fut la réponse, alors qu'il ouvrait son manteau et montrait un bandage. "Je vais au poste d'évacuation des blessés et c'est le chemin le plus court" - sans compter que c'était un moyen beaucoup plus simple que de longer le bord de la route au milieu de la circulation.

Les bataillons et les transports qui composaient cette marée d'arrières d'armée essayant de rattraper son extrême front avaient en vue, tandis que la route s'enfonçait dans une vallée, les trophées qui sont les preuves de la victoire. Il y avait ici des armes et des prisonniers. Parmi les canons joliment garés, vous aurez peut-être le choix entre les derniers 77's de chez Krupps et des pièces du vintage des années 80. L'un des 77 n'avait aucun défaut ; un autre avait le canon brisé par l'éclatement d'un obus, les rayons lacérés par des fragments d'obus, et son bouclier cuirassé, ouvert d'un trou déchiqueté, était aussi froissé que s'il était en fer blanc.

Quatre des anciennes forteresses avaient une histoire. Ils portaient la marque de leur fabricant français. Ils avaient tiré sur les Allemands depuis Maubeuge et après avoir été pris par les Allemands, ils avaient tiré sur les Français. On pourrait imaginer comment l'état-major allemand avait dispersé de telles pièces le long de la ligne alors que, dans une guerre sans issue, tout type d'arme dotée d'un canon et capable de tirer un obus augmentait le volume des tirs.

Une pièce aussi lourde, avec sa traînée lourde et démodée et son cylindre sans recul, n'a jamais été destinée à jouer un rôle dans une armée de mouvement. On pouvait imaginer comment il avait été mis en position à l'arrière des tranchées allemandes et comment un équipage de vieux artilleurs du Landsturm avait eu droit à un certain nombre d'obus par jour et avait reçu l'ordre de les tirer sur certains villages et carrefours, avec cette régularité systématique. du système d'artillerie allemand qui va souvent à l'encontre de son propre objectif, comme nous le savons bien, du côté des Alliés.

Très probablement, comme c'était souvent le cas, l'équipage tirait six coups avant le petit-déjeuner et huit à quatre heures de l'après-midi, et le reste du temps, ils restaient assis à jouer aux cartes. Bien entendu, la retraite était hors de question avec une arme de ce type. Pourtant, au cours des vingt mois pendant lesquels les armées adverses s'étaient tirées dessus depuis les mêmes positions, la relique avait rendu un fidèle service auxiliaire. Les Français pourraient désormais le déplacer vers une autre partie de la ligne où aucune offensive n'était attendue et certains anciens territoriaux pourraient l'utiliser comme les anciens Landsturmers l'avaient utilisé.

Toutes les armes de ce parc avaient été prises par le Corps Colonial, qui se croit un peu meilleur que le Corps de Nancy (ou de Fer), opinion avec laquelle le Corps de Fer était entièrement en désaccord. Les hommes noirs étaient dispersés parmi le corps colonial, que ce soit en marche ou en cantonnement. Il n'y a aucun préjugé contre les « chocolats », comme on les appelle, qui apportent variation et amusement, sans parler de la couleur. Le plus adaptable des êtres humains est le nègre, que l'on trouve dans tous les pays et engagé dans toutes sortes d'activités, reflétant toujours le caractère de son environnement. Si ses camarades français chargeaient, il chargerait et aussi loin ; s'ils reculaient, il reculerait et aussi loin. Aucun Français ne pouvait égaler la fierté des Noirs pour ces fusils capturés, qui leur apportaient des sourires qui ne laissaient que la moitié de leur visage d'ébène comme fond pour le blanc de leurs yeux et de leurs dents.

La marée d'infanterie, de véhicules et de chevaux qui défilait devait être un monde étrange pour les prisonniers allemands amenés dans les enclos , alors qu'ils n'étaient pas encore remis de leur étonnement face à la soudaineté de l'attaque éclair française. La journée était chaude et le sol sec, et les prisonniers qui ne grignotaient pas de pain français étaient allongés à la manière de sardines, la tête l'un sur l'autre, une masse confuse de bras et de jambes, morts pour le monde dans le sommeil – une parcelle verte d'humanité avec tout le combat se déroulait hors d'eux, sans armes ni pouvoir de résistance, gardés par un seul soldat français, tandis que l'énergie belligérante de la guerre était sur cette route à cent mètres de là.

« Ce sont de bons Boches , maintenant, » dit la sentinelle française ; "Nous n'aurons plus besoin d'en prendre autant."

Boches ! On les appelle rarement autrement à l'avant. En français comme en anglais, ce mot est devenu universel pour les Allemands et durera aussi longtemps que survivront les hommes qui ont combattu dans cette guerre. Même si les Allemands n'aiment pas cela, cela ne fait aucune différence. Ils devront l'accepter même lorsque la paix viendra, car elle est établie. Un jour, ils en tireront peut-être une certaine fierté en tant que distinction qui symbolise l'efficacité militaire allemande et l'isolement racial. Le soldat de métier exprimant son admiration pour la manière dont les Allemands chargent, manient leur artillerie ou le courage désespéré de ses équipes de mitrailleuses peut parler de lui comme du « Frère Boche » ou du « vieux Boche » dans une sorte de reconnaissance aimable du fait. de combien il serait digne de l'acier d'un ennemi, si seulement il s'abstenait de certaines habitudes antisportives.

Enfin la rivière bleue en route vers le front se divise à un carrefour et nous voilà dans la plaine qui s'étend jusqu'au détour de la Somme devant Péronne . Lorsqu'on leur demandait comment se déroulait la bataille, les officiers revenant du front n'étaient jamais trop préoccupés pour répondre. C'était le privilège de chacun de poser une question et tout le monde semblait ravi d'y répondre. J'ai discuté avec un groupe d'hommes qui arrosaient leur pain avec des coupes de vin rouge, leur premier repas après avoir traversé deux lignes de tranchées. Leur brigade avait fait plus de prisonniers que de victimes. Leurs morts étaient peu nombreux et moins pleurés parce qu'ils étaient tombés dans une si glorieuse victoire. Les propos rauques donnaient de l'enthousiasme à chaque bouchée.

Contrairement aux Anglais, ces vainqueurs s'exprimaient clairement ; ils se réjouissaient de leurs expériences et étaient heureux d'en parler. Si quelqu'un s'était battu au corps à corps avec un Allemand et avait attrapé son homme, il ferait de l'incident un épisode dramatique pour votre édification. C'était la guerre ; il avait été chargé ; il s'était échappé vivant; il avait gagné. Il aimait le frisson de son exploit et appréciait le récit, ne le laissant pas traîner, peut-être faute de jambe. Tout Français est plus ou moins un général, comme disait Napoléon, et chacun connaissait le sens de cette victoire. Il aimait en profiter et revivre cela.

Après avoir vu les tranchées que les Britanniques avaient prises sur les hauteurs autour de Fricourt , j'étais d'autant plus intéressé par celles que les Français avaient prises le 1er juillet . Les Britanniques avaient chargé contre les fortifications les plus solides que les Allemands pouvaient concevoir dans ce sous-sol crayeux si admirablement adapté à cet objectif. Ceux d'avant les Français n'étaient pas si forts et se trouvaient dans des sols alluviaux de plaine. La plupart des pirogues allemandes devant Dompierre étaient en relativement aussi bon état que celles de Fricourt , bien qu'elles ne soient pas aussi nombreuses ni aussi solides ; ce qui signifiait que l'artillerie d'aucune des deux armées n'avait pu les détruire complètement. Le terrain de la plaine ne permettait pas de points tactiques aussi avantageux pour les mitrailleuses que ceux qui avaient affronté les Britanniques, devant lesquels les Allemands avaient massé d'immenses réserves d'artillerie, notamment dans le secteur de Thiepval-Gommecourt où l'attaque britannique avait échoué. en plus d'avoir derrière eux la précieuse crête de Bapaume . Face aux Français, les Allemands disposaient de forces d'artillerie plus réduites dans la plaine où se trouvait derrière eux la boucle de la Somme.

Cela n'enlève rien à la réussite française, complète et magistrale. La coordination de l'artillerie et de l'infanterie devait être parfaite, comme on pouvait le constater en parcourant le terrain où il y avait étonnamment peu de morts français et les morts allemands, bien que plus nombreux que les Français, n'étaient pas très nombreux. Il semblait que l'artillerie française avait absolument cloué les Allemands à leurs tranchées et tranchées de communication dans le secteur de Dompierre et que les Français apparaissant proches sous leurs propres obus dans une vague rapide et enthousiaste se rassemblaient dans toute la garnison allemande comme prisonniers. Les ruines des villages pourraient avoir été faites par l'artillerie française, britannique ou allemande. Il existe un véritable internationalisme dans la destruction de l'artillerie.

C'était quelque chose de voir la façon dont les transports et les réserves français traversaient la plaine au mépris de toute concentration d'artillerie allemande. Mais comme d'habitude, ils savaient ce qu'ils faisaient. Aucun obus n'est tombé sur eux pendant que j'étais au front, et dans la plaine où la bataille faisait toujours rage, les batteries de *soixante-quinze* étaient aussi occupées que des machines à tricoter, faisant fonctionner une sorte de magie qui protégeait cette colonne des tornades du même genre que celles qui se produisaient. ils envoyaient eux-mêmes. L'artillerie allemande semblait en effet un peu démoralisée. Krump-krump-krump , ils ont mis un certain nombre d'obus dans un groupe d'arbres au bord de la route où ils pensaient à tort qu'il y avait une batterie. Swish-swish-swish est venue une autre salve que je pensais être destinée à nous, mais elle est passée et a frappé là où il n'y avait pas de cible.

J'ai eu un aperçu de presque tous les aspects de la guerre, mais il y en avait un dans cette avancée qui n'était pas inclus dans mes expériences. L'infanterie française était à peine dans la tranchée allemande de première ligne que le fossé était comblé et que la voie était ouverte pour que les *soixante-quinze* puissent avancer. Car les canons galopaient en action comme ils auraient pu le faire lors de manœuvres. Quelques chevaux d'artillerie morts près de l'ancienne ligne de tranchées racontaient comment un obus allemand avait dû arrêter l'un des canons, ce qui était un petit prix à payer pour un privilège aussi grand que - répétons-le - de faire galoper les canons en action à travers les tranchées. en plein jour et en restant proche de l'infanterie alors qu'elle avançait de position en position dans la plaine.

Il restait ici un peu de gloire et de sport de guerre, dont la disparition peut être l'une des grandes influences dans la prévention des guerres futures ; mais comme il y avait la guerre et que les Français devaient gagner cette guerre, eh bien, le spectacle de ce merveilleux canon de campagne, si aimé de ses artilleurs alertes et habiles , jouant le rôle qui lui était destiné sur les talons de l'ennemi faisait un incident passionnant. dans l'histoire de la France moderne. Les Français avaient montré ce jour-là qu'ils n'avaient rien perdu de leur initiative du temps de Napoléon, tout comme les Britanniques avaient montré qu'ils pouvaient être aussi obstinés et déterminés qu'à l'époque de Wellington.

XI

LA BRIGADE QUI A TRAVERSÉ

Un jeune brigadier – Un soldat régulier – Pas d'héroïsme – Comment sa brigade a chargé – Nettoyer systématiquement les abris – « C'était des ordres. Nous l'avons fait. » – La deuxième avance – Tenir le coup pendant deux jours et deux nuits d'insomnie – Eau gazeuse et cigares — Des Yorkshirens et une bande d'entêtés. — Un flegme britannique. — Cinq officiers sur vingt qui ont « vécu l'épreuve ». — Phrases stéréotypées et émotions inexprimables.

Aucun bruit de canon n'était audible dans ce paisible village français où une brigade hors de la ligne de bataille était au repos. Les quelques militaires qui circulaient regardaient dans les vitrines des magasins, essayaient leur français avec les habitants ou se tenaient par petits groupes. Leurs visages étaient fatigués et tirés comme le seul signe visible des tourments du feu qu'ils avaient subis. Ils avaient rencontré tout ce que les Allemands avaient à offrir en matière de projectiles et d'explosifs ; mais avant de connaître leur histoire, nous connaîtrons celle du jeune général de brigade qui avait son quartier général dans l'une des maisons. C'était la brigade qui passait « à travers », et il était le genre de brigadier qui envoyait une brigade « à travers ».

Avec sa position dans l'attaque du 1er juillet dans une sorte d'articulation entre le secteur nord où la ligne allemande n'était pas rompue et le secteur sud où elle se trouvait, cette brigade avait subi ce qu'avaient souffert les charges qui échouaient et elle avait su le triomphe de ceux qui ont réussi, à un coût à la hauteur de l'expérience.

Le brigadier était un soldat régulier et rien qu'un soldat de la tête aux pieds, dans la pensée, dans les manières et dans ses phrases décisives. Aujourd'hui, alors que nous semblons nous éloigner de plus en plus de la polyvalence, peut-être plus que jamais nous aimons que le soldat soit un soldat, le poète soit un poète, le chirurgien soit un chirurgien ; et j'imagine même ce brigadier préférant que si un autre homme devait être pacifiste, il devrait être un véritable pacifiste à part entière. On savait d'un coup d'œil sans demander qu'il avait été en Inde et en Afrique du Sud, qu'il aimait le sport et probablement le combat. Il s'était côtoyé contre toutes sortes d'hommes, comme peut le faire au cours de sa carrière l'officier britannique qui en a le penchant, et son œil droit, un œil dont on dirait qu'il n'a jamais été habitué à l'indétermination sur quoi que ce soit, a dû impressionner. les hommes sous ses ordres avec la certitude qu'il connaissait son métier et qu'ils devaient le suivre. Pourtant, cela pouvait parfois scintiller d'un humour piquant alors qu'il racontait son histoire, ce qui ne lui prenait pas longtemps mais vous laissait longtemps réfléchir. Un écrivain aussi bon écrivain que soldat, s'il avait vécu la même expérience, aurait pu en faire un livre ; mais il ne pouvait pas être en même temps un homme d'action.

Il montra immédiatement qu'il n'avait pas conduit sa brigade en personne sur le parapet, ni aidé en personne à bombarder les abris ennemis, ni ne s'était livré à aucune autre sorte de jeu de galerie. Je ne pense pas que tous les salons de Londres ou tous les comités de réception qui reçoivent de vaillants fils dans leurs villes natales puissent le trahir dans la moindre simulation de la pose d'un héros. Ce n'était pas un héros et il ne croyait pas à l'héroïsme. Son occupation consistait à commander des hommes et à prendre des tranchées.

Pas une seule fois il ne s'est vanté d'un exploit que ses amis et ses supérieurs attendaient de lui. Ce serait « chic », comme ils l'appellent, seulement il le caractériserait par un mot encore plus fort. C'est le genre d'officier, le type travailleur et lucide, qui obtiendrait une promotion grâce à ses succès militaires dans une longue guerre, tandis que la foule des spectateurs dont la promotion et les faveurs proviennent de dons politiques et de rapports universitaires en temps de paix obtiendraient une promotion. être jeté à la poubelle. C'était simplement un combattant compétent ; et la guerre se bat.

Ses hommes avaient parcouru le « couvercle » de façon excellente, tout à fait à temps. Il avait tout de suite vu ce qui les attendait, mais il ne doutait pas qu'ils continueraient, car il les avait prévenus de s'attendre à des tirs de mitrailleuses et leur avait dit quoi faire au cas où cela se produirait. Ils appliquèrent le système dans lequel il les avait formés avec un sang-froid qui leur valut son approbation en tant qu'expert en mise en scène, son approbation concrète dans l'analyse approfondie de chaque détail, sans aucune extase devant leur bravoure sans précédent. Il s'attendait à ce qu'ils soient galants. Cependant, j'imagine que si vous prononciez un mot contre eux, ses yeux brilleraient d'indignation. C'étaient ses hommes et il pouvait les critiquer, mais personne d'autre ne le pouvait, à l'exception d'un officier supérieur. La première vague a atteint à temps la tranchée allemande de première ligne, c'est-à-dire la moitié d'entre elles ; les autres, y compris plus de la moitié des officiers, étaient tombés, morts ou blessés, dans le No Man's Land lors de la traversée rapide de deux cents mètres d'espace ouvert.

Il avait observé leur progression depuis la tranchée britannique de première ligne. Plus tard, lorsque la situation l'exigeait, j'appris qu'il remontait jusqu'à la ligne allemande capturée et se dirigeait vers l'objectif final, mais on lui arracha ce fait. Cela pourrait conduire à un malentendu ; on pourrait penser qu'il avait pris autant de risques que ses officiers et ses hommes, et que le risque, quel qu'il soit, était pour lui un incident lié à la gestion d'une brigade.

"Et les pirogues ?" J'ai demandé.

C'était une question évidente. Le problème du 1er juillet était, comme nous le savons, que les Allemands, cachés dans leurs abris, s'étaient précipités dès que le rideau de feu britannique se levait et combattaient parfois les Britanniques dans les tranchées avec un nombre supérieur. Encore une fois, ils s'étaient rendus, seulement pour maîtriser leurs gardes, ramasser leurs fusils et manier leurs mitrailleuses après le passage de la première vague, au lieu de traverser le No Man's Land à la manière habituelle des prisonniers.

"Je m'en attendais", dit le brigadier, comme un avocat qui expose la cause de son adversaire; mais d'autres commandants avaient pris les mêmes précautions avec des résultats moins heureux. Lorsqu'il disait qu'il « veillait à cela », cela signifiait, dans son cas, qu'il avait si soigneusement organisé ses hommes – et il n'était pas le seul brigadier à l'avoir fait, c'était un type – pour faire face à toutes les situations d'urgence. nettoyage" pour que les Allemands ne les aient pas déjoués. La moitié qui a atteint la tranchée allemande avait la situation parfaitement en main et les détails des abris assignés avant de continuer. Et ils ont continué. C'était la chose merveilleuse.

"Avec vos effectifs si réduits, la question n'était-elle pas de savoir s'il était sage ou non pour vous d'essayer de mettre en œuvre le plan dans son intégralité ?"

Il m'a lancé un bref regard surpris. J'ai réalisé que si j'avais été l'un des colonels et que j'avais fait une telle suggestion, j'aurais tiré un rideau de feu sur moi-même.

"C'était des ordres", a-t-il déclaré, avant d'ajouter : "Nous l'avons fait".

Oui, ils l'ont fait, quand les commandants, les majors et les capitaines supérieurs étaient en panne, quand les compagnies sans officiers étaient dirigées par des sergents et même par des caporaux qui savaient quoi faire, grâce à leur formation.

Pour atteindre l'objectif final, les survivants de la première charge, qui avait parcouru deux cents mètres jusqu'à la première ligne, devaient en parcourir mille autres, ce qui devait paraître mille milles ; mais ce n'était pas à eux d'envisager cela. L'esprit de l'homme résolu qui les avait formés, sinon sa présence, les poussait à avancer. Ils atteignirent le point où les points de repère, comparés à leur carte, indiquaient leur lieu d'arrêt, soit environ un quart du nombre de ceux qui avaient quitté la tranchée britannique.

Ils avaient assez de bon sens militaire pour comprendre que s'ils essayaient de revenir sur le même terrain qu'ils avaient traversé, il ne resterait peut-être que moins d'un quart du quatrième. Ils préféraient mourir face à face plutôt que dos à l'ennemi. Non, ils ne voulaient pas mourir. Ils entendaient tenir bon et « battre les Boche », selon leur enseignement.

Comme les choses n'allaient pas très bien avec la brigade sur leur gauche, leur flanc était exposé. Ils ont rempli cette condition en se fortifiant contre l'enfilade dans une ancienne tranchée de communication allemande et en se précipitant sur d'autres points avantageux pour sécuriser leur position. Lorsqu'une mitrailleuse allemande parvint à les balayer, un caporal glissa dans une autre tranchée de communication et la bombarda. À court de bombes, ils commencèrent à rassembler les bombes allemandes qui traînaient en abondance et les jetèrent sur les Allemands. À court de munitions pour fusils, ils découvrirent qu'il y avait des munitions pour les fusils allemands qui avaient été capturés. Ils n'avaient pas le choix quant à leurs méthodes et les Allemands, dans cette affaire au coude à coude avec les deux camps, n'étaient pas non plus si épuisés qu'un peu plus de courage d'un côté faisait pencher la balance en sa faveur.

Ce mélange de Britanniques et d'Allemands dans un monde de combat personnel partageait les tirs d'obus, la chaleur et la misère. Les Britanniques envoyèrent leurs signaux de fusée pour annoncer qu'ils étaient arrivés. Dans deux ou trois autres cas, les signaux avaient signifié qu'une douzaine d'hommes seulement avaient atteint leur objectif, une force incapable de tenir jusqu'à l'arrivée des renforts. Ce n'est pas le cas cette fois. Le petit groupe tint bon ; ils ont tenu même lorsque les Allemands ont récupéré des hommes frais et ont tenté une contre-attaque ; ils ont tenu jusqu'à l'arrivée de l'aide. Pendant deux jours et deux nuits d'insomnie, sous un feu continu, ils restèrent dans leur position chèrement gagnée jusqu'à ce que, sous le couvert de l'obscurité, ils soient relevés.

Dans le village le plus tranquille, les survivants regardant dans les vitrines des magasins et essayant leur français pouvaient se demander comment ils étaient encore en vie, même s'ils étaient certains que leur brigadier avait une bonne opinion d'eux. Demandez-leur, ou à leurs officiers, ce qu'ils pensaient de leur brigadier et ils en étaient également certains. C'était le meilleur brigadier de l'armée. Pensez à ce que ce genre de confiance signifie pour les hommes dans une telle action alors que leurs vies sont les pions de sa direction !

J'éprouvais une sorte de respect en présence d'un des bataillons cantonnés dans un entrepôt, plus qu'en présence de premiers ministres ou de potentats. La plupart d'entre eux clignaient des yeux et étaient raides d'esprit après avoir dormi vingt-quatre heures sur vingt-quatre. C'étaient des

Yorkshiremen, principalement des ouvriers dans des usines de laine peignée et un groupe têtu.

"Qu'est-ce que tu voulais le plus faire une fois sorti du combat ?" J'ai demandé.

Ils parlaient d'une seule voix, ce qui ne laissait aucune question sur leurs désirs dans un ordre un-deux-trois. Ils voulaient se laver, se raser, prendre un bon repas, puis dormir. Et les expériences personnelles ? Tom a appelé Jim et Jim avait frappé à la baïonnette deux Allemands, a-t-il dit ; puis Jim a fait appel à Bill, qui avait vécu une expérience merveilleuse selon Jim, même si tout ce que Bill en a fait, c'est qu'il est arrivé le premier avec ses bombes. Racontées entre elles, ces histoires auraient pu être passionnantes. Devant un étranger, ce n'étaient que de simples rapports officiels. Cela avait été un travail rapide, trop rapide pour autre chose que d'esquiver pour se mettre à l'abri et d'agir rapidement dans vos efforts pour attraper l'autre gars avant qu'il ne vous attrape.

En général, ils avaient un travail à faire et ils le faisaient exactement comme ils l'auraient fait dans les usines de leur pays. Ils n'étaient pas tant intéressés par une démonstration de courage que par une rencontre qui avait un élément sportif. Chaque narrateur revenait invariablement sur le sujet de l'eau gazeuse. La nouveauté marquante de l'accusation portée contre ces hommes était la quantité d'eau gazeuse en bouteilles qu'ils avaient trouvée dans les pirogues allemandes. Ils sont allés vers leur deuxième objectif avec des bouteilles de soda dans les poches et des cigares allemands légers au coin de la bouche et se sont arrêtés pour boire de l'eau gazeuse entre les bombardements après leur arrivée. C'était une journée chaude et assoiffée.

À travers les rideaux de tirs d'artillerie qui étaient continuellement maintenus en arrière de leurs nouvelles positions, les ravitaillements ne purent être acheminés, mais les provisions boches sauvèrent la situation. En fait, je pense que c'est l'une des raisons pour lesquelles ils se sont montrés presque gentils envers les Allemands. Ils trouvèrent la viande en conserve excellente, mais n'aimèrent pas le pain « KK ».

Ainsi, dans la pénombre de l'entrepôt, ils parlaient, faisant apparaître leur tâche comme une demi-vacance sportive. Il me semblait que cela correspondait à leur formation ; l'attitude à la mode du soldat britannique face à une horrible affaire. Si cela l'aide à supporter sans broncher ce que ces hommes ont enduré, avec des camarades réduits en morceaux autour d'eux par des éclats d'obus, alors c'est l'attitude la mieux adaptée pour développer la qualité combattante des Britanniques. Ils le tenaient de leurs officiers qui, à leur tour, peut-être, le tenaient en partie de soldats britanniques réguliers comme le brigadier, même si je pense surtout qu'il s'agissait d'un flegme racial inné.

J'ai rencontré les cinq officiers qui étaient les survivants du bataillon à vingt, les cinq qui avaient « tenu le coup ». L'un était avocat, un autre venait juste de sortir d'Oxford, un troisième, si je me souviens bien, était courtier immobilier dans une petite ville. Ils racontaient leur histoire sans un geste, comme s'ils racontaient une partie de golf. Cela aurait pu paraître insensible, mais vous saviez mieux.

Vous saviez quand ils disaient que c'était « un peu raide », ou « un peu épais », ou « on aurait dit qu'ils nous avaient », quelle émotion inexprimable se cachait derrière les phrases acceptées par l'armée. La vérité était qu'ils ne se permettaient pas de penser au vide laissé dans leurs lignes par la mort de leurs camarades. Ils avaient tiré le rideau sur tous les incidents qui n'avaient pas l'attrait de l'action et de la finalité comme faisant partie de la démarche de « passer à travers ». Un officier, avec un pincement des lèvres, remarqua presque avec désinvolture que de nouveaux officiers et recrues arrivaient et qu'il semblerait étrange de voir autant de nouveaux visages dans le mess.

Ceux de leurs anciens camarades qui n'étaient pas morts étaient déjà hospitalisés en Angleterre. Lorsqu'un officier absent a rejoint le groupe, il a annoncé que l'un d'entre eux, gravement touché, survivrait. L'éjaculation silencieuse des autres « Bien ! » j'en ai ressenti un frisson qui m'a communiqué sa joie. Huit des blessés n'avaient pas été gravement touchés, ce qui signifiait que ceux-ci allaient revenir et qu'après tout, seuls quatre étaient morts. Ce fut la première indication intime que j'eus de la façon dont l'offensive exposant des corps entiers d'hommes dans une charge contre les balles d'obus à faible vitesse et les balles à haute vitesse des fusils et des mitrailleuses devait aboutir à l'ancien ratio d'une seule blessure mortelle. pour cinq hommes touchés.

C'était une consolation dans ce fait. C'était un autre avantage de la guerre de mouvement par rapport à la guerre de pagaille dans les tranchées. Et personne, depuis le général jusqu'aux soldats, n'avait vraiment la moindre idée du rôle glorieux qu'ils avaient joué. Ils avaient simplement « fait leur part » et pris ce qui leur arrivait – et ils avaient « réussi ».

XII

LA PRISE DE CONTALMAISON

Le puissant animal de guerre se prépare à un nouvel effort – Nouvelles cartes au quartier général – La bataille de la Somme, la bataille des bois et des villages – Une terrible école de guerre en séance – Mametz – Un bois non « éclairci » – Le Quadrangle – Les Écossais abandonnés — "Adoucir" un village — Légers cigares allemands — Poursuite de Contalmaison — Avions dans le ciel bleu — Fécondité du milieu de l'été et destruction de la guerre — Chaos d'un village — Attaque sous le couvert d'un mur de fumée — Un mélodrame sous les obus qui passent.

Si les Britanniques et les Français avaient pu continuer jour après jour comme ils l'ont fait le 1er juillet, ils auraient chassé les Allemands de France et de Belgique à l'automne. L'arrivée sur les bords du Rhin et même la prise d'Essen n'auraient été qu'une question de calcul par un horaire et une distance. Après le choc de la première grande poussée au cours de laquelle le puissant animal de guerre s'est précipité en avant, il a dû étendre ses griffes d'acier pour prendre davantage pied et mettre son corps volumineux en position pour un autre effort énorme. Partout où les griffes se déplaçaient, il y avait des Allemands, qui étaient des soldats trop sages pour se replier mollement sur de nouvelles lignes de fortifications et attendre la prochaine attaque générale. Ils pareraient toutes les tentatives d'approche pour le lancer ; martelez les griffes comme s'il s'agissait des mains d'un envahisseur s'agrippant au rebord d'une fenêtre.

Au quartier général, il y avait une nouvelle carte avec des patchs de différentes couleurs numérotés par jours du mois commençant le 1er juillet, chaque patch indiquant le terrain gagné ce jour-là. Comparez leur ordre avec une carte en relief et, de façon un-deux-trois, vous avez pu saisir la séquence tactique naturelle ; comment une position a été prise pour en commander une autre. Parfois, cependant, ils représentaient la ligne de moindre résistance. Souvent, les véritables généraux étaient les bataillons sur le front qui trouvaient les points faibles et demandaient la permission de continuer. Le principe était le même que celui de l'eau trouvant son niveau lorsqu'elle s'étend d'un réservoir.

J'ai souvent pensé qu'un meilleur nom pour la bataille de la Somme serait celui des bois et des villages. Leur importance n'est vraiment apparue à l'observateur qu'après le 1er juillet. Ou encore, on pourrait appeler cela la bataille du pique. Donnez à un homme une heure avec une bêche dans ce sous-sol calcaire et quelques sacs de sable et il se fera une forteresse que seul un coup direct d'obus pourra détruire. Il se cache sous le balayage des balles lorsqu'il ne tire pas et, grâce à son casque d'acier, il est assez à l'abri des éclats d'obus pendant qu'il attend dans son antre jusqu'à ce que l'autre individu arrive.

Ainsi, l'Allemand comptait sur la mitrailleuse et le fusil pour arrêter toute charge qui n'était pas soutenue par des tirs d'artillerie suffisants pour écraser les tranchées et faire taire son armement . Il disposait alors de sa propre artillerie pour tourner un rideau de feu sur la charge en cours et marteler l'ennemi s'il en prenait possession. C'était évidemment le bon système – en théorie. Mais cette théorie n'a pas toujours fonctionné, comme nous le verrons. Son développement au cours des quatre mois où j'ai observé la bataille de la Somme était tout simplement moins intéressant que le développement des tactiques offensives par les Britanniques et les Français. Chaque jour, cette terrible école de guerre était en séance, avec un bataillon britannique plus habile et plus rusé à chaque fois qu'il entrait dans la ligne de feu.

S'élevant des pentes vers la Crête en taches vertes s'élevaient trois grands bois, pour ne pas dire petits, sous un couvert de fumée d'obus, Mametz , Bernafay et Trônes , avec leurs orgies de combat cachées sous leurs écrans de feuillage. Ils se souviennent du Désert – un Désert qui durait des jours, avec une seule caractéristique du Désert qui manquait, à savoir une conflagration, mais avec des obus lacrymatoires et à gaz et quelques autres caractéristiques qui manquaient en Virginie. Dans la prochaine guerre, nous aurons peut-être encore plus d'innovations. Notre race humaine est ingénieuse.

C'est Mametz, avec une superficie d'environ deux cents acres, qui nous intéresse actuellement. Les Allemands avaient une grande estime pour Mametz . Ils étaient prêts à perdre des milliers de vies pour le garder en leur possession. Depuis deux ans, elle n'avait pas été éclaircie selon l'usage français ; désormais, les obus et les balles devaient entreprendre la tâche qui avait été négligée. Les sous-bois étaient si épais qu'un homme devait se frayer un chemin à travers et un ennemi était aussi bien pris en embuscade qu'un mulot dans les hautes herbes.

Les Allemands avaient fait passer des barrières de barbelés dans les sous-bois. Ils avaient enregistré leur artillerie pour entourer les bois de rideaux de feu et de mitrailleuses nichées dans des barricades et des tranchées invisibles. Au cœur de celui-ci, ils avaient un chemin de fer léger pour acheminer les fournitures. Tous ces détails avaient été réglés à des heures irrégulières, lorsqu'ils ne travaillaient pas sur les principales fortifications de première et de deuxième lignes pendant leurs vingt mois de préparation. Je pense qu'ils ont dû être fatigués à l'époque de tant de « corvées », à en juger par l'ordre d'un général allemand après son inspection de la deuxième ligne, dans lequel il disait que les bataillons en occupation étaient une bande de paresseux qui étaient une honte pour la patrie. . Une fois la bataille commencée, ils purent ajouter aux défenses des améliorations adaptées aux besoins du moment. Bien entendu, un grand nombre d'Allemands furent tués et blessés par les tirs d'obus britanniques alors qu'ils « éclaircissaient » la forêt ; mais il fallait s'y attendre, comme les Allemands l'apprirent lors de la bataille de la Somme.

Comment les Britanniques ont-ils pu prendre Mametz Wood, je ne comprends pas ; ou comment ils ont pris le Bois des Trônes plus tard, d'ailleurs. Une visite dans les bois n'a fait qu'accroître la perplexité. J'ai vu des hommes marcher pieds nus sur des bouteilles brisées, avaler des épées et manger du feu et je savais qu'il y avait une astuce là-dedans, comme il y en avait pour la prise de Mametz .

L'Allemand n'avait pas assez de barbelés pour faire le tour des bois, ou, du moins, l'artillerie britannique ne le laissait plus enfiler et il pensait que les Britanniques attaqueraient là où ils le devraient selon la règle ; c'est-à-dire par le sud. Au lieu de cela, ils sont entrés par l'ouest, là où les mitrailleuses n'attendaient pas et où les armes lourdes n'étaient pas enregistrées, d'après ce que j'ai compris. Une stratégie de ce genre aurait pu remporter une bataille décisive dans une guerre d'antan, mais j'avoue que je n'ai pas pensé à demander qui l'avait planifiée lorsque j'ai entendu cette histoire. Les stratèges sont devenus si courants dans la Somme que tout le monde les tenait pour acquis, tout comme le fait que chaque bataillon avait un commandant.

Mametz ne fut pas prise dès la première attaque. Les Britanniques étaient autrefois dans les bois et ont dû en sortir ; mais ils avaient appris qu'avant de pouvoir obtenir un *point d'appui approprié* , ils devaient méthodiquement « nettoyer » un petit bosquet, un cimetière voisin, un labyrinthe complexe de tranchées appelé le Quadrangle, et quelques autres obstacles éloignés. Lors de la première ruée, de nombreux Écossais de Tyneside ont été empêchés de se joindre à la retraite. Ils se fortifiaient dans des pirogues allemandes et attendaient en état de siège, ces hommes austères du Nord. Lorsque les Britanniques revinrent, quatre-vingts Écossais étaient encore pleins de combat s'ils manquaient de nourriture et " verraient bien " sinon, merci. Parfois, ils avaient subi des explosions d'obus des deux côtés, et encore une fois, ils s'étaient retrouvés dans une oasis de paix, sans que ni les artilleurs britanniques ni les artilleurs allemands ne soient sûrs de savoir s'ils tueraient un ami ou un ennemi.

Arrivés par l'ouest alors que les Allemands faisaient enregistrer ailleurs leurs rideaux de feu, les Britanniques se frayèrent un chemin en une seule charge à travers la majeure partie de Mametz et lorsque la nuit tomba au milieu des sous-bois, un Britannique ne sachant s'il était Britannique ou Allemand. couchés de l'autre côté d'un tronc d'arbre, ils avaient la satisfaction de posséder quatre gros canons que les Allemands n'avaient pu retirer, et s'étaient également assurés que les Allemands disposaient d'une position forte protégée par des barbelés à l'extrémité nord de la frontière. les bois.

"Cela demandera un peu de réflexion", comme l'a dit un officier anglais, "mais bien sûr, nous l'accepterons".

L'achat de Mametz et l'occupation du Bois du Bailli, du Quadrangle, de La Boisselle et d'Ovillers -la- Boisselle rapprochent le cercle des Britanniques en progression de Contalmaison , perchée sur les collines dans une mer de veines de craie. Contalmaison est progressivement « adoucie » par l'artillerie. Le château n'était pas encore entièrement détruit, mais après chaque piqûre d'un gros obus, les murs blancs étaient moins visibles lorsque les nuages de fumée de l'explosion se dissipaient. Petit à petit, les canons prendraient le château, comme peu à peu un tailleur de pierre abat un bloc aux dimensions voulues pour le mettre en place dans une fondation.

Une visite à La Boisselle sur la route de Contalmaison a justifié l'attente quant à ce qui réservait Contalmaison . J'ai vu les troncs noircis et écaillés de deux arbres qui se dressaient à La Boisselle . Une fois avec beaucoup d'autres, ils avaient donné de l'ombre dans les jardins des maisons ; mais il n'y avait plus de traces de maisons maintenant, sauf celles qui étaient mêlées à la terre. Le village avait été réduit en poussière. Pourtant, quelques pirogues ont encore survécu. En continuant ainsi, les Britanniques travaillant autour de ceux-ci avaient finalement forcé la reddition de la garnison, qui ne pouvait lever la tête pour tirer sans être accueillie par une balle ou une explosion de bombe des assiégeants vigilants.

"Le travail était lent, mais ils devaient sortir", a déclaré l'un des ravisseurs, "et ils avaient l'air fatigués aussi. Ils n'avaient même plus de cigares", ce qui a réglé le problème.

Oh, ces légers cigares allemands ! Parfois, je crois qu'ils étaient le véritable pilier de l'organisation allemande. Les cigares sont partis, l'esprit est parti ! J'ai vu un prisonnier allemand complètement fatigué, alors qu'il remettait ses papiers à son ravisseur, sortir son dernier cigare et le mettre dans sa bouche pour éviter qu'il ne soit pris en hommage, son ravisseur disant avec la gaieté typiquement britannique : « Gardez-le, Bochy ! Ça sent trop le désinfectant pour moi, mais prenons votre casque d'acier", prix invariable exigé par le vainqueur.

Les Britanniques étaient déjà à Contalmaison , mais n'y sont pas restés. "Trop de mitrailleuses allemandes, trop de tirs d'artillerie et pas assez d'hommes", pour le dire avec la brièveté familière de l'armée. Il arrivait souvent qu'un village soit pénétré et qu'une partie de celui-ci soit tenue pendant une journée, puis évacuée la nuit, laissant les canons britanniques jouer pleinement pour le « ramollissement » final. Ces premiers efforts ont eu pour résultat des reconnaissances en force. Ils permirent d'examiner minutieusement les positions des mitrailleuses ennemies afin de savoir comment éviter leurs tirs et de les "infiltrer", révélèrent la couverture qui serait disponible pour la prochaine avance et apportèrent des informations inestimables aux artilleurs pour une distribution précise. de leur feu. Toujours certains points importants pour les opérations futures ont été retenus.

« Nous partons cet après-midi après Contalmaison , dit un officier d'état-major à l'état-major, et si vous vous dépêchez, vous l'apercevrez peut-être.

En conséquence, j'ai assisté à la scène de bataille la plus brillante qui soit dans la Somme, à moins que ce ne soit la prise de Combles . Il y avait un soleil radieux, un air lumineux et clair et aucune vague de chaleur. De mon point d'observation, je voyais clairement le quartier de Péronne . Les Français attaquaient également ; le feu de tambour de leurs *soixante-quinze* faisait un roulement continu, et les bouffées de fumée d'obus pendaient en un long nuage vaporeux bordant l'horizon et la canopée des crêtes vertes.

Chaque avion des Alliés semblait en l'air, chacun se distinguant sur le bleu par ses ailes chatoyantes et l'auréole douce et brunie des hélices. Ils volaient à toutes les hauteurs. Certains semblaient presque immobiles à deux ou trois milles au-dessus du sol, tandis que d'autres s'élançaient de leurs aérodromes.

Des avions tournoyaient, des avions grimpaient, des avions glissaient sur des toboggans aériens avec leurs hélices toujours, des avions se dirigeaient aussi droit que des corbeaux vers la ligne allemande pour se perdre de vue dans l'espace tandis que d'autres se développaient hors de l'espace comme des messagers rapides rentrant chez eux avec des nouvelles d'observations, des avions parcourant un secteur du front, survolant à basse altitude un quartier général de corps d'armée pour larguer un message et reprendre leur service ; des avions de tous types, depuis les monstres aux vastes ailes et aux équipages de trois hommes ou plus, majestueux comme des cygnes, jusqu'à ces mouettes, les petits Nieuports impertinents , tirant de haut en bas et tournant avec une rapidité incroyable, la queue en l'air ; des avions et des avions dans un menuet aérien fantastique, voletant autour des grands ballons-saucisses stationnaires dans l'air immobile.

Avec des céréales mûrissantes et des récoltes odorantes de trèfle et de foin en arrière-plan et des mauvaises herbes et des herbes sauvages au premier plan, la zone de végétation dans l'opulence du milieu de l'été était délimitée de la zone des cratères d'obus, des tranchées et des explosions. Vous aviez la majesté du combat et la désolation de la guerre ; l'ensemencement et la fructification éternelles de la nature aux côtés des formes de destruction les plus impitoyables. Dans l'air clair, les éclats noirs des explosifs puissants allemands martelant le bois de Mametz , comme pour se venger de sa perte, semblaient plus laids et plus meurtriers que d'habitude ; la légère fumée des éclats d'obus avait une qualité plus douce et plus persistante ; les soldats étaient distinctement visibles à grande distance dans leurs allées et venues ; les charrettes transportant l'eau jusqu'à la première ligne étaient des sortes de pèlerins itinérants de ce monde assoiffé de conflits meurtriers ; une file d'infanterie serpentant à intervalles réguliers sur la pente se dessinait comme des perles sur un fil. Le tout évoquait une colline de fourmis qui avaient retourné leurs habitudes industrielles contre un envahisseur de leurs demeures terrestres, et les colonnes de camions à moteur et de caissons affluant toujours de toutes les directions étaient comme une marée qui s'arrêtait au pied de la pente. puis reflué.

Partout où l'on regardait, des éclats d'obus retentissaient, l'attention étant attirée sur Contalmaison comme sur une foule rassemblée au milieu de la circulation urbaine. Toutes les gorges d'acier dans les bosquets, sous le couvert des talus routiers, dans les ravins et sur l'envers des talus, parlaient. Les canons donnaient à Contalmaison tout ce qu'ils avaient à donner et les murs restants du château disparaissaient dans le brouillard comme un bateau de pêche au large des Grands Bancs. L'enfer super raffiné, dirigé par l'homme, faisait un chaos sportif dans le village qu'il cachait de son souffle fumant coupé par les colonnes de fumée noire des HE et couronné d'éclats d'obus ; et sous les rayons du soleil, les gaz de la poudre faisaient une splendeur prismatique en tourbillons et en vagues aux teintes de l'arc-en-ciel.

Submerger un simple hameau agricole dans ce genre de tempête n'était qu'une partie du plan des artilleurs, qui effectuaient ailleurs un schéma de tir conforme aux schémas des tranchées allemandes, plaçant un rideau de feu derrière la ville et un autre sur le côté. bord, et à d'autres endroits, non pas un rideau mais des jets de feu constants. Les obus allemands qui répondirent révélèrent laquelle des cicatrices crayeuses sur la pente était la tranchée britannique de première ligne, et de là, tandis que la vapeur d'une locomotive s'écoulait en un panache volant le long de la crête d'une tranchée ferroviaire, s'élevait un mur de fumée qui s'élevait. inoffensif, pas même asphyxiant, son seul but étant de faire écran à l'attaque de l'infanterie, une légère brise l'entraînant dans le manteau de Contalmaison tandis que le vent charrie la fumée d'un feu de prairie. Lookout Mountain était connue comme la bataille dans les nuages, où les généraux ne pouvaient pas voir ce que faisaient leurs troupes. Désormais, toutes les batailles se déroulent dans un nuage.

Depuis la tranchée britannique de première ligne, la première vague de l'attaque britannique s'est déplacée à l'abri de l'écran de fumée et on a immédiatement vu que les obus avaient cessé de tomber sur Contalmaison . Son manteau de fumée se soulevait lentement et révélait les murs fragmentaires de ce château robuste et provocateur toujours debout. Une autre vague d'infanterie britannique était en route. Quatre vagues en tout devaient intervenir, chacune se succédant avec son rôle de soutien à celle qui était en tête et la maîtrise des abris et des positions de mitrailleuses qui auraient pu survivre.

Sans obus tombant à Contalmaison , la bombe et la baïonnette avaient la scène à elles seules, une scène plus ou moins encerclée par les explosions et avec une volée de projectiles de part et d'autre passant au-dessus des têtes des acteurs dans un mélodrame qui avait « béni » un petit soulagement comique", comme l'a dit un soldat. Les Allemands bombardaient déjà l'ancienne première ligne britannique et leurs supports, tandis que les Britanniques maintenaient un rideau de feu de l'autre côté du village pour protéger leur infanterie alors qu'elle se frayait un chemin à travers les débris , et tout feu qu'ils avaient à épargner. après l'avoir soulevé de Contalmaison ils le distribuaient sur différents points forts, non pas en rideaux mais en répétition de coups de poing. C'était le meilleur travail d'artillerie que j'aie jamais vu et son but semblait être celui d'un homme avec un bâton frappant n'importe quelle tête qui sortait de n'importe quel trou.

Acte III. maintenant. Le rideau de feu britannique fut levé depuis l'extrémité du village, ce qui signifiait que l'infanterie, comme prévu, devait être en possession de tout le village. Mais ils ne resteront peut-être pas. Ils pourraient être forcés de partir peu après avoir envoyé leurs signaux. Lorsque les Allemands déclenchèrent un rideau de feu succédant au feu britannique, ce fut une preuve supplémentaire du succès britannique, suffisante pour convaincre tout sceptique. Le rideau britannique a été placé au-delà pour repousser toute contre-attaque et empêcher les tirs isolés jusqu'à ce que les nouveaux occupants des lieux se soient « retranchés ».

Les Allemands n'avaient pas oublié que c'était maintenant à leur tour de marteler Contalmaison , par laquelle ils pensaient que les réserves britanniques et de nouveaux approvisionnements en bombes devaient arriver ; et j'ai vu un des premiers " krumps " de cette concentration croquer à nouveau les murs du château.

En observant le basculement des rideaux de feu, j'avais appris que cette fois Contalmaison était définitivement tenue ; et bien qu'on dise que je ne connais rien à l'actualité, j'ai battu le *communiqué* sur le fait grâce à mon observation, qui devrait au moins me classer parmi les "petits" reporters.

XIII

UNE GRANDE ATTAQUE DE NUIT

Après coups durs, coups durs — Bois de Trônes — Attaque et contre-attaque — Un lourd tribut à payer — « L'esprit qui vivifie » ne connut aucun faiblissement — Fortifications allemandes de deuxième ligne — Une attaque audacieusement planifiée — « Debout et sur eux ! » — Une attaque non conforme au système scientifique de l'usine - Le danger splendide et terrible - Des éclairs de pistolet dans l'obscurité nombreux comme des lucioles - Majestueux, diabolique, beau - Une planète bombardant d'aérolites - Des fusées éclairantes au loin - Jusqu'où les Britanniques étaient-ils allés ? — Lever du soleil à l'attaque. — Bonne nouvelle ce jour-là.

De toutes les belles nuits du front, celle des 13 et 14 juillet se distingue par son suspense incomparable. Une grande expérience était à tenter ; du moins, semble-t-il à l'observateur, même si le personnel n'a pas adopté cette attitude. Elle ne le fait jamais une fois qu'elle a décidé d'une entreprise audacieuse. Quand vous envoyez cinquante mille hommes dans une charge qui peut échouer avec une perte de la moitié de leur effectif ou réussir brillamment avec une perte de cinq pour cent seulement, aucun des commandants de corps et de division, qui attendent les résultats une fois les plans terminés. fait, jusqu'aux soldats doivent avoir une pensée sauf que le plan est bon et qu'il sera mis en œuvre.

Il n'y a pas de maxime militaire plus ancienne que de faire suivre tout coup violent de d'autres coups, afin que l'ennemi n'ait pas le temps de récupérer ; mais dans les conditions modernes, lorsqu'on se déplace contre une ligne de front, l'encombrement des transports et des munitions qui doivent attendre sur de nouvelles routes et le remplissage des tranchées capturées posent un problème d'organisation difficile. Jamais il n'y eut et jamais il n'y eut besoin d'un tel nombre d'hommes et d'une telle quantité de matériel que sur le front de la Somme.

Les douze jours qui suivirent le 1er juillet avaient vu la prise de positions mineures par des concentrations locales de troupes et des tirs d'artillerie, tandis que l'armée dans son ensemble se préparait à une autre grande attaque au moment propice où ces gains préliminaires devraient la justifier.

Un demi-œil tactique pouvait voir que les bois de Mametz , Bernafay et Trônes devaient être tenus afin de laisser une marge de manœuvre pour un mouvement de masse sur un large front. L'Allemand s'en rendit compte et après avoir perdu Mametz et Bernafay, il s'en tint d'autant plus désespérément à Trônes , qui, pour le moment, était l'horreur suprême des combats en forêt, même si l'on ne savait pas encore qu'il pouvait être surpassé par Delville et Bois élevés.

À Trônes, les Allemands subissent à maintes reprises attaques et contre-attaques. Les Britanniques ont réussi à atteindre le côté est des bois et, en réponse, les Allemands ont envoyé une vague, forçant les Britanniques à reculer vers l'ouest, mais pas plus loin. Puis les Britanniques, à nouveau renforcés, atteignirent le côté est. Des pluies de feuilles et d'éclats descendus des éclats d'obus et des mitrailleuses crépitaient toujours. L'artillerie des deux camps martelait les abords des bois pour empêcher l'arrivée des renforts.

Dans les caves du village de Guillemont , au-delà de Trônes, les Allemands avaient des refuges pour concentrer leurs réserves afin d'alimenter davantage de troupes dont les ordres, comme le disaient tous les prisonniers faits, étaient de tenir jusqu'au dernier. Le bois des Trônes ne sera jamais cédé aux Britanniques. Son importance était trop vitale. La sinistre fierté nationale et raciale, la fierté du bataillon et la fierté des soldats se sont affrontées dans un effort et une inimitié inflexibles. Le milieu des bois devint un terrain neutre où gisaient les blessés des différentes sorties, gémissant de douleur et de soif. De petits groupes de Britanniques s'étaient retranchés parmi les Allemands et, sans eau et sans nourriture, résistaient, économisant leurs munitions ou, lorsqu'elles étaient épuisées, attendant le dernier effort à la baïonnette.

Depuis plusieurs jours, l'artillerie britannique de réserve coupait les barbelés de la deuxième ligne et défonçait les tranchées ; et les gros canons avancés depuis le 1er juillet envoyaient leurs obus bien au-delà de la crête vers des villages, des carrefours et d'autres points vitaux, afin de gêner les communications allemandes.

La ligne Thiepval-Gommecourt , où les Britanniques avaient été repoussés le 1er juillet, était revenue à une situation proche de l'impasse, avec les échanges habituels de tirs d'artillerie, et c'est le long du front plus large, là où l'ancienne première ligne allemande avait été percée, que la ligne principale des concentrations d'hommes et de canons étaient réalisées afin de poursuivre l'avancée pour le moment jusqu'à l'ouverture remportée le 1er juillet. Le prix payé pour la prise des bois et pour les attaques répétées là où les premières attaques avaient échoué pourrait paraître à l'observateur — à moins qu'il sache que les pertes allemandes avaient été tout aussi lourdes, sinon plus, depuis le 1er juillet — disproportionné non seulement par rapport au terrain gagné, mais aussi par rapport au terrain gagné. également aux résultats généraux obtenus jusqu'à cette époque qui, et c'était le plus important, avaient démontré, comme une promesse pour l'avenir, que la nouvelle armée britannique pouvait attaquer sans relâche et avec succès contre les troupes allemandes aguerries dans des positions que les Allemands considéraient comme imprenables.

"L'esprit qui vivifie " ne connaissait aucune hésitation. La police de combat était sans occupation. Il n'y avait aucun retardataire. Avec une régularité méthodique et flegmatique, l'infanterie se dirigea vers la ligne de feu quand son tour arriva.

Les fortifications allemandes de deuxième ligne, si elles n'étaient pas aussi élaborées, étaient encore mieux situées que la première ; pas sur la crête de la crête, bien sûr, où ils seraient facilement balayés par les tirs d'artillerie, mais là où la dernière expérience démontrait qu'ils pouvaient tirer le meilleur parti des hauteurs dominantes avec le moins d'exposition possible. En regardant à travers mes lunettes, je pouvais voir la partie de la butte ouverte s'étendant de Longueval à High Wood qui devait faire l'objet du plus gros effort depuis le 1er juillet.

Jusqu'à présent, sauf lors de raids de tranchées sur des fronts étroits, il n'y avait eu aucune tentative de précipiter une longue ligne sous le couvert de l'obscurité en raison de la difficulté des différents groupes à rester en contact et à identifier leurs objectifs.

La charge du 1er juillet était à sept heures trente du matin. Contalmaison avait été prise d'assaut dans l'après-midi. Fricourt fut pris à midi. Lorsqu'on a suggéré audacieusement que, sur un front de trois milles, l'infanterie devrait se précipiter dans l'obscurité sur les tranchées de deuxième ligne, dans l'espoir de surprendre l'ennemi, c'était une conception aussi audacieuse que jamais, compte tenu du terrain et des circonstances. l'esprit d'un commandant britannique et pourrait être considéré comme caractéristique de l'élan et de la soi-disant « témérité » du soldat britannique, habitué à « avoir l'air intelligent » et à chasser son ennemi de ses expériences coloniales. Nelson avait « l'esprit qui vivifie » lorsqu'il fermait les yeux sur l'ennemi. Les Français sont également favorables à l'attaque. Elle a gagné Marengo et Austerlitz. Aucun général n'a jamais osé plus que Frédéric le Grand, pas même César . Ainsi les grandes races de l'histoire ont conquis la domination militaire.

"Debout et sur eux !" C'est toujours le schibboleth auquel les Britanniques croient, pas moins que nos pionniers et Grant et Stonewall Jackson y croyaient, et rien, tout au long de la bataille de la Somme, n'était aussi typiquement britannique que non seulement l'entêtement de leur défense lorsque de petits groupes étaient encerclés, mais aussi la la manière dont ils continueraient à attaquer et la difficulté qu'avaient les généraux non pas à encourager l'initiative mais à empêcher les bataillons et les brigades de mettre en pratique leur conviction qu'ils pouvaient prendre position pour leur propre compte s'ils en avaient l'occasion au lieu d'attendre. une avancée systématique.

Ainsi, une attaque sur cette deuxième ligne de la crête, après que les Allemands eurent eu deux semaines de préparation supplémentaire, était une aventure de premier ordre, à l'époque des transports mécaniques, des avions et des tirs d'artillerie indirects, où toute la science militaire est censée être réduite à un système d'usine, digne de l'époque des marins et de Clive, de la traversée du Delaware par Washington ou de la prise de Québec, quand une confiance audacieuse faisait parier un enjeu considérable.

C'est du moins ce qu'a semblé l'observateur, même si, comme je l'ai dit, le personnel a insisté sur le fait qu'il s'agissait d'une opération tout à fait normale. Les Japonais avaient mené de nombreuses attaques nocturnes réussies au début de la guerre russo-japonaise, mais celles-ci visaient des positions non défendues par des tirs de mitrailleuses et des rideaux de tirs d'artillerie. Lorsque les Japonais atteignirent leur objectif, ils ne risquaient pas d'être détruits par des explosifs puissants et, incidemment, ils ne combattaient pas ce qu'on appelle l'armée la plus hautement entraînée du monde, sur le front le plus concentré jamais connu dans l'histoire militaire.

Mais "Debout et à eux !" Sir Douglas Haig, qui avait « tout son sang-froid avec lui », a dit d'aller de l'avant. A trois heures trente du matin, une bonne heure avant l'aube, cette vague d'hommes longue de trois milles devait s'élancer dans la nuit vers un objectif invisible, dans une obscurité si épaisse qu'on pouvait à peine reconnaître une silhouette à dix mètres. Pourtant, comme le disait un soldat anglais : « Vous pouviez voir l'Allemand dès qu'il vous voyait et vous devriez être capable de lancer une bombe aussi rapidement que lui, et une baïonnette aurait autant de pénétration à trois heures trente du matin qu'une baïonnette. à midi."

Quand j'ai vu avancer les bataillons qui devaient prendre part à l'attaque, j'ai compris, comme ils ne l'ont pas fait, le splendide et terrible risque de succès ou d'échec, de vie ou de mort, qui devait être le leur. Ils passèrent le long des nouvelles routes, puis traversèrent le territoire conquis, dont les pentes inégales étaient rendues encore plus inégales par les creusements continus et les tirs d'obus, et disparurent, et la Nuit baissa son rideau sur le champ sans que personne ne sache ce que le matin révélerait.

Les troupes étaient en position ; tout était prêt ; toutes les leçons tirées de l'attentat du 1er juillet devaient être appliquées. A minuit, il n'y eut aucun mouvement, sauf des caissons d'artillerie ; les artilleurs dont les pièces devaient parler deux heures plus tard avec une fureur de détonations dormaient profondément à côté de leurs munitions. L'ordre absolu dans cet étonnant réseau de ravitaillements et de transports en tout genre contribuait au suspense. Nous avions déjà vu des bombardements nocturnes, et je ne m'y attarderais pas, sinon qu'ils avaient la nuit la même splendeur que la prise de Contalmaison avait le jour.

L'observateur d'artillerie chargé d'un canon de quinze pouces était un hôte de bonne humeur. Il mettait son « morceau », comme disent les Britanniques, dans le village de Bazentin -le-Petit et le seul moyen de savoir où se trouvait Bazentin dans l'obscurité était grâce à de grands éclairs de lumière qui annonçaient l'éclatement d'un obus de quinze cents livres. qui s'était précipité dans les airs avec son cri rauque et pesant. Toute la pente jusqu'à la Crête se fondait dans la couverture de la nuit. Il en résulta des tirs réguliers d'armes à feu pendant un moment, prélude au déclenchement de la tornade avant l'attaque.

Maintenant que nous les voyions tous tirer, nous avions pour la première fois une idée du nombre qui s'était avancé dans le territoire conquis depuis le 1er juillet. Les ruines et les bouts d'arbres de Fricourt et de Mametz avec leurs quelques murs restants se distinguaient spectralement dans les éclairs des batteries qui avaient trouvé des nids parmi les débris . Toute la pente était devenue un tumulte volcanique. On aurait aussi bien pu essayer de compter le nombre de lucioles au-dessus d'un marais comme le nombre d'éclairs. La limite du calcul avait été atteinte. Des canons devant nous, autour de nous et derrière nous comme d'habitude, dans une bataille d'accidents compétitifs entre eux, et à proximité nous vîmes les figures des artilleurs se dessiner dans des instants d'éclairs étranges, qui pourraient inclure les chevaux d'un caisson dans un un scintillement de silhouette distincte jaillit de la nuit puis se perdit dans la nuit, avec les cavaliers assis aussi droits que s'ils étaient à l'exercice. Chaque voix avait un message : « Ceci pour la crête ! » qui fut couronnée par une tempête infernale d'éclats d'obus pour préparer la ruée de l'infanterie à « zéro ».

La chose était majestueuse, diabolique, belle, absurde – peu importe comment vous vouliez l'appeler. Détournez le regard des canons voisins où les visages des artilleurs étaient éclairés et vous ne pouviez pas concevoir la scène comme étant d'origine humaine ; mais en mélangeant une humilité respectueuse avec un égoïsme colossal dans diverses combinaisons d'imagination et de faits, vous pourriez penser à votre petit groupe d'observateurs comme occupant un point de vue dans l'espace où une planète cachée dans l'obscurité lançait des aérolites sur une autre cachée dans l'obscurité la frappant avec puissance. les explosions, et les fracas et les cris étaient le bruit des missiles sur leur chemin non éclairé.

Il faisait encore nuit lorsque trois heures et demie arrivèrent et des pièces pyrotechniques furent ajoutées au spectacle, que je ne pouvais pas considérer comme étant en aucun cas pyrotechniques, lorsque des averses sortirent de la couverture, alors que des signaux provenant de la surface de la planète en direction d'une nouvelle manœuvre apparurent. d'étincelles rouges et rougeoyantes, qui s'élevaient à une hauteur de cent pieds et une largeur de trente ou quarante pieds, semblait-il à cette distance. Une douche était dans le quartier d' Ovillers , une à La Boisselle et une de ce côté de Longueval . Puis, au-delà de Longueval, le ciel fut éclairé par un grand incendie qui n'était pas prévu au programme du feu d'artifice, qui devait être un dépôt de munitions allemand explosé par des obus britanniques.

C'était notre planète, désormais, et une partie particulière de celle-ci en Picardie. Aucune traduction imaginative vers l'espace ne pourrait plus tenir. Avec la charge, l'élément humain intime était suprême. La pensée de ces vagues d'hommes avançant dans l'obscurité faisait de ce déploiement de feu un spectacle objectif dissocié. Sur la crête, d'autres fusées éclairantes s'élevèrent et celles illuminant les masses sombres de feuillage devaient être gagnées dans le bois de Bazentin , et celles au-delà devaient se trouver dans les villages de Bazentin , Petit Bazentin et Grand Bazentin , bien qu'aucun d'eux, comme la plupart des villages, ne compte un nombre d'un million. une douzaine à une cinquantaine de maisons pourraient être beaucoup plus petites et s'appeler des villages.

C'était tout l'objectif. Oui, mais même si les Britanniques étaient arrivés, comme le montraient les signaux, pouvaient-ils rester ? Cela semblait presque trop beau pour être vrai. Et cet odieux Bois des Trônes ? Avons-nous également considéré cela comme faisant partie du raz-de-marée d'une vaste attaque au lieu d'essayer de l'aborder au coup par coup ?

Notre suspense s'intensifiait à l'idée que cette action pourrait constituer le tournant de la première étape de la grande bataille de la Somme. Nous avons tendu nos yeux dans l'obscurité pour étudier, comme un marin étudie le ciel, les signes avec lesquels nous nous étions habitués comme indicateurs de résultats. Les tirs d'obus allemands, relativement légers en réponse, étaient de bon augure , même s'il nous a rappelé qu'ils pouvaient à tout moment se développer avec une férocité soudaine.

Maintenant, les éclairs des canons s'éteignaient. Une transformation plus merveilleuse que celle que l'artillerie pouvait produire, celle de la nuit en jour, était en cours. Pas un rideau mais la boule de feu du soleil, insensible aux efforts des êtres humains sur quelques kilomètres carrés de terre, respectait son emploi du temps avec la même bienveillance que jamais envers les planètes qui se tenaient à une distance respectueuse de son artillerie en fusion. concentration.

De la couverture qui cachait le champ de bataille apparaissaient les grandes marques de craie des tranchées de la ligne principale, puis les plus petites de celles qui les connectaient ; les bois devinrent des taches noires et les troncs d'arbres restants décharnés, sentinelles immobiles et lugubres des ruines grises des villages, jusqu'à ce qu'enfin toutes les conformations de la pente cicatrisée et torturée se distinguent dans la première lumière fraîche d'un brillant jour d'été. Là où se trouvaient les incendies, il y avait un éclat de fumée noire provenant d'obus et nous avons vu qu'il s'agissait toujours de tirs allemands le long de la ligne visible de l'objectif britannique, nous assurant que les Britanniques avaient gagné le terrain qu'ils avaient décidé de prendre et qu'ils tenaient. il.

"Debout et sur eux !" cette fois, il avait réussi le tour, et c'était un tour de passe-passe ; une astuce ou un stratagème, pour utiliser le mot à consonance la plus élevée ; une astuce de ne pas attendre l'attaque générale pour la prise des Trônes selon des tactiques évidentes, mais d'inclure les Trônes dans le balayage ; une astuce dans la manière audacieuse dont l'infanterie a été envoyée devant le rideau de feu allemand qui répondait.

Toutes les nouvelles étaient bonnes ce jour-là. Les Britanniques avaient balayé le bois de Bazentin et pris les villages de Bazentin . Ils tenaient le bois des Trônes et se trouvaient à Delville et High Woods. Un pied a été établi sur la crête où les Britanniques pouvaient se battre pour la maîtrise finale sur un pied d'égalité avec l'ennemi. "De légères pertes" ont été rapportées par les corps et les divisions et la confirmation des rapports officiels s'est vue dans le petit nombre de blessés arrivant aux postes d'évacuation des blessés et dans les visages des officiers et des hommes partout. Même le flegme britannique a cédé la place à l'exaltation.

XIV

LA CAVALERIE ENTRE

La bande des "dodo" - La cavalerie est un luxe - La cavalerie ne peut cependant pas être écartée - Ce que dix mille chevaux pourraient faire - Un avant-goût de l'action pour la cavalerie - Un "incident" - Des chevaux qui ont eu la chance de "entrer" - Cavaliers qui ont montré des signes d'action - La nouveauté d'une action de cavalerie - Un groupe de camp - Des Allemands pris au dépourvu - Des cavaliers et un avion - Se retirant en bon ordre - Juste assez de pertes pour donner le sentiment de danger au souvenir.

Parfois, un escadron de cavalerie, britannique ou indienne, survivants d'un passé ardent, s'immisçait dans un monde mécanique de camions et de tracteurs tirant des canons. Avec une fierté extérieure, ces cavaliers maigres aux chevaux polis et élégants, dont les larges dos supportaient vaillamment le lourd équipement, cachaient leur irritation devant l'oisiveté tandis que d'autres se battaient. Ils ont apporté à la scène du pittoresque et du sang chaud. Une guerre aussi impitoyable d'appareils en acier avait besoin d'un peu d'ornement. Un vieux sergent, un jour que la cavalerie s'arrêtait à côté de son bataillon qui se reposait, dans un témoignage d'affectueux souvenir, s'écria :

"C'est bien de caresser à nouveau le museau d'un cheval ! J'ai moi-même été dans les Dragoon Guards une fois."

Parfois, la cavalerie se qualifiait facétieusement de groupe « Dodo », avec un sentiment d'impuissance irritant sous son humour ; et d'autres l'avaient considéré comme un bison préservé dans le parc de Yellowstone, de peur que l'espèce ne disparaisse.

Un général cynique disait qu'une petite force de cavalerie était un luxe que pouvait s'offrir une si vaste armée d'infanterie et de canons. Selon lui, même si nous allions vers le Rhin, la cavalerie fondrait dès sa première charge sous les rideaux de tirs et les rafales de mitrailleuses des actions d'arrière-garde de l'ennemi en retraite. Il n'avait jamais été dans la cavalerie, et n'importe quel escadron savait très bien à quoi pensaient lui et tous ceux qui partageaient son point de vue chaque fois qu'il passait sur le sommet d'une colline qui offrait une vue sur la multitude de tirs d'obus sur un champ coupé d'obus. -les cratères et les tranchées qui sont des pièges pour les chevaux. Pourtant, il revint avec courage et application minutieuse à sa pratique consistant à franchir de tels obstacles au cas où l'ordre d'« entrer » devait un jour arriver. De tels préparatifs suggéraient aux sceptiques extrêmes quant à l'achat de robes et au choix d'un sommet approprié d'un culte religieux qui a fixé le jour de l'ascension.

À l'exception d'un élan en Champagne, depuis le début de la guerre des tranchées, la cavalerie n'avait eu aucune chance. La pensée de l'action était une hypothèse développée à partir de la mémoire des accusations passées. Les avions prirent la place de la cavalerie tandis que les éclaireurs, les mitrailleuses et les fusils placés derrière une tranchée de première ligne qui avait succombé à une attaque prenaient sa place d'arrière-garde, et les patrouilles aériennes sa place d'écran.

Pourtant, toute armée, qu'elle soit britannique, française ou allemande, qui espérait mener une offensive ne transformerait pas toute sa cavalerie en infanterie. C'était se séparer de l'une des trois anciennes branches que sont la cavalerie, l'infanterie et le canon et fermer la porte à une éventuelle opportunité. Si les Japonais avaient disposé d'une cavalerie prête au moment critique après Moukden, sa mobilité aurait gêné la retraite russe, voire l'aurait transformée en déroute. Quand vous avez besoin de cavalerie, vous en avez « cruellement besoin », comme disait le cow-boy à propos de son six-shooter.

Si jamais la ligne allemande était brisée et que toute cette organisation énorme et compliquée, liée au sol, avec des canons en place et son réseau de dépôts de munitions et de dépôts de ravitaillement encombrés, essayait de se déplacer à la demande soudaine, quelle confusion supplémentaire apporteraient dix mille cavaliers ! Quelles riches récompenses l'attendraient alors qu'il galoperait à travers la brèche et par unités, séparant chacun de son objectif selon des évolutions adaptées aux nouvelles conditions, démontant ses mitrailleuses pour couvrir les routes et, depuis des points choisis, balançant leurs balles sur des cibles en gros ! La perspective de ces quelques heures folles, où n'importe quel prix en victimes pouvait être payé pour les résultats, était l'inspiration des rêves lorsque les sabots piétinaient dans les camps la nuit ou les morceaux rongés alors que les lances brillaient en ligne au-dessus des casques d'acier de couleur kaki lors du défilé matinal.

Un avant-goût, juste un avant-goût, de l'action que devait avoir la cavalerie, du fait du succès de l'attaque du 14 juillet, qui prit manifestement les Allemands par surprise entre High et Delville Woods et les laissa sidérés avec des tranchées de deuxième ligne perdues et une confusion. s'ensuivit, tandis que les canons et les bataillons dispersés étaient dépêchés par train dans une hâte aveugle, totalement en contradiction avec les méthodes allemandes de prévision et de précision. La brèche était étroite, le champ d'action des chevaux limité ; mais la rumeur revint que sur le plateau qui regardait Bapaume entre Delville et High Woods, il y avait peu de cratères d'obus et aucune tranchée allemande ni beaucoup d'Allemands en vue à l'aube.

Les artilleurs se frottèrent les yeux en voyant passer les cavaliers et l'infanterie resta stupéfaite de les voir traverser des tranchées, Britanniques et Indiens, montant la pente vers la crête. Comment ils ont franchi la crête sans être décimés par un rideau de feu serait un mystère s'il y avait des mystères dans cette guerre, où tout semble s'élaborer comme la géométrie ou les formules chimiques . L'artillerie allemande étant occupée à retirer ses canons lourds et les autres canons préoccupés par les résultats surprenants d'une attaque non prévue au calendrier ce jour-là, n'ont pas eu le temps de "monter" la cavalerie lorsqu'elle était enregistrée sur des cibles différentes - ce qui est suggestif. de ce qui pourrait arriver si la ligne était divisée sur un large front. Une bande d'acier est solide jusqu'à ce qu'elle se brise, ce qui peut se produire en plusieurs morceaux.

"Avez-vous vu l'accusation ?" tu demandes. Non, ni même la montée de la pente, étant occupé ailleurs et ne sachant pas que la charge allait avoir lieu. Je n'ai pu retrouver les deux escadrons qui ont participé à « l'incident », comme l'appelait l'état-major, qu'une fois celui-ci terminé. L'incident est le mot juste pour désigner le sens des proportions militaires. Lorsque le public en Angleterre et à l'étranger entendit que la cavalerie était "dans", il pouvait s'attendre à entendre le lendemain que les armées anglo-françaises étaient en pleine poursuite des armées allemandes brisées jusqu'au Rhin, alors qu'une telle issue ne pouvait être immédiate. à moins que les effectifs allemands ne soient réduits en deux ou que les Prussiens ne deviennent Quaker.

Un incident! Oui, mais de quoi donner un galop à la plume de l'écrivain après la monotonie des coups de feu et des bombardements. Je n'ai jamais été plus impatient d'entendre le récit d'une action que de cette charge — une charge de cavalerie, une charge de cavalerie, s'il vous plaît, sur le front occidental en juillet 1916.

Dans l'une des vallées situées à l'arrière du front, hors de vue de la bataille, il y avait des chevaux fatigués, attachés, avec un regard complice dans les yeux, me semblait-il, et une sorte de manière supérieure envers les chevaux élégants et frais qui n'avaient pas eu de combat. la chance d'« entrer » ; et les cavaliers dormaient profondément sous leurs abris, leurs vêtements et leurs accessoires montrant les signes indubitables de l'action. Leurs officiers nous ont raconté l'histoire des Dragoon Guards et du Deccan Horse (Indien) qui savaient ce que c'était que d'abattre un Allemand à découvert.

L'ombre de Phil Sheridan pourrait s'interroger sur ce que le monde allait faire si nous faisons grand cas d'une si petite affaire ; mais il aurait ressenti toute l'éclatante satisfaction de ces hommes s'il avait attendu aussi longtemps qu'eux une quelconque action de cavalerie. Les comptes des deux escadrons peuvent aller de pair. Les agents se rasaient et visaient suffisamment d'eau pour remplacer le bain. Le commandant, avec sa carte, pouvait vous donner chaque détail en insistant longuement sur chacun d'eux, comme le ferait un commandant de bataillon lors d'une première expérience dans un raid de tranchées, alors que plus tard le même bataillon rendrait compte d'une charge riche en combat. avec des incidents de corps à corps et de prisonniers sortis des abris dans un récit du type "Je suis venu, j'ai vu", et je ne comprends pas pourquoi le chercheur devrait s'intéresser davantage à ce qu'était la routine quotidienne des affaires de guerre . Car le dicton banal selon lequel tout est relatif ne perd aucune vérité par la répétition.

La cavalerie avait tout fait selon une tactique qui ne ferait que dérouter le profane. Ce qui était étonnant, c'était que certains d'entre eux fussent revenus vivants. Sur ce front étroit, elle s'était dirigée vers l'armée allemande sans rien entre la cavalerie, l'artillerie et les mitrailleuses qui avaient des hommes à cheval comme cibles. Par rapport à l'époque où montrer une tête au-dessus d'une tranchée signifiait la mort, la chose était stupéfiante, incroyable. Ces narrateurs formaient un groupe de camp, avec des Indiens maigres, à barbe noire et à la peau olive, apportant de l'eau dans des seaux à chevaux pour les bains, et la vue de visages aimables de chevaux vous souriant, et les officiers eux-mêmes à cheval et avec le discours et les manières des cavaliers – seulement ils le rendaient crédible. Comme c'était réel pour eux ! Comme c'est devenu réel pour moi !

Il y avait des Allemands cachés dans l'herbe qui furent surpris par cette ruée de galopeurs armés de lances. Tous les participants s'accordèrent sur l'étonnement complet de l'ennemi. C'était l'équivalent d'un joueur de football entrant sur le terrain avec une armure ancienne et d'autant plus surprenant que ces Allemands avaient été envoyés après une matinée pleine de surprises pour prendre contact avec les Britanniques et rétablir la ligne brisée.

Pas des mannequins de paille cette fois pour la pointe acérée de la lance, mais des hommes effrayés en uniforme vert – la vision qui avait été à l'esprit lorsque chaque coup était porté sur les mannequins ! C'était à cela que servait la cavalerie, l'objet de tout l'entraînement. Il s'est déroulé comme il l'aurait fait il y a cinquante ou cent ans. Un homme à terre, un homme à cheval ! Cette fonctionnalité n'a pas changé.

"En fait, tu en as?"

"Oh oui!"

"Sur les lances ?"

"Oui."

De loin retentissait le bruit infernal des canons dans leur combat d'explosions qui rendait cet incident plus impressionnant que n'importe quel récit d'un homme enterré sous les obus, de groupes isolés résistant dans des abris, ou de soldats aventureux attrapant et rejetant des bombes allemandes à la volée. l'homme qui les a lancés, car c'était unique sur la Somme. Les Britanniques et les Indiens avaient eu le même genre d'opportunité. Après avoir traversé, ils firent demi-tour et revinrent à la manière habituelle de la cavalerie.

À ce moment-là, certains des Allemands systématiques s'étaient rappelés qu'une partie de leur exercice consistait à savoir comment recevoir une charge de cavalerie, et lorsque ceux qui n'avaient pas couru ou été empalés commençaient à tirer et que d'autres se tenaient prêts avec leurs baïonnettes mais avec quelque chose de la manière de Pour des hommes qui ne savaient pas s'ils étaient en transe ou non, selon le récit, une mitrailleuse allemande a commencé son méchant staccato, autre caractéristique de l'éveil des Allemands à la situation.

Ceci nous amène à l'incident le plus pittoresque de « l'incident ». Le plus envié de tous les observateurs du tournoi était un aviateur qui méprisait un spectacle bizarre même dans les annales de l'aviation. Les avions allemands avaient été mis à couvert, ce qui donnait au Britannique un champ de bataille équitable. Une admiration chevaleresque , peut-être un sentiment de camaraderie, pour ne pas dire de sympathie pour l'ancien bras d'éclaireur du nouveau, l'habitait ; ou encore qu'il ne pût résister à l'idée de participer à un spectacle aussi rare et si tentant pour l'instinct sportif. Il fondit sur cette misérable tortue mitrailleuse attachée à la terre et y vida son tambour. Il n'était pas à plus de trois cents pieds, tous en conviennent, au-dessus de la terre, alors qu'au moins dix mille pieds étaient la règle.

"C'était très bien de sa part !" comme le disait la cavalerie. Avoir une charge et ensuite que cela se produise — eh bien, ce n'était pas si mal d'être dans la cavalerie. L'avion a tiré en mettant tous les Allemands à tirer sur lui sans l'atteindre, et la mitrailleuse, silencieuse ou non, a cessé de gêner la cavalerie, qui a ramené des prisonniers pour terminer une aventure bien remplie avant de se retirer de peur que les canons allemands , entrant également dans l'esprit de la situation, devrait chasser les hommes et les chevaux de la crête au lieu de les laisser se retirer en bon ordre.

Pertes : à peu près le même nombre de chevaux que d'hommes. Les cavaliers qui avaient perdu leurs chevaux montaient sur des chevaux sans cavalier . Un pourcentage d'une personne sur six ou sept avait été touchée, ce qui était la partie la plus étonnante ; en fait, la partie la plus joyeuse, complétant la ressemblance avec l'époque où la guerre avait encore un élément sportif. Il y avait eu des morts et des blessés, sinon cela n'aurait pas été une bataille, mais pas assez pour jeter un sort de tristesse ; juste assez pour participer au risque de jeu de la guerre et donner l'impulsion du danger au souvenir.

XV

ENTREZ DANS LES ANZACS

Terre-Neuve donne le ton - L'Australie et la Nouvelle-Zélande sont des terres qui engendrent des hommes - Les Australiens « des hommes très fiers et individuels » - L'isolement géographique est une cause d'indépendance - L'idée de combat des « Anzacs » - Sir Charles Birdwood - Comment il a enseigné la discipline à ses troupes - Bean et Ross. — Différence entre Australiens et Néo-Zélandais. — L'uniforme et le physique australiens. — Un dollar et demi par jour. — Le général Birdwood et ses hommes. — L'humour australien.

Ce sont exclusivement les troupes britanniques qui déclenchèrent la Grande Offensive si l'on excepte le bataillon de Terre-Neuve qui eut seul l'honneur de représenter l'héroïsme de l'Amérique du Nord le 1er juillet ; car les gens qui traversent les Grands Bancs, ce qui leur fait penser à Terre-Neuve, ont tendance à la considérer comme une partie du Canada, alors qu'il s'agit d'une colonie distincte dont les pêcheurs et les frontaliers étaient attachés à une division britannique qui se rendit à Gallipoli avec une brigade britannique et plus tard partage le sort des bataillons britanniques lors de l'attaque du secteur Thiepval-Gommecourt .

En ce fameux jour de Picardie, les Terre-Neuviens avancèrent sans broncher dans la fumée des rideaux de feu et continuèrent à charger les mitrailleuses. Les survivants et les blessés qui revenaient la nuit à travers le No Man's Land n'avaient pas besoin de claironner leur héroïsme. Toute l'armée le savait. Terre-Neuve avait donné le ton aux autres clans d'outre-mer.

Ce sont aussi les troupes britanniques qui prirent Contalmaison et Mametz , Bernafay et le bois des Trônes et qui menèrent toute l'attaque du 15 juillet, à l'exception de la brigade sud-africaine qui prit d'assaut le bois Delville avec l'enthousiasme déchirant d'une ruée vers un nouveau. mine de diamant.

Chaque fois que les troupes d'outre-mer ne sont pas mentionnées, vous pouvez être sûr que ce sont les Britanniques, les troupes intérieures, qui mènent les combats, leur nombre étant d'environ dix pour un des autres, un sur dix représentant le double du nombre de ceux-ci. qui ont combattu des deux côtés dans n'importe quelle grande bataille rangée de notre guerre civile. Après les Terre-Neuviens et les Sud-Africains, peu nombreux mais précieux, les Australiens, une armée à eux seuls, viennent prendre leur part dans la bataille de la Somme.

Je ne suis jamais allé en Australie ou en Nouvelle-Zélande, mais je sais que lorsque la guerre sera finie, j'y vais. Je veux voir la terre qui engendre de tels hommes. Ce sont des hommes libres, si jamais il y en a eu ; libres qu'ils viennent de la ville ou de la brousse. J'avais entendu parler de leurs idées sur le Commonwealth, de leurs services publics appartenant à l'État, de leurs penchants socialistes, ce qui pourrait vous inciter à penser qu'ils étaient tous issus du même modèle de virilité taillée par l'État ; mais j'avais aussi entendu dire qu'ils avaient restreint l' immigration des Orientaux et limité d'autres immigrations par des méthodes sinon par la loi, ce qui suggérait une tendance à garder la race pour elle-même, d'après mes lectures.

Chaque fois que je voyais un Australien, je pensais : « Voici un homme très fier et individuel », mais aussi un Australien, en particulier un Australien. Certains ont trouvé qu'il y avait une pointe d'insolence dans son attitude lorsqu'il vous regardait droit dans les yeux au point de dire : « La meilleure chose au monde est d'être un membre honnête du genre humain, prêt à prouver que il est aussi bon que n'importe quel autre. Si vous ne le pensez pas, eh bien… » Il n'y avait aucun doute sur le courage de l'Australien. C'était aussi évident que le pin est un bois droit et le hêtre un bois dur.

Les Australiens venaient de très loin. Cela vous le saviez sans référence géographique. Loin de là, dans leur continent insulaire, ils élaborent leur propre destin, sans se soucier des interférences extérieures. Pour le dire en langage fort, il y a une touche du "Je m'en fiche de quiconque s'en fiche de moi" dans leurs moments extrêmes d'indépendance. Il est rafraîchissant qu'une population entière puisse avoir une île-continent à elle seule et continuer de cette façon.

Ils ont bénéficié d'une initiation au service universel, également caractéristique de leur démocratie et utile en temps de guerre. L'Anzac avait saisi le sens de son idée (avant les autres anglophones) de ne pas laisser les autres se battre à votre place mais de tous "se joindre à la mêlée". Les Orientaux pourraient aspirer aux grands espaces d'une nouvelle terre, auquel cas s'ils s'emparaient un jour de l'Australie et de la Nouvelle-Zélande, ils ne seraient pas dérangés par de nombreux survivants de la population blanche, car la plupart des Anzacs seraient morts - ce qui est particulièrement le genre de les gens les Anzacs sont tels que je les ai connus en France, qui n'était pas un mauvais terrain d'essai de leur qualité.

Lorsqu'ils allaient à Gallipoli, on disait qu'ils n'avaient aucune discipline ; et certainement, au début, la discipline les irritait comme un mors à filet irrite un cheval plein d'entrain. « Little Kitch », comme les fidèles Anzacs appelaient l'Anglais de la Nouvelle Armée, pensaient qu'ils avaient enfreint tous les commandements militaires des terrains d'exercices d'une manière qui entraînerait leur perte. Je pense plutôt que cela aurait pu être la perte de Little Kitch , avec son courage têtu, méthodique, flegmatique et « collant » ; mais après que les Australiens eurent combattu les Turcs pendant un certain temps, il devint évident qu'ils savaient se battre, et leur général, sir Charles Birdwood, leur apporta la discipline nécessaire si l'on ne veut pas gaspiller la puissance de combat dans des émotions déplacées.

Lucky Birdwood pour commander les Australiens et chanceux Australiens de l'avoir comme commandant ! C'est lui qui, en choisissant un mot de code télégraphique, a constitué « Anzac » pour le corps australo-néo-zélandais, qui est immédiatement devenu le terme collectif pour la combinaison. Quelle épreuve il les a soumis et ils lui ont fait subir ! Il devait faire ses preuves auprès d'eux avant de pouvoir développer les Anzacs en une unité de guerre digne de leur qualité de combat. Telle est la démocratie où l'homme juge l'homme selon des normes, fixées, dans ce cas, par les coutumes australiennes.

Lorsqu'il les comprit, il comprit pourquoi il avait de la chance. Il était l'un d'entre eux et en même temps un disciplinaire strict. Ils s'opposaient au salut, mais il leur apprit à saluer d'une manière qui ne donnait pas l'impression que le salut constituait un tout - c'était ce qui leur déplaisait - mais faisait partie de la routine. On disait qu'il connaissait tous les hommes du corps par leur nom, ce qui montre à quel point les histoires vont se développer autour d'un commandant qui se lève à cinq heures et se retire à minuit et qui a une omniprésence dynamique pour rester en contact avec ses hommes. Une telle force comprenait des « clients brutaux » qui pourraient prendre la guerre pour une opportunité de bagarreur ; mais Sir Charles avait avec eux une manière de faire qui fonctionnait pour leur bien et celui du corps.

Bien qu'il s'agisse d'un type de démocratie libre, le gouvernement australien, soit par sens inhérent, soit en raison de la distance, comme pourraient le dire les critiques, soit grâce au don du général Birdwood pour faire ce qu'il veut, n'a pas handicapé les Australiens aussi lourdement qu'ils l'ont fait. aurait pu être handicapé dans les circonstances par des officiers qui étaient habiles en politique sans être habiles en guerre.

Comme publiciste, les Australiens avaient Bean, un journaliste de formation, un homme roux qui était un officier parmi les officiers et un homme parmi les hommes et qui était respecté de tous par ses qualités australiennes. S'il ne pouvait y avoir qu'un seul chroniqueur autorisé, alors le choix de Bean aurait été applaudi par tout le monde, même si Bean dit que l'Australie regorge de journalistes tout aussi bons qui n'ont pas eu sa chance. Les Néo-Zélandais demandaient à Ross de jouer le même rôle pour eux avec la même loyauté et il était autant Néo-Zélandais que Bean était Australien.

Car, ne vous y trompez pas, même si les Australiens et les Néo-Zélandais peuvent paraître semblables à l'observateur lorsqu'ils marchent le long d'une route, ce n'est pas le cas, comme vous le constaterez si vous discutez avec eux. Les Néo-Zélandais ont leurs propres îles, sans compter que les Tasmaniens en ont aussi une. En outre, les Néo-Zélandais comptent un bataillon Maori et, de tous les aborigènes des pays où les races blanches se sont établies de manière permanente pour construire de nouvelles nations, les Maoris sont ceux qui se sont le mieux habitués à la civilisation et constituent le type le plus élevé – un fait que tout Néo-Zélandais considère comme un fait. un autre facteur contribuant à l'excellence de la Nouvelle-Zélande. Des hommes tranquilles, les Néo-Zélandais, se comportant avec la fierté des gardes dont tous les soldats appartiennent à de vieilles familles supérieures, et des Néo-Zélandais à chaque minute et à chaque heure de la journée, même si vous pourriez penser que la guerre civile est imminente si vous les engageiez dans une discussion. sur la politique intérieure.

Donnez à n'importe quelle unité d'une armée un symbole particulier et facilement reconnaissable, qu'il s'agisse simplement d'une plume sur la casquette ou d'un couvre-chef différent, et ce lot se distingue des autres d'une manière qui leur donne *un esprit de corps* . Chez les Ecossais c'est le kilt et les différents plaids. Tous les uniformes variés des régiments des armées d'autrefois avaient ce but. La guerre moderne requiert des tons neutres et sa nécessaire homogénéité, semblable à celle d'une machine, peut donner l'impression qu'une trop grande rivalité entre les unités tend à ce que chacune agisse seule plutôt qu'en coopération avec les autres.

Toutes les forces au front, à l'exception des Anzacs, étaient en kaki et portaient des casquettes lorsqu'elles ne portaient pas de casques d'acier dans les tranchées ou sur la ligne de tir. Les Australiens portaient un uniforme couleur ardoise et des chapeaux souples à boucles. Les chapeaux accentuaient l'allure, la taille et la robustesse des hommes dont le physique était inégalé sur le front britannique, et pratiquement tous étaient rasés. Pendant des générations, ils ont bénéficié d'une alimentation adéquate et ont eu la capacité de l'absorber, ce qui peut manquer aux générations des bidonvilles, même si la nourriture arrive.

Il n'y avait aucune raison pour que tous les Australiens n'aient pas assez à manger et, qu'ils soient habitants de la brousse ou des villes, ils aimaient le plein air où ils pouvaient faire de l'exercice toute l'année. Il s'était fait sauter les poumons ; il s'était bien nourri et était issu d'une souche de pionniers audacieux. Lorsqu'un bataillon Anzac, sous ces chapeaux, se balançait sur la route, il semblait que les hommes prenaient la route avec eux, tant leur pas était vigoureux. En permission à Londres, ils étaient tout aussi remarquables. Parfois, ils utilisaient un peu de vermillon avec la générosité des hommes qui recevaient un dollar et demi par jour comme salaire. C'était souvent la première fois qu'ils voyaient la « vieille ville » et ils étaient venus de loin et demain ils pourraient peut-être rentrer en France pour la dernière fois.

Ma première vue dans les tranchées après leur arrivée de Gallipoli fut dans le plat pays près d'Ypres, dont la douceur est si détestée par tous les soldats. Ils avaient l'habitude de creuser des tranchées dans les flancs de collines sèches, où ils pouvaient creuser des grottes aux parois solides. Ici, ils devaient remplir des sacs de sable avec de la boue et construire des parapets, qui étaient fréquemment brisés par les tirs d'obus. Au début, ils étaient de pauvres creuseurs ; mais lorsque la démocratie apprend sa leçon par l'expérience individuelle, elle s'incorpore à chaque homme et n'est plus une question d'ordres. Maintenant, ils approfondissaient les tranchées de communication et épaississaient les murs de parapet et étaient enduits de boue par leur travail.

M'étant levé à cinq heures du général Birdwood pour l'accompagner en inspection, je pourrais observer ses méthodes, et cela signifie quelque chose pour les hommes d'avoir leur commandant de corps si tôt parmi eux alors qu'une pluie bruine adoucit le bourbier sous les pieds. Il s'est arrêté et a demandé amicalement aux soldats comment ils allaient et ils ont répondu immédiatement avec franchise. Ensuite, il a donné quelques instructions sur les améliorations à apporter avec une suggestion « nous travaillons tous ensemble », mais il a toujours été le général. Ces soldats n'étaient pas dépourvus de leur sens de l'humour australien, qui est sec ; et en réponse à la question de savoir comment il en était un, il dit :

"Très bien, sauf que nous aimerions un peu de rhum, monsieur."

Par temps froid, la distribution d'une ration de rhum était à la disposition d'un commandant qui, dans la plupart des cas, ne la donnait pas. Ce fidèle Australien n'était évidemment pas un abstinent.

"Nous vous donnerons du rhum lorsque vous aurez fait un raid dans les tranchées et fait quelques prisonniers", répondit le général.

"Cela pourrait être une incitation, monsieur !" » dit très respectueusement le soldat.

"Aucun Australien ne devrait avoir besoin d'une telle incitation !" répondit le général et il passa sa route.

"Oui Monsieur!" » fut la réponse d'un autre soldat à la question de savoir s'il avait été à Gallipoli.

"Blessés?"

"Oui Monsieur."

"Comment?"

"J'examinais une bombe, monsieur, pour savoir comment elle était fabriquée et elle a explosé à ma grande surprise, monsieur !"

Il n'y a pas eu le moindre clin d'œil qui a accompagné la réponse, et pourtant je n'étais pas certain que ce grand gaillard venu de la brousse avait été blessé de cette façon. Je le soupçonnais d'une plaisanterie discrète.

"Jetez-les sur les Allemands la prochaine fois", dit le général.

"Oui, monsieur. C'est plus sûr !"

De retour après cette longue matinée de routine caractéristique, alors que nous traversions un village où étaient cantonnés des Australiens, un soldat n'a pas réussi à saluer. Lorsque le général l'arrêta, sa main se leva d'un air approuvé alors qu'il reconnaissait son commandant et il dit d'un ton contrit, avec la touche de respect d'un homme envers le chef en qui il croit :

"Je n'ai pas vu que c'était vous, monsieur !"

Le général portait un imperméable dont le col était relevé, ce qui cachait son grade.

"Mais vous pourriez voir que c'était un officier."

"Oui Monsieur."

"Et vous saluez les officiers."

"Oui Monsieur."

Ce qu'il ferait désormais, maintenant que c'était l'ordre du général Birdwood, même si ce lever perpétuel de la main, comme le disait un Australien, faisait de vous une sorte de moulin à vent humain alors que le monde était si peuplé d'officiers. Peu à peu, tous sont venus saluer, et lorsqu'un Australien salue, il le fait d'une manière qui fait honneur à l'Australie.

Après une période de combat, une division fatiguée se retira du front de bataille et une nouvelle prit la place. Ainsi, suivant l'usage de la circulation des troupes par les armées des deux camps, que ce soit à Verdun ou dans la Somme, le jour arriva où sur la route du front arrivaient les bataillons australiens, aguerris et disciplinés par la guerre des tranchées, acharnés. en esprit, et prêts à la tâche audacieuse qui les attendait à Pozières . Cette fois, les Néo-Zélandais n'étaient pas là.

XVI

LES AUSTRALIENS ET UN MOULIN À VENT

Le moulin à vent sur la colline – Pozières – Sa topographie – Intensité guerrière des Australiens – Un « travail difficile » – Un chroniqueur australien – Incitations à l'efficacité australienne – Plainte allemande selon laquelle les Australiens sont venus trop vite – Efficacité mécanique – Affaires d'homme à homme — Des bataillons hâlés et décharnés venus du vortex — Les combats sur la crête — La ferme du Mouquet — Un concours d'individualité contre la discipline — « Avancez, Australie ! » — Néo-Zélandais — Sud-Africains.

Quand je pense aux Australiens en France, je pense toujours à un moulin à vent. Cela n'implique pas qu'ils étaient en aucun cas chimériques ou qu'ils se sont penchés sur un moulin à vent, il ne restait plus rien du moulin à vent sur lequel s'incliner lorsque la capture de ses ruines est devenue le couronnement de leur première tournée sur le front de la Somme.

Dans leur progression sur ce secteur de la Crête, le moulin à vent est venu après Pozières , comme l'ascension du sommet nu de la montagne vient après les tronçons situés au-dessous de la limite forestière. Pozières se trouvait au-delà de La Boisselle et d'Ovillers -la- Boisselle , à partir desquelles le mouvement de combat basculait en avant à la charnière du point où les anciennes fortifications allemandes de première ligne avaient été brisées le 1er juillet.

Penser à Pozières, ce sera penser aux Australiens aussi longtemps que durera l'histoire de la bataille de la Somme. J'ai lu dans un journal new-yorkais une interview du chef d'état-major de l'armée allemande face aux Britanniques, dans laquelle il a dû être correctement cité, car ses propos ont passé la censure. Il dit que la perte de Pozières était une erreur. J'ai apprécié sa franchise en rejetant la faute sur un subordonné qui, s'il avait également parlé, aurait pu invoquer la présence des Australiens comme excuse, ce que je trouve personnellement excellent.

Aussi difficile qu'il devienne maintenant de maintenir une séquence dans les opérations alors que, au mieux, la chronologie cesse d'être révélatrice des phases, il est bon ici d'expliquer que l'attaque du 15 juillet n'avait pas gagné toute la crête du front en avant du large tronçon de première ligne rompu. En outre, la crête ne ressemble pas au toit d'une maison, mais à une série très illusoire de collines irrégulières avec de petits plateaux ou vallées entre elles, une sorte de plateau brisé en miniature. Le point d'appui pris le 15 juillet ne signifiait pas une large visibilité sur la pente jusqu'à la vallée principale de l'autre côté. Même un épaulement de cinq ou dix pieds plus haut que le sol voisin constituait une barrière à l'observation de l'artillerie que les obus ne pouvaient pas faire sauter ; et la lutte pour de tels postes devait durer des semaines.

Pozières était donc en route vers la Crête et sa possession mettrait en saillant les redoutables défenses de Thiepval , permettant ainsi aux Britanniques de la frapper de côté comme de face, ce qui est le but de toute stratégie, qu'elle soit ou non. il travaille en divisions mobiles en terrain découvert ou se fraye un chemin contre les fortifications de campagne. Les Allemands avaient donc de bonnes raisons de tenir Pozières , qui protégeait les tranchées de première ligne qui avaient nécessité vingt mois de préparation. Partout où ils pouvaient empêcher le Britannique ou le Français de forcer le combat à l'air libre, ce qui rendait le combat égal en termes de creusement, ils sauvaient des vies et des munitions grâce à des nids de redoutes et de pirogues.

La raison pour laquelle les Australiens voulaient prendre Pozières n'était pas tant tactique qu'humaine dans leur esprit. C'était le village qui leur était assigné et ils voulaient l'inspecter immédiatement et s'établir dans la propriété qui leur appartiendrait, une fois qu'ils l'auraient prise, pour la conserver en fiducie pour les habitants. J'avais envie de les regarder alors qu'ils marchaient vers le front, l'air irréel dans leurs casques d'acier qu'ils portaient à la place des chapeaux à larges bords. Il y avait en eux une sorte d'intensité guerrière qui pouvait provenir de la lumière du soleil d'un continent insulaire reflétant l'adaptabilité histrionique des apparences à la tâche à accomplir.

Leur premier objectif était d'être la rue principale. Ils avaient un « travail difficile » à accomplir, comme tout le monde en était d'accord, tout comme les troupes britanniques qui opéraient sur leur droite.

"Cette affaire objective a une consonance très cultivée, ce qui pourrait limiter l'enthousiasme martial", a déclaré un Australien. "D'après ce que je comprends, c'est la ligne où nous nous arrêtons, peu importe la qualité du terrain, et que nous devons atteindre, peu importe la difficulté."

Précisément. Un bataillon australien avait besoin d'un avertissement en premier lieu pour ne pas continuer à avancer, ce qui signifiait que les commandants ne sauraient pas où il se trouvait dans la fumée des obus et qu'il pourrait être « écrasé » faute de soutien à droite et à gauche, comme Je l'ai expliqué ailleurs. Certes, il n'était pas nécessaire d'avertir en deuxième lieu des difficultés rencontrées.

Bean possède tous les détails de la prise de Pozières ; il sait ce que chaque bataillon a fait, et j'allais dire ce que chaque soldat a fait. Quand les

Australiens étaient là, il prenait des notes et quand ils partaient, il rédigeait ses notes. Il s'agissait d'une correspondance de guerre intime sur les gars qui venaient de tous les districts de son continent, ses gens d'origine. Je n'exprime que les impressions de quelqu'un qui a aperçu les Australiens alors que la bataille faisait rage ailleurs.

Bien sûr, les sceptiques avaient dit que Gallipoli était une chose et la Somme une autre et que la méthode australienne d'homme à homme pourrait recevoir un choc du système prussien ; mais les sceptiques avaient dit que les Britanniques ne pourraient pas constituer une armée en deux ans. Les Australiens savaient ce que pensaient les sceptiques, ce qui constituait une incitation supplémentaire. Ils avaient un général en qui ils croyaient et ils n'admettaient pas qu'un homme sur terre était meilleur qu'un Australien. Et leur personnel ? Bien sûr, alors qu'il faut quarante ans pour constituer un état-major, comment les Australiens pourraient-ils en avoir un qui puisse tenir tête aux Allemands ? Et c'était ce que les Australiens devaient faire, staff et hommes : battre les Allemands.

Lorsque, avec une rapidité d'horlogerie, le rapport indiquant qu'ils avaient atteint tous leurs objectifs est arrivé, cela a montré qu'ils étaient à la hauteur de leur apparence et que leurs signaux d'état-major fonctionnaient bien. Ils avaient aussi beaucoup de prisonniers qui se plaignaient de l'arrivée trop rapide des Australiens. Pendant ce temps, ils étaient d'un côté de la rue et les Allemands de l'autre, serrant les débris et se tirant dessus. Désormais, les affaires d'homme à homme commençaient à compter. L'Australien a traversé la rue ; il s'en est pris à l'autre type ; il en fit une chasse continue. Cette bataille était devenue une affaire personnelle qui plaisait à leur sens de l'individualisme ; car il n'est pas inné chez les Australiens d'avoir peur s'ils sont seuls dehors la nuit tombée.

Ayant travaillé au-delà de leur premier objectif, lorsqu'on leur donna comme deuxième objectif le reste du village, ils le prirent ; et ils n'en ont pas non plus été « déconcertés ». A quoi bon céder du terrain quand il faudrait refaire une charge pour regagner ce qui avait été perdu ? Ils n'étaient pas ce genre d'arithméticiens, disaient-ils. Ils ne croyaient d'ailleurs pas à la soustraction dans une campagne offensive.

Ils restèrent donc bloqués, même si les Allemands multiplièrent les contre-attaques audacieuses et déversèrent des tirs d'obus depuis la voie de Thiepval et au large de la voie de Bapaume avec une prodigalité infernale. Car l'état-major allemand était visiblement très mécontent de cette "erreur" et allait continuer pendant de nombreuses semaines à pilonner Pozières . S'ils ne parvenaient pas à faire sortir l'Australien du village, ils comptaient lui faire payer de lourdes taxes et tenter de tuer ses secours et d'arrêter ses approvisionnements. La façon dont les Australiens ont réussi à faire passer de la nourriture et des hommes à travers les tranchées de communication, sous l'enfer incessant sur cette pente nue, est un hommage à leur habileté à se faufiler entre les explosions.

Non seulement ils ont tenu, mais ils ont continué à attaquer. Chaque jour, nous apprenions qu'ils avaient pris plus de terrain et chaque fois que nous sortions pour voir, les lignes allemandes étaient toujours un peu plus en retrait. Un jour, nous demandions si les Australiens étaient déjà au cimetière ; le lendemain, ils l'étaient et le lendemain, ils en avaient davantage à mesure qu'ils gravissaient les collines, combattant de tombe en tombe ; et le lendemain, ils avaient tout maîtrisé, grâce à une obstination sinistre qui, selon certains, ne correspondait pas à leur tempérament nerveux .

Le moulin à vent était un point de repère couronnant la crête ; une cible aussi belle que jamais sur laquelle l'artillerie s'est dirigée – un délice pour le tireur. Après avoir été réduits en éclats, les éclats ont été dispersés par des explosifs puissants qui ont réduit la base de pierre en fragments.

Des bataillons décharnés et brûlés par le soleil sortirent du vortex pour se reposer. Avec leurs casques battus par des balles d'obus, après des nuits sous la pluie et des journées torrides, leurs visages crasseux et mal rasés, leurs vêtements déchirés et tachés, ils étaient toujours des Australiens qui vous regardaient dans les yeux avec le sentiment d'avoir prouvé leur droit de naissance en tant qu'hommes libres. . Parfois, le vieil esprit suscité par la situation se libérait des liens. Un soir, alors qu'une compagnie montait à la charge, la compagnie suivante criait : « Où vas-tu ? et à la réponse : « Nous avons l'ordre de prendre cette tranchée en avant », la compagnie qui n'avait pas l'ordre d'avancer s'écria : « Tiens, nous allons nous joindre à la mêlée ! et ils l'ont fait, en prenant plus de tranchées que ce que le plan exigeait.

La période acharnée de la bataille approchait lorsque les combats sur la crête devaient être une série de corps à corps sanglants et de lutte. Désormais, il était impossible de creuser des tranchées sur ce sommet audacieux et sans arbres. Dès qu'un avion repéra une ligne se développant hors du champ de cratères d'obus, les canons remplissèrent la tranchée et se mirent ensuite à la marteler selon le style à la mode pour les terres agricoles de la crête.

Les tranchées étant hors de question, c'est devenu une guerre entre cratères d'obus. Ici, un soldat s'est installé avec un fusil et des bombes ou un mitrailleur a approfondi le trou avec sa bêche pour le pistolet. C'était du « scraping » au goût des Australiens. Cela exigeait du courage et de l'audace sur cette terre balayée par les obus et pilonnée , rampant vers de nouvelles positions ou revenant chercher de l'eau et de la nourriture la nuit, couché "doggo" le jour et attendant une contre-attaque des Allemands, qui étaient toujours les perdants dans cette avance sinistre et furtive.

Dans la ferme du Mouquet , les Allemands possédaient des pirogues dont on ne se rendit compte de la complexité qu'après leur prise. Un bataillon pouvait y trouver une sécurité absolue. De longues galeries remontaient jusqu'aux entrées dans des zones à l'abri des tirs d'obus. Au-dessus de nos têtes, aucun semblant de bâtiments agricoles n'a été laissé par les canons britanniques et australiens. Lorsque j'ai visité les ruines plus tard, je n'ai pas pu dire combien de bâtiments il y avait eu ; et la Ferme du Mouquet n'était pas le seul point fort sur lequel les Allemands durent se rabattre, il faut le dire. Dans les tunnels et les salles souterraines, les Allemands se rassemblèrent pour lancer leurs contre-attaques, qu'ils tentèrent avec un peu de leur précision et de leur courage d'autrefois.

C'était l'occasion des mitrailleurs dans les cratères d'obus, des tireurs d'élite et du rideau de tirs d'artillerie. Parfois, les Australiens laissaient l'attaque progresser. Ils ont même laissé des espaces dans leurs lignes pour que le match entre dans le filet avant de commencer à tirer ; et encore une fois, lorsqu'une charge allemande brisée cherchait à s'enfuir, ses restes se retrouvaient face à un rideau de feu infranchissable qui les entourait et ils tombaient dans des cratères d'obus et levaient les mains, ce qui était la seule chose à faire.

Bientôt, les Allemands apprirent eux aussi à tirer le meilleur parti des cratères d'obus . Plus les Australiens combattaient durement, plus la fierté allemande de ne pas se laisser battre par ces hommes soi-disant indisciplinés et non entraînés était forte. Les Allemands réclamèrent davantage d'armes et les obtinrent. La Ferme du Mouquet devient une forteresse de mitrailleuses. Ce ne sont pas les Australiens qui l'ont pris : leurs successeurs ont pris ce qui en restait. Plus ils se rapprochaient de la crête qui était leur objectif suprême, plus les tirs d'obus augmentaient et se concentraient, car les canons allemands n'avaient qu'à se placer sur l'horizon. Mais cela s'appliquait également aux artilleurs australiens puisque les Allemands se pressaient vers le sommet où restaient les débris du moulin à vent, jusqu'à ce qu'ils dussent finalement se replier de l'autre côté.

Ensuite, ils ont tenté de balayer la crête depuis le couvert de la pente inverse lors de contre-attaques, pour ensuite être fouettés par des tirs de mitrailleuses, fouettés par des éclats d'obus et écrasés par des explosifs puissants, eux-mêmes mêlés aux ruines du moulin à vent. Finalement, ils renoncèrent à leurs efforts. Il n'était pas dans la discipline allemande de faire de nouvelles tentatives.

Les Australiens possédaient le moulin à vent autant que quiconque, car, pendant un certain temps, il se trouvait dans le No Man's Land, où les explosions d'obus ne permettaient aucune occupation. Mais le symbole qu'il représentait était là, prêt à servir de point de départ pour le balayage ultérieur de la vallée, lorsque les Canadiens prendraient la place des Australiens ; et avant de se retirer, ils pouvaient regarder en triomphe Thiepval , Courcelette et Martinpuich , et traverser la vallée jusqu'à Bapaume .

Le développement de la campagne avait donné aux Australiens un travail à leur mesure lorsque cette guerre des machines, atteignant sa complexité suprême sur la Somme, laissa la machine humaine entre des murs de tirs d'obus pour la combattre individuellement contre la machine humaine, dans une compétition. de volonté, de courage, d'audace, de vigilance et de ressources, d'homme à homme. "Avancez, Australie!" est la devise australienne ; et les Australiens avancèrent.

Les Néo-Zélandais ont joué leur rôle ailleurs et l'ont joué à la manière néo-zélandaise.

« Ils n'ont jamais manqué d'atteindre un objectif qui leur était fixé, disait un général après la prise de Flers , et ils ont toujours gagné leurs positions avec de légères pertes.

Pourrait-il y avoir des éloges plus élevés ? Succès et économie, courage et habileté à se mettre à couvert ! Car le métier d'un soldat est de faire à son ennemi le maximum de dégâts avec le minimum pour lui-même, comme chacun peut le répéter. La remarque des Néo-Zélandais en réponse aux éloges du commandant serait probablement : « Merci. Pourquoi pas ? comme si c'était ce que les Néo-Zélandais attendaient d'eux-mêmes. Ils tiennent beaucoup de choses pour acquises à propos de la Nouvelle-Zélande, sans toutefois se vanter.

"Un lot tranquille et fleuri qui reste à l'écart", a déclaré un soldat britannique, "mais sympathique quand on apprend à les connaître."

Vous pourriez compter sur le privé néo-zélandais moyen pour une discussion intéressante sur l'organisation sociale, les améliorations municipales et le bien-être humain sous la direction du gouvernement. Le niveau d'intelligence et d'éducation individuelle était élevé et semblait faire de bons combattants.

Les Australiens avaient dû se frayer un chemin pied à pied, et les Sud-Africains, le 15 juillet, avec la bravoure du Veldt, avaient envahi le bois Delville , qui allait être un désastre pendant deux mois, et avaient résisté d'une ligne mince aux immenses forces qui se précipitaient à la hâte. rassemblèrent des réserves que les Allemands jetèrent sur ce point vital perdu lors d'une attaque surprise.

Tout cela en montant vers la Crête. Les Néo-Zélandais devaient participer au même mouvement que les Canadiens après la prise de la crête. Ils participaient à la grande descente de la crête sur un large front. Ils durent parcourir environ trois kilomètres à découvert, cibles idéales pour les tirs d'obus ; et ils s'en allèrent, gardant leur ordre comme à la parade, élaborant chaque évolution avec une précision militaire, y compris la coopération avec les « tanks ». Ils étaient parvenus à leur objectif final dans les délais prévus, accomplissant la tâche avec étonnamment peu de victimes et si peu de bruit que cela semblait être une sorte de manœuvre habile sur le terrain. Tout ce qu'ils ont pris, ils l'ont conservé et l'ont encore conservé lorsque les brumes de l'automne ont obscurci l'observation de l'artillerie et qu'ils ont été relevés du bourbier pour leur tour de repos.

XVIIIe

LA CRÊTE haïssable

Broyage de courage de trois races puissantes - Une crête qui sera célèbre - Allemands sur la défensive - Efforts pour maintenir leur *moral* - Obus à gaz - Chaleur estivale, poussière et fatigue - Haine prussienne envers les Britanniques - Cadavres attachés à des fusils - Guillemont a granulation de briques, de mortier et de terre — « Nous n'avons qu'à nous en occuper, monsieur » — Des mitrailleuses traquantes — Des mitrailleuses dans des cratères — La gaieté britannique — La guerre sera finie lorsqu'elle sera gagnée — Les soldats parlent boutique — Un incident de militarisme brutal - Des règles simples pour survivre aux tirs d'obus - Un « foyer heureux » avec un obus arrivant chaque minute - Une monotonie de la bataille digne d'un business - L'insignifiance d'un homme parmi des millions - Une victoire de position, de volonté, de *moral* !

Parfois, l'idée venait à l'esprit de réfléchir à ce que l'histoire pourrait dire de la crête et aussi de se demander ce que l'histoire, qui prétend tout savoir, saurait réellement. Ainsi, on cherchait à mettre en perspective la signification colossale de la bataille ininterrompue dont les processus engourdissaient l'esprit et à distinguer le sens des différentes étapes de la lutte. Rien n'avait mieux reflété le caractère de la guerre ou de ses protagonistes, français, britanniques et allemands, que ce broyage des ressources, du courage et de la volonté de trois races puissantes.

Nous parlons toujours de phases résultant de la spéculation humaine naturelle et de la tendance à organiser les événements en groupes. Les observateurs peuvent également satisfaire cette inclination, tout comme l'expert militaire contemporain écrivant à partir de ses cartes. Il est historiquement admis, je pense, que la première phase décisive fut la bataille de la Marne au cours de laquelle Paris fut sauvé. La seconde fut Verdun, lorsque les Allemands cherchèrent à nouveau une décision sur le front occidental par une offensive à coups de masse contre les positions frontales ; et, peut-être, la troisième est survenue lorsque, sur la crête, les Britanniques et les Français ont poursuivi leurs attaques sinistres, insistantes et fragmentaires, maintenant l'ennemi semaine après semaine sur la défensive, visant à la maîtrise alors que la balance tremblait dans le nouveau tournant de la bataille. l'équilibre et l'initiative sont passés d'un côté à l'autre au début de cette nouvelle ère.

Cette pente balafrée avec sa douce ascension, cette partie de terre agricole avec ses bois chaque jour plus déchiquetés par les tirs d'obus, avec ses tonnerres quotidiens et nocturnes, son cortège ruisselant de blessés et de prisonniers dans les tranchées de communication disant le dernier mot de la bravoure humaine. , industrie, détermination et endurance - ce sera peut-être un jour non seulement le monument aux positions de tous les bataillons qui ont combattu, ses bosquets, ses villages, ses collines célèbres aux générations futures comme l'est chez nous Little Round Top, mais dans son Le réalisme monstrueux soit une expression immortelle, non réalisée par ceux qui ont combattu, de la volonté de fer et de la prévoyance d'un commandant pour conquérir cette suprématie en armes, en hommes et en matériel qui fut la genèse de la grande décision .

L'Allemand n'avait pas cédé son offensive à Verdun après l'attaque du 1er juillet. Au moins, il y montra encore un visage d'initiative tout en se contentant de pouvoir en même temps maintenir intact son front sur la Somme. L'attaque suivante du 15 juillet brisa sa confiance en suggérant que la confusion dans ses lignes serait trop dangereuse si elle se produisait sur un front plus large pour qu'il envisage autre chose que la défensive. Ainsi, l'offensive alliée avait brisé son offensive.

Il commença alors à retirer ses divisions du secteur de Verdun, apportant des canons pour répondre aux tirs britanniques et français et des hommes dont l'utilisation prodigue à elle seule pouvait renforcer sa détermination à maintenir *le moral* et empêcher tout autre coup audacieux comme celui du 15 juillet.

Ses ballons-saucisses ont commencé à réapparaître dans le ciel à mesure que l'été avançait ; il augmenta le nombre de ses avions ; plusieurs de ses obusiers de cinq virgule neuf envoyaient leurs compliments ; il étendit ses tirs d'obus sur les tranchées de communication et les points forts ; Il rassembla de grandes quantités d'obus lacrymatoires et utilisa pour la première fois des obus à gaz avec une générosité qui témoignait de sa foi en leur efficacité. L'obus lacrymogène rend vos yeux intelligents, et les Allemands le considéraient apparemment comme un excellent auxiliaire pour les explosifs puissants et les éclats d'obus. Était-ce à cause du succès de la première attaque au gaz à Ypres qu'ils faisaient désormais autant confiance aux obus à gaz ? L'obus lorsqu'il atterrit semble être un « raté », c'est-à-dire un obus qui n'a pas réussi à exploser ; puis il souffle un volume de gaz.

"Si on vous frappe juste sous le nez", a déclaré un soldat, "et que vous n'aviez pas votre masque à gaz, cela pourrait vous tuer. Mais quand vous voyez une chute, vous ne courez pas pour renifler afin de faire face à la chute." Boche en vous asphyxiant."

Un autre soldat a laissé entendre que les Allemands disposaient d'une réserve importante et qu'ils exploitaient ce stock faute d'autres types de munitions. Les Britanniques, qui étaient alors installés dans l'offensive, plaisantaient sur le déluge d'obus à gaz avec un humour galant et étonnant. Monter à la crête correspondait à leur devoir habituel. Ils ne l'ont pas évité et ne l'ont pas salué avec joie. Ils partaient simplement, c'était tout, quand c'était au tour d'un bataillon de partir.

La chaleur de juillet s'est transformée en chaleur d'août au fur et à mesure que le broyage avançait. Les artilleurs travaillaient en chemise ou torse nu. Des traces de sueur dessinaient les visages des hommes qui sortaient des tranchées. Des nuages de poussière étouffants planaient sur les routes, les camions ressemblant à des fantômes alors qu'ils sortaient de la brume granuleuse et les yeux de leurs conducteurs scrutaient les masques gris qui s'accrochaient à leurs visages. Une chute de pluie a été une bénédiction pour les Britanniques et les Allemands. Les prisonniers allemands , épuisés par l'épuisement, avaient le teint de la teinte de leur uniforme. Si les Britanniques semblaient parfois las, il suffisait de voir les prisonniers pour se rendre compte que la défensive souffrait plus que l'offensive. La fatigue de certains hommes était telle qu'une semaine de sommeil ou un mois de repos ne peuvent guérir ; quelque chose de fixé dans leur être.

C'était un nouveau type de combat pour les Allemands. Ils en avaient mal, eux qui étaient habitués à prendre le dessus. Au début de la guerre, leur artillerie avait couvert leurs charges bien ordonnées ; ils avaient tué l'ennemi à coups de feu. Maintenant, les Alliés rendaient le compliment ; la chaussure était sur l'autre pied. Un changement frappant, en effet, par rapport à "En route pour Paris !" le vieux cri de guerre des dirigeants qui en étaient venus à pousser ces hommes à faire preuve d'une endurance et d'un sacrifice extrêmes en leur disant que s'ils ne résistaient pas au martèlement incessant des canons britanniques et français, ce qui avait été fait aux villages français serait fait. aux leurs.

Les prisonniers parlaient de la paix comme ayant été promise à portée de main par leurs officiers. En juillet, la date avait été fixée au 1er septembre. Plus tard, il a été fixé au 1er novembre. L'Allemand était comme un nageur essayant d'atteindre le rivage, en l'occurrence la paix, avec l'assurance de ceux qui le poussaient que quelques brasses supplémentaires l'y amèneraient. C'est ainsi que les armées ont été sollicitées pendant des années.

Ceux qui combattaient, comme les prisonniers, n'avaient pas les yeux ouverts sur les vastes préparatifs derrière les lignes britanniques pour poursuivre l'offensive. La plupart des prisonniers étaient aimables, ce qui était particulièrement différent des hommes fiers capturés au début de la guerre, lorsque la confiance dans leur « système » infaillible était à son apogée. Il y avait pourtant des exceptions. J'ai vu un jour un officier marcher à la tête des survivants de son bataillon sur la route de Montauban, la tête haute, un cigare coincé au coin de la bouche selon un angle agressif, son menton mal rasé et ses vêtements poussiéreux accentuant son attitude de "Vous allez à ———, vous les Anglais !"

La haine des Britanniques constituait un facteur de renforcement de la défense. Les Prussiens devraient-ils être battus par les hommes de la Nouvelle Armée ? Non! Meurs d'abord ! » dirent les officiers prussiens. L'état-major allemand est peut-être aussi bon que jamais, mais parmi les troupes mixtes - les vieux et les jeunes, les poitrines creuses et les épaules carrées, les respirateurs buccaux avec des lunettes et les pères de famille courbés, les garçons vigoureux à la fin de l'adolescence. avec le duvet encore sur leurs joues et des vétérans endurcis, survivants de nombreuses batailles à l'est et à l'ouest, ils revenaient sensiblement à des tendances humaines naturelles malgré la discipline de fer.

C'est Skobeloff , si je me souviens bien, qui a dit que sur cent hommes, vingt étaient des combattants naturels, soixante étaient des hommes moyens qui combattaient par impulsion ou lorsqu'ils étaient bien dirigés, et vingt étaient timides ; et les armées furent organisées sur la base de la moyenne de soixante pour en faire un ensemble d'une efficacité égale dans l'action. L'état-major allemand avait fourni à cet effet une finesse suprême. Ils avaient une armée qui était une machine ; Pourtant, ses unités étaient en chair et en os et les tirs d'obus et les combats acharnés sur la crête devaient avoir un effet.

Il est devenu évident au cours de ces deux mois d'avancées fragmentaires que les soixante hommes moyens n'étaient plus aussi bons qu'avant. Les vingt « funk-sticks », selon l'expression militaire, étaient enclins à se céder s'ils étaient sans officier, mais les vingt combattants naturels – eh bien, la psychologie humaine ne change pas. C'étaient eux qui faisaient les armées professionnelles d'autrefois, les brigands aussi, et aussi ceux de toutes les classes de la société pour qui le devoir patriotique était devenu une exaltation proche du fanatisme. Plus de combats les ont obligés à se battre plus fort.

Ceux-ci devinrent membres du corps de mitrailleuses, qui prêtèrent serment de ne jamais se rendre, menèrent des groupes de bombardements et se postèrent dans des cratères d'obus pour faire face aux charges pendant que les obus tombaient épais autour d'eux, ou restaient dans la tranchée pour tenter leur chance contre les rideaux. de tirs qui couvraient une charge d'infanterie, dans l'espoir de pouvoir déclencher un instant leur propre lance-balles avant d'être tués. Parfois, leurs cadavres étaient retrouvés attachés à leurs fusils, plus souvent probablement à leur propre demande, pour s'assurer de ne pas déserter leur poste, plutôt que sur ordre.

Les tirs d'obus étaient la théâtralité de la lutte, le rugissement des armes à feu son tonnerre ; mais nuit et jour, le son du staccato de ce petit diable de la tuerie, la mitrailleuse, venant de la crête semblait une expression aussi vraie de ce qui se passait toujours là-bas que le crépitement d'un serpent à sonnettes l'est de son caractère. Delville et High Woods et Guillemont et Longueval et Switch Trench — tels sont les noms symboliques de cette attrition, de l'héroïsme de la persévérance britannique qui n'acceptait pas le non pour réponse.

On pourrait croire qu'on a vu des ruines jusqu'à ce qu'on voie celles de Guillemont après sa prise. Il s'agissait de granulations de briques, de mortier et de terre mélangées par les explosions d'obus qui broyaient les solides en poussière et en éclats. Guillemont se trouvait au-delà du bois des Trônes , sur un espace ouvert où les canons allemands jouaient pleinement. Il y avait une carrière de pierre à la périphérie, et une carrière non moins qu'une ferme comme Waterlot , qui était au nord, et Falfemont , au sud et flanquant le village, formait un abri. Ce n'était pas vraiment une carrière, mais c'était un trou qui servirait de refuge aux réserves et aux mitrailleuses. Les deux fermes, cibles évidentes des canons britanniques, avaient leurs profondes pirogues dont les toits étaient renforcés par les ruines qui tombaient sur elles contre la pénétration même des obus de gros calibre. Comme les Allemands se sont battus pour garder Falfemont ! Une fois qu'ils ont envoyé une charge avec la baïonnette pour répondre à une charge britannique entre des murs de tirs d'obus et là, à travers la brume, l'acier a été vu clignoter et de vagues silhouettes luttant.

Guillemont et les fermes ont gagné et Ginchy qui se trouvait au-delà a gagné et les Britanniques avaient leur flanc sur les hauteurs. Ils furent deux fois à Guillemont mais ne purent y rester, tout en gardant, comme d'habitude, une partie de leurs gains. C'était une bataille de pirogue en pirogue, d'abri en abri de toute sorte enfouis dans les débris ou dans les champs, les Britanniques ne cessant jamais, ici ou ailleurs, de poursuivre leur pression. Et les débris d'un village avaient un attrait particulier ; il céda devant le chat ; ses tas offraient une couverture naturelle.

Un soldat britannique revenant d'une des attaques alors qu'il traversait le bois des Trônes m'exprima l'essentiel de la direction de la bataille. En apparence, il était aussi impassible que s'il revenait de sa journée de travail, respectueux et de bonne humeur, même s'il avait un trou dans les deux bras causé par des tirs de mitrailleuse, un éclat d'obus au talon et semblait un peu irrité par le hommage à une autre blessure par éclat d'obus à l'épaule alors qu'il avait quitté la ligne de tir et se dirigeait vers le poste d'évacuation des blessés. Insistant pour qu'il puisse porter la cigarette que je lui ai offerte à ses lèvres et l'allumer également, il a dit :

"Nous n'avons qu'à les suivre, monsieur. Ils partiront."

Les Britanniques ont donc tenu bon, tout comme les Français sur tous les points. Delville Wood était -il pire que High Wood ? C'est une trop belle distinction entre les tourments pour être établie. Possédez complètement l'un ou l'autre et le commandement de la crête dans cette section sera gagné. La lisière d'un bois du côté opposé à votre ennemi était la partie la plus facile à tenir. Il est difficile d'y diriger l'artillerie en raison de la vision restreinte, et les obus de l'ennemi qui le visent frappent les arbres et éclatent prématurément parmi ses propres hommes. D'autres endroits faciles, relativement faciles à tenir, sont les espaces morts des ravins et des ravins. Là tu étais hors de feu et là tu n'étais pas ; là, vous pourriez tenir et là, vous ne pourriez pas. Les tirs de mitrailleuses et les tirs d'obus étaient des arbitres de la topographie plus fiables que les cartes.

Pourquoi tous les arbres n'ont-ils pas été abattus par les bombardements continus des deux côtés était incompréhensible. Il y avait un arbre solitaire sur l'horizon près de Longueval que j'observais depuis des semaines. Il avait encore un membre, oui, le luxe d'un membre, la dernière fois que je l'ai vu, pointant avec une sorte de défi son immunité. Bien entendu, il avait été frappé à plusieurs reprises. Des morceaux d'acier étaient incrustés dans son tronc ; mais seul un coup direct sur le tronc fera tomber un arbre. Les arbres peuvent être coupés, taillés, entaillés et entaillés et toujours debout ; et lorsque les villages auront été pulvérisés, à l'exception des colombages des maisons, il restera un arbre d'ombrage cicatrisé.

Ainsi, les arbres du bois Delville ont survécu, des bâtons nus parmi des troncs tombés et éclatés et des racines retournées. Comment un homme aurait-il pu survivre était une chose déroutante. Personne ne le pourrait s'il était resté là continuellement et s'était exposé ; mais l'homme est le plus rusé des animaux. Muni d'un masque à gaz et de lunettes de protection, d'un casque en acier sur la tête et de sa fidèle bêche pour se faire un nouveau trou à chaque mouvement, il a réussi l'incroyable protection de soi. La terre accumulée sur un tronc d'arbre arrêterait les balles et protégerait son corps des éclats d'obus. Il était là et là, un Allemand était en face de lui, sauf en cas d'attaque.

N'atteignant pas la lisière nord des bois, les Britanniques commencèrent à saper dans des tranchées à l'est en direction de Ginchy , où les contours de la carte montraient le terrain le plus élevé de ce quartier. De nouvelles lignes de tranchées apparaissaient sans cesse sur la carte, souvent avec des noms de groupes tels que Coffee Alley, Tea Lane et Beer Street, peut-être. A découvert, le long du plateau irrégulier, les obus n'étaient pas plus aimables, les bombardements et les sapes non moins appliqués jusqu'au moulin à vent, où les Australiens jouaient le même genre de jeu. Les sommets effectivement conquis en certains points, il fallait les maintenir en attendant la prise de la totalité, ou suffisamment pour permettre à une vague d'hommes d'avancer dans une attaque générale sans que sa ligne soit brisée par la résistance des points forts, ce qui signifiait confusion.

Avant toute charge, les mitrailleuses doivent être « tuées ». Aucune initiative de pionnier ou d'éclaireur indien n'a surpassé celle manifestée dans la conquête de positions de mitrailleuses. Lorsqu'un chasseur de gros gibier vous raconte avoir traqué des tigres, demandez-lui s'il a déjà traqué une mitrailleuse jusqu'à son antre.

Quant à la nature du repaire, en voici un dans lequel un Britannique s'est « retranché » pour être prêt à repousser toute contre-attaque pour regagner le terrain que les Britanniques venaient de conquérir. Certaines couches de sacs de sable sont coulées au niveau de la terre avec une excavation à l'arrière assez grande pour un standard de mitrailleuse et pour donner le balancement du canon et pour le tireur, qui, derrière cela, s'était creusé un puits de quatre ou cinq pieds de profondeur suffisante. diamètre pour lui permettre de se blottir au fond par « temps orageux ». Il était général et armée aussi de son petit établissement. Au milieu des obus et des mortiers de tranchée, avec les balles qui sifflaient autour de sa tête, il devait garder son sang-froid et faire en sorte que chaque plomb qu'il jetait de la bouche de son fusil compte contre la vague d'hommes qui se dirigeaient vers lui et qui étaient à sa merci s'il le voulait. il pouvait rester en vie quelques minutes et garder la tête.

Il ne doit pas révéler sa position avant que l'occasion ne se présente. Tout autour de l'endroit où ce Britannique avait tenu le fort, il y avait des cratères d'obus semblables à des points de tir rapproché autour d'une cible ; pas de taches de sang révélatrices cette fois, mais un tas de deux ou trois cents douilles gisant là où elles étaient tombées en se vidant de leurs cônes de plomb. La chance était avec l'occupant, mais pas avec un autre homme jouant au même jeu non loin de là. Des morceaux de fusil brisés et des fragments de tissu mêlés à de la terre expliquaient le sort d'un mitrailleur allemand qui avait mis en place sa pièce de la même manière.

Avant une charge, rampez la nuit de cratère d'obus en cratère d'obus et localisez les mitrailleuses ennemies. Ensuite, si vos propres canons et les mortiers de tranchée ne les atteignent pas, partez à la chasse avec des réserves de bombes et n'oubliez pas de lancer les vôtres avant que le mitrailleur, qui a également un stock pour de telles urgences, ne lance le sien. Lorsqu'une mitrailleuse commence à claquer sur le front d'une compagnie lors d'une charge, les hommes se mettent à couvert, tandis que les officiers réfléchissent à la manière de dégainer les défenses du diable. Arnold von Winkelried , qui rassemblait les lances sur sa poitrine pour tracer un chemin pour ses camarades, a gagné sa gloire parce que les forces combattantes étaient petites à son époque. Mais avec des forces aussi énormes qui sont actuellement engagées et avec un héroïsme si commun, nous ne faisons que l'incident de l'officier qui est sorti pour faire taire une mitrailleuse et a été retrouvé mort en travers de l'arme avec le tireur mort à côté de lui.

Ceux dont la mission était d'observer, les six correspondants, Robinson, Thomas, Gibbs, Philips, Russell et moi-même, allions et venaient toujours avec un sentiment d'incapacité et parfois avec le sentiment qu'écrire ne valait rien quand d'autres se battaient. La ligne d'avancée sur la grande carte de nos quartiers s'étendait à mesure que les brefs rapports de l'armée étaient lus sur les places chaque matin à l'aide de chiffres et de chiffres avec un détail qui comprenait chaque petite tranchée, chaque bosquet, chaque point de repère, puis nous choisissions où nous irions ce jour-là. Au quartier général du corps, il y avait des cartes encore plus détaillées et les officiers nous expliquaient le travail de la veille. Nous connaissions chaque bois et village, chaque point de vue, chaque poste de traitement des blessés et chaque enclos de prisonniers . Dans les camps de bataillon en vue de la crête et à portée des canons, où leurs couvertures aidaient à se protéger du soleil, vous pouviez parler avec les hommes hors du combat, déjeuner et discuter avec les officiers qui attendaient l'ordre d'entrer. ou peut-être d'apprendre que leur tournée était terminée et qu'ils pouvaient aller se reposer dans le secteur d'Ypres, devenu relativement calme.

Ils recevaient leurs lettres et leurs colis de chez eux avant de dormir et avaient écrit des lettres en retour après leur réveil ; et il n'y avait plus rien à faire maintenant que de se détendre et de respirer, de retrouver la vitalité dépensée dans le travail acharné où les obus battaient encore la terre, qui s'élevait en nuages de poussière pour se retomber dans une résistance passive durable.

Au début de la guerre, on parlait beaucoup de la bonne humeur britannique ; à tel point que les officiers et les hommes ont commencé à en vouloir car ils exprimaient l'idée qu'ils considéraient une telle guerre comme une sorte de vacances, alors que c'était la dernière chose en dehors d'Hadès qu'un homme sensé choisirait. Je me demandais parfois si Hadès n'aurait pas été un changement agréable. Pourtant, cette description est vraie, particulièrement vraie, même au milieu des combats sur la crête. La gaieté remplace l'émotivité comme armure contre les difficultés et la mort ; un équilibre de bonne humeur entre exaltation et dépression qui rencontre le sourire avec le sourire et crée une atmosphère supérieure à toutes les vicissitudes. Pourquoi devrions-nous être découragés ? Pourquoi, en effet, quand cela ne sert à rien. Pas « Merrie England ! » La guerre n'est pas une joyeuse affaire ; mais un Anglais peut être joyeux pour son propre bien et celui de ses camarades.

Bien sûr, ces bataillons, officiers et hommes, parlaient de la fin de la guerre. Même les Esquimaux doivent avoir une opinion sur le sujet à ce moment-là. Celle des hommes qui font la guerre, dont la vie est celle qui est risquée, valait peut-être plus que celle des gens vivant à des milliers de kilomètres ; car ce sont eux qui combattent, qui cesseront de se battre. Pour eux, ce serait fini une fois gagné. Le temps que cela prendrait variait selon les hommes : un an, deux ans ; et encore une fois, ils devenaient satiriques et se disputaient pour savoir si la sixième ou la septième année serait la pire. Et ils parlèrent des dernières nouveautés des combats ; comment éviter au mieux que des hommes soient enterrés par des éclats d'obus ; la valeur des coquilles à gaz et lacrymogènes ; le rapport entre les explosifs puissants et les éclats d'obus ; des méthodes de « nettoyage » des pirogues ou de « réparation » des mitrailleuses, le tout dans une routine qui était devenue une partie acceptée de la vie, comme les détails du stock transporté et les méthodes de vente dans un grand magasin.

Indélébiles les souvenirs de ces entretiens, qui ont souvent fait ressortir des illustrations de tempérament racial. Une compagnie était plus horrifiée d'avoir trouvé un Allemand attaché à un *parados de tranchée* pour être tué par les tirs d'obus britanniques en guise de punition sur le terrain que par les horreurs d'autres hommes également écrasés et déchirés, ou d'avoir rampé sur les corps humides des morts. ou dormaient parmi eux, ou étaient couverts d'éclaboussures de sang et de chair - car cet incident les frappait avec un sentiment de militarisme brutal qui était dans leur esprit la chose contre laquelle ils luttaient.

Avec des casques d'acier et des masques à gaz sur les épaules, nous laissions notre voiture à l'heure limite et partions « voir quelque chose », alors que désormais les combats étaient tous cachés dans les replis du sol, ou dans les bois, ou perdus. à l'horizon où la ligne de front de l'une ou l'autre de ces deux grandes armées, avec leur immense concentration d'hommes et de matériel et leurs routes remplies de moyens de transport et de milliers de canons éructants, était tenue par quelques hommes armés de mitrailleuses dans des cratères d'obus, leurs positions parfois entrelacés. Les vétérans de la bataille de la Somme deviennent experts en obus. Ce sont ceux que les Français appellent « vernis », ce qui est une manière de dire que les projectiles jaillissent de leur anatomie. Ils se tiennent à l'écart des points où l'ennemi dirigera son tir par habitude ou par tir scientifique, et se souviennent toujours que l'Allemand n'a pas assez d'obus pour les semer sur toute la zone de combat.

Il n'est pas rare qu'on se sente en sécurité à quelques centaines de mètres d'une concentration d'artillerie. Ce coin de village, cette lisière d'un bosquet brisé, ce virage de grand chemin, ce chemin creux, éloignez-vous d'eux ! Tout type de tranchée pour éclats d'obus ; allongez-vous à plat, à moins qu'une pirogue satisfaisante ne soit à proximité pour vous protéger des explosifs puissants qui éclatent dans la terre. Si vous êtes devant et qu'une barrière de feu est placée derrière vous, attendez qu'elle soit terminée ou contournez-la. S'il y en a un, attendez un autre jour, à condition que vous soyez spectateur. Gardez toujours à l'esprit à quel point vous êtes sans importance, à quel point vous êtes un petit personnage sur le grand terrain et que si chaque obus tiré avait tué un soldat, il ne resterait pas un seul homme valide en uniforme en vie sur le continent européen. En observant ces règles simples, vous verrez peut-être un montant surprenant avec une chance de survivre.

Un jour, j'ai eu envie d'entrer dans les vieilles pirogues allemandes, sous un amas informe de ruines dont un colonel britannique avait fait son quartier général de bataillon ; mais je n'ai pas voulu y aller assez pour persister quand j'ai compris la situation. Autrefois, mon idée d'une bonne pirogue — et j'aime toujours en être à proximité — était une grotte de vingt pieds de profondeur avec un toit de quatre ou cinq couches de granit, de gravats et de bois ; mais maintenant je me sens plus en sécurité si les fragments d'un hôtel de ville sont empilés dessus.

Les Allemands lançaient un obus toutes les minutes avec une régularité d'horlogerie dans la « maison heureuse » du colonel et, de temps en temps, quatre obus en une salve. Il fallait courir pour la chercher entre les obus, et si vous ne connaissiez pas l'emplacement exact de l'abri, vous l'aviez peut-être cherché depuis longtemps. Les coureurs porteurs de messages ont tenté leur chance tant à l'aller qu'à l'arrivée et deux hommes ont été touchés. Le colonel était en sécurité à vingt pieds sous terre, avec un amas de débris , y compris celui d'une cheminée tombée au-dessus, mais il était un hôte des plus impopulaires. Le lendemain, il déménagea son quartier général et n'ayant pas eu la prévenance d'informer les Allemands du fait qu'ils continuaient à pilonner méthodiquement le toit des locaux inoccupés.

Après chaque « promenade » sur le champ de bataille, j'étais heureux de monter dans la voiture et d'attendre à la « ligne morte », là où les chauffeurs avaient souvent eu plus de chance d'être bombardés que nous plus loin. Pourtant, je ne connais pas de pire endroit où se trouver qu'une voiture lorsque vous entendez le premier cri grandissant qui indique que le vôtre est le quartier choisi par une ou deux batteries allemandes pour dépenser une partie de leurs munitions. Lorsque vous êtes en danger, vous aimez être debout et posséder chacune de vos facultés. J'avais l'habitude de mettre du coton dans mes oreilles lorsque je traversais la zone des positions des armes à feu pour protéger mes tympans des explosions, mais je le retirais toujours une fois que j'étais au-delà des gros calibres, comme une audition aiguë après une certaine expérience vous le donnait. avertissement instantané de tout " krump " ou cinq virgule neuf venant dans votre direction, vous indiquant la direction à prendre et vous évitant également de courir inutilement vers une pirogue si l'obus passait bien au-dessus ou court.

J'étais également content lorsque la voiture quittait le terrain assez loin et traversait les collines dans une campagne paisible. Mais on ne l'a jamais su. Quinze milles de la ligne de front n'étaient pas toujours sûrs. Un jour, lorsqu'une soudaine explosion d'obus navals de quinze pouces envoya les habitants d'une ville à se cacher et dispersa des fragments sur la place, l'un d'eux ouvrit l'arrière de la tête du chauffeur juste au moment où nous montions dans notre voiture.

"Est-ce que tu vas te faire mitrailler ?" est devenu une enquête dans le mess du type « Allez-vous prendre un après-midi de congé pour jouer au golf aujourd'hui ? La seule fois où j'ai senti que je pouvais prétendre à un quelconque avantage en flegme sur mes camarades, c'était lorsque je dormais pendant deux heures de bombardements aériens avec des canons anti-aériens occupés dans le quartier, ce qui, comme je l'ai expliqué, n'était pas plus remarquable que de dormir dans un hôtel à la maison avec des voitures de surface à roues plates et des klaxons de moteur hurlant sous votre fenêtre. Un employé du métro ou un agent de la circulation à New York ne devrait jamais subir de choc d'obus s'il part en guerre.

Le récit du risque personnel qui, dans d'autres guerres, aurait pu faire l'objet d'un article de magazine ou d'un chapitre de livre, une fois que vous vous êtes assis pour l'écrire, a fondu à mesure que votre ego était réduit à sa juste place dans le cosmos. Les individus n'avaient jamais été aussi obscurément atomiques. Avec des centaines de milliers de combattants, l'expérience personnelle n'avait de valeur que dans la mesure où elle exprimait celle de l'ensemble. Chaque histoire rapportée au mess était semblable aux autres, passionnante pour le narrateur et répétitive pour l'auditeur poli, sauf que c'était un officier fraîchement sorti de la tranchée des communications qui apportait des nouvelles de ce qui se passait dans la journée de travail.

Ainsi, la bataille était devenue statique ; ses incidents ressemblent au produit d'un puissant moulin. Le public, s'attendant à tort à ce que la ligne soit rompue, voulait des symboles de victoire sur des fronts changeants sur la carte et commençait à se lasser des récits. C'est feu Charles A. Dana qui a dit : « Si un chien mord un homme, ce n'est pas une nouvelle, mais si un homme mord un chien, c'est le cas. »

Que les hommes attaquent avec des hachettes et en tenue de soirée, cela ferait la une des journaux du pays, car les gens à leur table de petit-déjeuner diraient : « Voici quelque chose de nouveau dans la guerre ! Des hommes tuant des hommes n'étaient pas une nouveauté, mais un bataillon de limiers entraînés envoyés pour mordre les Allemands l'aurait été. J'essayais de traquer certaines des « nouveautés » qui avaient la faveur de la publication, mais bien qu'elles soient bien connues à l'étranger, l'homme des tranchées n'en avait pas entendu parler.

Les balles, les obus, les baïonnettes et les bombes sont restés les méthodes éprouvées et pratiques sur la crête avec son drame accablant, dont chaque acte presque chaque jour était plus grand que Spionkop ou Magersfontein qui faisaient vibrer un monde qui n'était alors pas en guerre ; et toujours sa caractéristique suprême était cette détermination qui était comme une sorte de destin dans sa progression vers l'ébrèchement, l'ébrèchement d'une fondation de pierre qui devait céder.

La crête s'infiltrait dans l'existence même de chacun. On le voyait aussi bien en imagination qu'en réalité, avec son horizon sous les éclats d'obus et la pente avec son dédale de terriers et ses tranchées défoncées. Dans ces rapports calmes de l'armée, l'association pouvait lire de nombreuses indications : le fait révélateur que les pertes allemandes dues à leur refoulement de la crête étaient aussi grandes, sinon plus, que celles des Britanniques, leurs souffrances pires sous un déluge de tirs d'obus plus intense, l'habileté accrue des soldats. offensive et l'échec des contre-attaques allemandes après chaque avancée.

Personne ne doutait que la crête serait prise et elle l'était, ou tout ce qui était nécessaire pour le nettoyage de tous les points remarquables, avec son balayage vers la vallée. Une victoire qui ne se mesure pas au territoire ; car en une journée de précipitation, on gagna plus de terrain qu'en deux mois de siège. Une victoire de position, de volonté, de *moral* ! Aiguisant son acier et son esprit sur l'acier ennemi et son esprit dans toutes sortes de combats, la Nouvelle Armée avait fait ses preuves dans l'épreuve suprême de toutes les qualités.

XVIII

UNE AFFAIRE VRAIMENT FRANÇAISE

Un lieutenant français bras dessus bras dessous avec deux soldats. — Un déjeuner au front. — Des officiers du régiment français. — Trois et quatre galons sur les manches pour le nombre de blessures. — Vingt-trois fois sur le parapet. — Camarade de soldats. — Encore M. Élan. — Bébé *soixante-quinze*. — Un incident bien français.

C'était une autre journée française, une journée ultra française , avec Monsieur Élan incitant de manière ludique la nature humaine à prendre des vacances à la vue des éclats d'obus. Il y avait eu bien d'autres déjeuners avec des généraux et des états-majors dans leurs châteaux, qui étaient des occasions délicieuses et éclairantes, mais celui-ci avait sa propre distinction, non seulement par la compagnie mais aussi par l'environnement.

Mon lieutenant qui m'a invité m'a conseillé de prendre un petit déjeuner léger afin de laisser place à une appréciation matérielle adéquate de l'hospitalité de son propre bataillon, dans lequel il avait combattu dans les rangs en gagnant la promotion et la *croix de guerre* d'une manière plus plus gratifiant pour lui que la possession d'une fortune, de châteaux et de voitures de grande puissance. Je l'ai vu dans les rues de notre ville "randonnée" aux côtés des Français marchant bras dessus bras dessous avec deux soldats français, alors qu'il était officier. Il les présenta comme provenant de « mon bataillon ! avec autant de fierté que s'ils étaient les généraux Joffre et Castelnau .

Quel cadre pour un « grand repas », comme il l'appelait en plaisantant ! Une table faite de caisses avec des caissons pour les sièges et des assiettes en fer blanc, sous des pommiers regardant vers le bas une vallée où les régiments de transport et les régiments en tenue bleue serpentaient au milieu des tourbillons des hommes du bataillon dans un camp de repos, avec les *soixante -des quinzes* tirant à intervalles réguliers depuis les pentes au-delà et une batterie allemande essayant d'atteindre un ballon-saucisse britannique suspendu paresseusement dans l'air immobile sur le ciel bleu et ne l'obtenant jamais. Une rafale de chiffres après l'éclatement de certains « krumps » à un autre endroit signifiait que certains hommes avaient été tués et blessés.

Comme le colonel et le commandant en second n'étaient pas présents, il n'y avait aucune restriction d'ancienneté lors de la fête, même si je pense que l'ancienneté sachant ce qui se passait aurait pu se sentir seule dans son isolement. Nous avons eu de nombreux plats, soupe, poisson, entrée et rôti, salade et fromage qui était du fromage dans un pays où l'on mange du fromage, et de succulents raisins et poires ; tout ce que le marché offrait servait en vue de la ligne de front. Pourquoi pas? La France pense que rien n'est trop beau pour ses combattants. Si jamais l'homme doit avoir le meilleur, c'est quand demain il reviendra au feu et aux rations dures, quand demain il pourra mourir pour la France.

Le capitaine principal présidait. C'était un homme d'autres guerres, brûlé par les soleils du Maroc, avec une moustache militaire qui mettait en valeur son caractère fougueux. Lorsque mon ami , le lieutenant, est entré dans le régiment comme simple soldat, il était rasé et son colonel lui a demandé s'il était prêtre ou bookmaker, ou s'il avait l'intention de devenir soldat. Le lendemain matin, il laissa la nature agir sur sa lèvre supérieure, l'insinuation du colonel étant la loi en toutes choses pour ceux qui servaient sous ses ordres.

Chaque officier avait sa *croix de guerre* dans ce bataillon colonial aux rangs ouverts à tous, de tous grades, et à la promotion de ceux qui pouvaient la gagner face aux mitrailleuses où les soldats de la Nouvelle Armée gagnaient les leurs. Un officier avec la poitrine d'Hercule, qui ressemblait au Prussien le plus féroce ou au plus grand Poméranien et au moins un petit Germain supplémentaire pour faire bonne mesure, a mentionné qu'il avait été à Pékin. Je lui ai demandé s'il connaissait des amis officiers qui étaient là en même temps. Il a répondu qu'il avait été soldat à l'époque et qu'il aimait le YMCA américain.

Sa poitrine était une panoplie de médailles. Parmi eux se trouvait la Légion d'honneur, tandis que sa *croix de guerre* avait toutes les étoiles, bronze, argent et or, et deux palmes, si je me souviens bien, ce qui signifiait que deux fois un de ses actes dans l'enfer lui avait valu une mention officielle. depuis le bataillon jusqu'au commandement suprême en passant par la brigade, la division et le corps. Le YMCA américain de Pékin devrait être fier de sa bonne opinion.

L'architecte, grand, bien bâti, souriant et blond, au visage intellectuel, était assis en face du petit marchand de pierres précieuses qui avait parcouru le monde dans le cadre de son métier. Il y avait aussi un artiste qui avait eu une dispute avec l'architecte sur un art que *mon capitaine* considérait comme merdique et décoiffant, sa conviction étant qu'ils ne faisaient qu'exprimer une prétention verbeuse et qu'ils ne savaient en réalité guère plus de quoi ils parlaient que lui. . En politique, nous avions un républicain, un socialiste et un royaliste, qui babillaient aussi sans capturer aucune pirogue, selon *mon capitaine* qui n'était qu'un simple soldat. Il était clair que le socialiste et le royaliste étaient tous deux populaires, ainsi que mon ami, bien qu'il ait été promu au personnel.

Un autre cadeau était « l'amiral », un officier de marine, commandant les monstrueux canons de douze à dix-sept pouces montés sur des wagons de chemin de fer, qui écrivait des sonnets entre deux mille projectiles de deux mille livres lors de leurs courses consistant à écraser des pirogues allemandes. Il n'aimait pas le tir dans lequel il ne voyait pas sa cible à la mode navale, mais il avait si bien réussi qu'il y était resté. Son dernier sonnet était destiné à une jeune fille abstraite quelque part en France, que le socialiste, homme critique en tout et d'humeur enjouée, louait très hautement et lisait à haute voix avec l'élocution d'un Coquelin .

Tandis que d'autres avaient jusqu'à trois ou quatre bandes dorées sur leurs manches pour indiquer le nombre de leurs blessures, le socialiste avait franchi le parapet vingt-trois fois en charge sans être touché, ce qu'il considérait comme un signe certain qu'il était le le bon genre de politique, les royalistes et les républicains étaient en désaccord et *mon capitaine* disait que la politique était une simple question de goût et qu'être blessé était une question de chance. Là-dessus, le socialiste entreprit un bref discours riche d'humour, le soulageant trop du sérieux de la tribune de la Chambre des députés, où il tonnera probablement ses règles un de ces jours s'il parvient à continuer à parcourir le parapet sans être heurté.

Un homme était ce qu'il était en tant qu'homme et rien de plus dans cette compagnie distinguée qui avait acquis sa distinction en exterminant les Allemands. La camaraderie faisait de toutes les divergences d'opinions, de naissance et de richesse un prétexte pour plaisanter dans cette variation de caractères, du grand architecte aux manières charmantes à l'expert terre-à-terre en diamants et opales, du grand soldat des habitués coloniaux qui avaient a gagné ses bretelles à celui qui a dans les veines le sang bleu de la France aristocratique. Je me souviens particulièrement de l'architecte, car il fut tué lors de la charge suivante, et du marchand de pierres précieuses, car un obus au visage l'avait frappé, ne permettrait plus jamais à ses yeux de voir l'éclat d'un diamant.

Mais que les jeunes mangent, boivent et se réjouissent à l'ombre des fortunes de la guerre qui pourraient en emporter certains demain, créant ainsi des postes vacants pour l'avancement des soldats dans le camp. Là où Cheeriness était la servante du *moral* chez les Britanniques, Monsieur Élan était chez les Français. Chacun parlait non seulement avec ses lèvres, mais avec ses mains et ses épaules, dans cette absence de conscience de soi qui donne la grâce à la libre expression. Ils parlèrent de leurs foyers à un moment donné avec un désir sobre et persistant et un pincement à la gorge et ils abordèrent les problèmes de l'après-guerre, qu'ils gagneraient ou pour lesquels ils combattraient pour toujours, concluant que les hommes des tranchées qui auraient le pouvoir disent qu'ils feraient une France nouvelle et meilleure et balayeraient toute interférence avec la marche de leur nombre et de leur patriotisme.

Nous avons mangé jusqu'à ce que la capacité soit atteinte et flâné autour du café noir, avec le soldat qui avait préparé tous les plats hors de la pirogue avec la magie du lapin sorti d'un chapeau partageant parfois la conversation sans rompre les liens de la discipline. Finalement, le cuisinier fut également amené à recevoir ses éloges en tant que véritable magicien. Ensuite, nous sommes allés présenter nos respects au colonel et au commandant en second. Un petit homme robuste, le colonel, un habitué depuis sa casquette de travail soignée jusqu'aux semelles de ses bottes cirées, mais avec un scintillement humain à travers ses lunettes reflétant une grande sagesse dans le maniement des hommes de toutes sortes, ce qui, sans aucun doute, était la raison pour laquelle il commandait ce bataillon.

Ensuite, nous avons rendu visite aux hommes se prélassant dans leurs quartiers ou formant un groupe souriant, chacun prêt à répondre rapidement lorsqu'on lui parlait, des hommes de toutes sortes depuis les Apaches de Paris jusqu'aux fils de princes, peut-être, pendant que se jouait la marche du Washington Post. pour l'Américain. Plus tard, de l'autre côté de la route, nous avons vu les nouveaux petits canons *soixante-quinze* pour le travail dans les tranchées, qui roulaient en appréciation du fait qu'une batterie du père *soixante-quinze* passait à ce moment-là.

Finalement, survint un incident vraiment français et délicieux dans son caractère enfantin, lorsque *mon capitaine* laissa entendre que je devrais demander à *mon colonel* s'il permettrait à *mon capitaine* d'aller en ville et de dîner avec mon ami, l'amiral et moi-même, puis de revenir dans la voiture de mon ami. à temps pour passer demain à la ligne de tir avec le bataillon. En conséquence, j'ai parlé au colonel et le clin d'œil de son consentement indiquait peut-être qu'il savait qui m'avait incité à cela. *Mon capitaine* a dîné et un bon dîner aussi et est revenu à l'aube prêt pour le combat.

Ce n'est pas que la France ait changé ; seulement que certaines personnes qui auraient dû mieux la connaître ont changé les opinions qu'elles avaient formées à son sujet après 70, quand, en compagnie d'autres étrangers, elles allaient visiter les curiosités de Paris.

XIXème

SUR LE FERRY AÉRIEN

Le bureau du "Ferry-Pilot" - Tout le monde est jeune dans le Royal Flying Corps - N'importe quel type d' avion parmi lequel choisir - Une machine volante neuve de l'usine - "Un bon vieux bus" - Vingt avions par jour de l'Angleterre à la France - L'Angleterre vue des nuages - Un poste de guidage aérien - Des haltes - Le canal à 4 000 pieds d'altitude - Hors de vue dans les nuages à mi-chemin entre l'Angleterre et la France - La luge depuis les nuages - La France vue des airs - Un bon vol.

L'expérience personnelle intervient désormais dans la réponse à la question d'où viennent tous les avions qui remplacent ceux perdus ou usés, question qui s'est manifestée clairement lorsque j'étais à Londres pour quelques jours de repos après les combats sur la crête, par une demande de un général du War Office pour obtenir l'autorisation de retourner au front.

"Pourquoi pas?" il a dit. "Quand vas-tu?"

"Lundi."

Il appela un autre général au téléphone et en quelques mots les dispositions furent prises.

"Et mes bagages ?" Je suggère.

"Combien ?"

"Une valise."

"La machine devrait y parvenir étant donné qu'elle transporte cent cinquante livres de bombes."

Lundi matin, à l'heure dite, je passais devant une ligne militaire d'avions flanquant un champ d'aérodrome parsemé d'autres qui venaient de descendre ou étaient sur le point de se lever et je me demandais comment me rendre au bureau du « Ferry-Pilot ». Je l'ai trouvé, identifié par un panneau en lettres blanches sur un tableau noir, dans la rue principale des bâtiments temporaires occupés par les aviateurs comme quartiers.

"Oui, d'accord", dit le jeune officier assis au bureau, "mais nous ne traversons pas ce matin. Il y a un orage sur le canal."

Les prévisions météorologiques, disparues depuis longtemps des journaux anglais de peur qu'elles ne renseignent les Zeppelins, étaient devenues le privilège de ceux qui voyagent par avion ou repoussent les raids aériens.

"Les choses pourraient s'éclaircir cet après-midi", a-t-il ajouté. "Pourquoi ne pas aller au mess, vous installer confortablement et revenir vers trois heures ? Peut-être pourrez-vous y aller à ce moment-là."

A trois heures, j'étais de retour dans son bureau, où cinq ou six jeunes aviateurs attendaient leurs ordres comme des jockeys attendaient leur tour pour sortir leurs chevaux. Tout le monde est jeune dans le Royal Flying Corps et tout le monde pense et parle en termes de jeunesse.

"Vous pouvez partir tout de suite !" dit l'officier au bureau.

Bien sûr, je devais avoir un laissez-passer, qui était un double polycopié avec mon nom de passager au lieu de « mitrailleur » ; ou, pour le dire autrement, j'étais un joyeux cavalier qui devait être officiellement transporté d'un aérodrome en Angleterre à un aérodrome en France. Les jeunes ont ri quand j'ai adopté ce point de vue. Ai-je déjà pris l'avion auparavant ? Oh oui, un fait qui mettait la situation encore plus à l'aise.

« Quel genre de bus aimeriez-vous ? » » demanda le maître pilote. "Nous en avons de toutes sortes aujourd'hui. Faites votre choix."

Je suis allé sur le terrain pour choisir mon cheval et j'ai opté pour un grand « pousseur », où l'aviateur et le passager sont assis en avant avec l'hélice et le rugissement du moteur derrière eux. Elle avait traversé l'Angleterre par avion depuis l'usine la veille et, après avoir été testée, elle était prête pour le passage du canal.

"Vous la prendrez en charge", dit le maître pilote à l'un des membres du groupe qui attendait son tour.

Puis quelqu'un s'est rendu compte qu'un autre détail officiel avait été négligé, et j'ai dû donner mon nom, mon adresse et mes plus proches parents pour accomplir des formalités qui devaient impressionner les novices, tandis que la jeunesse regardait en souriant à quarante-trois ans, ce qui était sage sinon imprudent. Ils m'ont mis dans un gréement d'aviateur avec en plus une ceinture de sauvetage au cas où nous aurions un canard dans le canal et j'ai grimpé dans ma position pour le long terme, une place spacieuse dans la proue semi-circulaire de la bête qui était habituellement occupé par une mitrailleuse et un mitrailleur.

"C'est un bon vieux bus, très stable. Vous l'aimerez", a déclaré l'un des jeunes qui regardaient.

Il n'y avait pas de sangles, celles-ci étant tout à fait inutiles, mais il n'y avait pas non plus de siège.

"C'est quoi *à la mode* ?" J'ai demandé.

"Lève-toi si tu veux !"

"Ou asseyez-vous sur le bord et laissez vos pieds pendre !"

Nous riions tous, car l'aviation n'est jamais sombre. Il se lève et se pose, se bat et meurt en souriant.

"J'aime votre hospitalité, mais n'ayant pas été formé au trapèze, je jouerai au Turc", répondis-je en m'accroupissant, les jambes croisées ; et dans cette position, je pouvais regarder par-dessus la balustrade à droite, à gauche et en avant. Le monde était à moi.

La fuite n'étant pas une nouveauté en 1916, je ne me livrerai à aucune rhétorique. La pertinence de l'expérience résidait tout entière dans le fait que je prenais le ferry aérien qui envoyait en moyenne vingt avions par jour vers la France et peut-être une cinquantaine alors que la météo avait retardé le trafic la veille. Je devais secouer les nuages au lieu des vagues sur un bateau à vapeur bondé et avoir un aperçu, derrière les rideaux du secret militaire, des merveilles de ressources et d'organisation, qui sont monnaie courante chez les faiseurs de miracles eux-mêmes.

Il s'agissait d'un vol d'affaires droit, une question de routine, un vol sans flânerie en cours de route ni distance inutile pour atteindre la destination. Il y aurait suffisamment de risques pour l'avion s'il traversait la zone ennemie avec sa mitrailleuse en position. La lueur de deux lignes d'acier d'une voie ferrée fixait notre cap. Après avoir atteint une hauteur de trois ou quatre mille pieds, un filet de pluie occasionnel vous fouettait le visage, puis la douce brume d'un nuage.

C'était un vrai temps anglais, couvert ; et l'Angleterre tracée sous vos yeux, un vaste jardin avec ses haies, ses champs et ses villages tranquilles, n'avait jamais été aussi pleinement réalisé dans ses riches verdures. Nous dépassions les trains allant dans notre direction et dépassions les trains allant dans la direction opposée sous leurs jets de vapeur. Seul un campement occasionnel de tentes suggérait que le pays était en guerre. La douce lumière fondait les différentes tonalités du paysage dans un ensemble onirique et l'impression était toujours celle d'une terre aimée pour ses haies, ses pâturages et son isolement insulaire, aimée comme un jardin. Afin de le maintenir en sécurité, cet avion volait et la grande armée française combattait.

Après quarante minutes d'ivresse d'un vol qui ne se lasse jamais, le pilote a frappé une des ailes qui faisait un bruit de peau de tambour pour attirer mon attention et a indiqué une immense flèche blanche sur un pâturage pointant vers le banc de brume qui cachait le ciel. canal. C'était le poste de guidage du ferry aérien. Il le contourna pour mieux me donner une meilleure vue, ce qui fut sa seule rupture avec la routine avant que, sur la ligne de la flèche, il poursuivit sa route, laissant derrière lui la voie ferrée, tandis que devant lui le tapis vert semblait se terminer en un horizon vaporeux.

Habituellement, lorsqu'ils s'élevaient pour traverser la Manche, les pilotes montaient à une hauteur de dix mille pieds, afin d'avoir une portée en cas de problème de moteur pour un long vol plané qui pourrait leur permettre d'atteindre le rivage, ou, s'ils devaient atterrir dans le mer, descendre près d'un navire. En Angleterre et en France, le long de la voie aérienne établie, il y a certaines stations de passage adaptées pour accueillir en douceur les pneus en caoutchouc, avec de l'essence en réserve si un nouvel approvisionnement est nécessaire. C'était la fierté de mon pilote, ancien militaire venu d'Afrique du Sud pour « faire sa part », de n'avoir jamais eu à faire escale en vingt traversées. Aujourd'hui, les nuages nous maintenaient à une altitude de quatre mille pieds seulement.

Les collines et les vallées n'existent pas, tout paysage étant plat à l'œil de l'aviateur, comme nous le savons ; mais contre toute raison, une bizarrerie mentale m'a fait sentir que cette loi optique ne devait pas s'appliquer aux falaises de craie lorsque nous arrivions à la côte, où seule était visible la pelouse verte qui les couronne et au-delà une ligne grise, la plage, qui avait un bord de dentelle blanche qui bougeait : les vagues.

Les soldats qui revenaient de permission par la voie régulière avaient un passage saccadé, comme le reconnaissaient les bonnets blancs qui ressemblaient à de minuscules fleurs blanches sur un tissu d'étain ; seulement si vous en regardiez attentivement une, elle disparaissait et d'autres apparaissaient à sa place. Sinon, le canal dans une mer agitée était aussi calme qu'un océan peint avec des navires peints qui, quelle que soit leur vitesse, ne nous permettaient pas de voyager aussi facilement dans notre bus qu'un bateau à moteur sur un lac vitreux.

J'ai regardé ma montre pendant que nous traversions le liseré du côté anglais et de nouveau lorsque nous le traversions du côté français. Le temps écoulé a été de dix-sept minutes et demie, ce qui n'est pas rapide, même pour la partie la plus large du canal que nous avons choisi. L'avion le plus rapide, m'a-t-on dit, a réussi à atteindre le point le plus étroit en huit minutes et demie. N'allant pas aussi haut que d'habitude, le pilote n'a pas fait accélérer son moteur, car plus l'altitude était basse, plus les problèmes de moteur pourraient être inconfortables pour son passager.

Maintenant, cependant, nous nous levions à mi-chemin du passage vers la rive grise au-dessus de nous ; une seconde, le plancher de la chaîne était là et la suivante, il ne l'était pas. En dessous de nous, il y avait de la brume, et devant nous, et derrière et au-dessus de nous, seulement de la brume, douce et fraîche contre le visage. Nous étions complètement hors de vue de la terre et de l'eau, au-dessus des nuages, détachés de la terre, perdus dans le ciel entre l'Angleterre et la France.

C'était pour moi un grand moment. J'étais loin du bruit des armes à feu ; des titres des journaux annonçant les derniers bulletins officiels ; des camps de prisonniers et des postes d'évacuation des blessés ; des pirogues, des tranchées et de la crête. Ici régnait la vraie paix, la paix de l'infini – et personne ne pouvait vous demander quand vous pensiez que la guerre serait finie. Vous n'étiez personne, encore une fois vous étiez la population entière du monde, vous, l'aviateur et l'avion, parfaitement impuissants dans un sens et dans un autre glorieusement en sécurité. Même lui semblait faire partie de la machine qui vous transportait rapidement, sans aucune sensation de vitesse si ce n'est la fraîcheur motrice de l'air sur votre visage. Je sentais que cela ne devrait pas me déranger de continuer éternellement. Le temps était illimité. Il n'y avait que l'espace et le bourdonnement du moteur et le cercle de lumière faiblement luisant de l'hélice et de ces deux ailes rigides avec leurs entrelacs de renforts.

Nous ne restâmes pas longtemps hors de vue de la terre et de l'eau, mais assez longtemps pour donner envie de survoler à nouveau le canal, la prochaine fois à dix mille pieds, alors qu'il s'agissait d'une bande brillante cachée parfois par des taches de nimbe lumineux.

Le moteur s'est arrêté. Il y avait le silence des nuages, un silence amorti, amorti par la brume. Ensuite, nous étions sur un toboggan silencieux et lorsque nous sommes arrivés à la fin d'une glissade de mille pieds ou plus, la France se profilait devant nous avec sa dentelle de vagues et une étendue de falaises de craie en angle et son paysage sortant de la brume. Quelques minutes de plus et le fil de sel qui maintenait Napoléon hors d'Angleterre et l'Allemagne hors d'Angleterre était derrière nous. Nous étions sur le continent européen.

Je n'avais jamais aussi bien compris le caractère de l'Angleterre et de la France. L'Angleterre était constituée de nombreux petits jardins reliés par des routes et des ruelles ; La France était un grand jardin. Majestueuses dans leur suggestion d'espace, ces vastes étendues de champs sans haies et sans clôtures, leurs lignes de culture nettement tracées comme le sont toutes les lignes d'un avion, les champs entre les parcelles boisées et les villages et les villes, révélant une terre où tout le sol est labouré. .

Bientôt, nous avons dépassé les camps que je connaissais et les longues autoroutes droites que j'avais souvent empruntées au cours de mes allées et venues. Mais comme ces routes semblaient vides, où l'on croisait toujours des camions et des fusils ! De longues stries grises avec des points occasionnels qui, à mesure que l'on s'élevait, se perdaient comme des perles éparses se fondant en un ruban ! Les tranchées de réserve que j'avais connues également étaient des tracés blancs sur une surface plane dans leur contour standard de traverses. Il y avait le château où j'habitais depuis des mois. Oui, j'ai pu identifier cela, ainsi que la ville où nous sommes allés au marché.

Nous avons survolé la tour d'une cathédrale suffisamment basse pour voir les gens se déplacer dans les rues, puis, dans un dernier long glissement, après une heure et cinquante minutes de vol, les roues en caoutchouc ont touché la terre, se sont élevées et l'ont touchée à nouveau avant le vieux bus régulier ralentit non loin d'un autre avion arrivé quelques minutes auparavant. Lorsqu'une journée de beau temps succède à une journée de mauvais temps et que les arrivées sont fréquentes, les avions s'agitent sur cet aérodrome comme autant de pingouins avant d'être rassemblés par les agents occupés en file le long du terrain ou à l'abri des hangars.

Nous n'avions vécu aucune de ces expériences passionnantes qui sont censées arriver aux aventuriers aériens, mais nous avions fait un voyage parfaitement sûr et normal, ce qui, je le répète, était le véritable but de cette merveilleuse affaire de ferry aérien. Je me suis rendu au bureau et j'ai officiellement signalé mon arrivée au même moment où le pilote annonçait la livraison de son avion.

"Bonne nuit", dit-il. "Je pars prendre le bateau à vapeur pour amener un autre bus demain."

A proximité se trouvaient ma voiture et mon soldat chauffeur, qui me demandèrent, à sa manière tranquillement anglaise, si j'avais fait « un bon vol, monsieur » ; et bientôt je me retrouvais dans l'atmosphère de l'armée alors que la voiture filait sur la route, passant devant des camps, des villages et des camions, jusqu'à ce qu'au clair de lune, alors que nous franchissions une colline, la tour de la cathédrale d'Amiens surgisse au-dessus de la masse sombre de la ville. la ville contre l'horizon sombre.

XX

LES ARMES TOUJOURS PUISSANTES

Mille canons à l'appel du maître - Maître d'école des canons - De plus en plus d'armes mais jamais trop - L'habileté du tireur qui met la vie ou la mort en jeu - "Grand-mère" première des obusiers de quinze pouces - Soldat-mécanicien - La guerre est toujours une question de missiles - Améliorations de l'artillerie - Troisième rail du champ de bataille - Le jeu des armes à feu matant les armes à feu - Un Niagara de la mort - Un tube d'acier géant peint de taches de grenouilles.

Comment réconcilier ce général artilleur urbain, un génie parmi les experts, vous disait-on, en tant que maître d'une magie tonitruante qui lançait ses éclairs meurtriers sur le territoire allemand ! Laissez-le déplacer une épingle rouge sur la carte et un tracteur remorquait un canon de neuf pouces vers une nouvelle position ; une épingle noire et une batterie de dix-huit livres prirent la route. Mille canons répondaient à son appel avec cent mille obus quand cela lui plaisait. J'étais impressionné par lui, car le chaos semblait faire ce qu'il voulait au bout d'un bouton-poussoir.

Les rideaux de feu tourbillonnants et les rideaux rampants et bondissants étaient ses serviteurs familiers, et il a créé la dernière mode par ses améliorations. Les Français ou les Allemands avaient-ils quelque chose de nouveau ? C'est ce qu'il a appliqué. Avait-il quelque chose de nouveau ? Il transmet la méthode aux Français et fait bénéficier les Allemands de ses résultats.

Les observateurs assis dans les paniers des ballons d'observation, les avions tournant à basse altitude au risque de tirs antiaériens, les hommes assis à la cime des arbres et d'autres dans les tranchées de première ligne repérant les chutes d'obus étaient les yeux de la science qu'il travaillait sur son carte. Ces nids et ces lignes de canons qui semblaient simplement envoyer des obus dans le bleu depuis leurs cachettes jouaient fortissimo et pianissimo sous sa baguette. Il a corrélé leurs efforts, leur a donné un but et un système dans leur trafic rugissant de projectiles.

Là où Sir Douglas Haig était maître d'école de l'ensemble, il était maître d'école des armes à feu. Après les jours sombres du saillant, où il travaillait avec des reliques de forteresses et tout ce qui pouvait être improvisé contre l'artillerie allemande, vint le dernier mot en matière de monstres à gorge noire et à la langue de feu venu d'Angleterre où les nouveaux artilleurs avaient appris leur ABC et lui et ses assistants devaient leur enseigner la géométrie solide et le calcul et leur donner une expérience pénible, mais encore plus utile.

Son hôte ne cessait d'augmenter à mesure que de plus en plus d'armes arrivaient, mais jamais trop. Il ne peut pas y en avoir trop. Plantez-les aussi épais que des arbres dans une forêt sur une profondeur de six ou huit milles et il n'y en aurait pas assez selon le critère de l'infanterie, pour qui les fortunes de la guerre étaient de plus en plus liées à la nature du soutien de l'artillerie. Il devait avoir souri avec la satisfaction d'un agriculteur devant une grosse récolte qui remplissait le grenier tandis que la pile d'obus d' un dépôt de munitions s'étendait sur le champ, et il pouvait marcher parmi ses fusils avec la fierté d'un propriétaire terrien parmi ses troupeaux. Il connaissait toutes les maladies dont les armes à feu étaient héritières et leurs faiblesses de tempérament. Un armurier faisait partie de l'établissement. Ce spécialiste est allé parmi les armes, a pris leur pouls, a écouté les récits de leurs symptômes et a décidé s'ils pouvaient être soignés dans un hôpital de campagne ou s'ils devaient retourner à la base.

Tempérament? Un vieil obusier de huit pouces qui a contribué à une douzaine de rideaux de feu et a soufflé dans de nombreuses pirogues peut être un virtuose du tempérament. Beaucoup de choses entrent dans la maîtrise de la magie des tonnerres, depuis la vue claire des observateurs qui voient avec précision jusqu'à la précision de l'habileté du tireur, de la poudre, de la mèche, d'une centaine de bagatelles qui ne peuvent jamais être trop méticuleusement observées. Un inspecteur de munitions égaré à l'étranger, suite à un oubli, peut coûter la vie à de nombreux soldats ou changer le sort d'une charge.

L'art du tireur n'est comparable qu'à l'habileté du chirurgien dans l'art dont l'enjeu est la vie ou la mort. Le chirurgien essaie de sauver une vie qu'un coup de couteau pourrait détruire ; le tireur essaie à la fois de sauver et de prendre la vie. Dans la vie professionnelle du tireur, jeune et robuste, les muscles durcis par l'exercice et l'exercice, la virilité rose, doivent faire confiance. Un peu d'insouciance ou la moindre erreur et des monstres avec leur longue et enflammée portée peuvent vous frapper dans le dos au lieu de l'ennemi devant vous, et au lieu de morts et de blessés et de capitulation parmi des pirogues détruites et des positions de mitrailleuses, vous pouvez être reçu par des pluies de mitrailleuses. des bombes. Pas étonnant que les artilleurs travaillent dur ! Pas étonnant que la discipline soit renforcée par la vis d'une responsabilité effrayante !

Au front, nous avions une sorte de respect pour Grandmother, le premier des obusiers de quinze pouces arrivés comme réponse tardive de « l'Angleterre préparée » qui « a forcé la guerre » à « l'Allemagne non préparée » aux fameux quarante-deux centimètres qui pilonné Liège et Maubeuge .

Doucement, grand-mère, avec sa bouche laide, son cou court et ses gigantesques côtes d'acier, fut déplacée et soignée ; car elle aussi était capricieuse. Ensuite, grand-père est venu, oncle, cousin, tante et de nombreux fils et filles adultes, jusqu'à ce que les Britanniques auraient pu transformer la ville de Lille en ruines s'ils l'avaient choisi ; mais ils ont réservé leur destruction aux villages de la Somme, ce qui représente une perte de propriété remarquablement minime, car un village moyen pourrait être reconstruit pour pas plus de deux cent mille dollars.

D'autres enfants de plus petit calibre sont également arrivés en nombre surprenant. Ne vous y trompez pas à propos de cet obusier de neuf pouces, qui semble n'être qu'un monstrueux tube d'acier tirant un obus monstrueux, et non une pièce de mécanisme délicatement ajustée. Le tireur, aux vêtements imbibés d'huile, qui a la culasse ouverte, ne prête aucune attention au champ de canons qui l'entoure ou à l'éclatement d'un obus à une centaine de mètres, pas plus que l'homme en panne de moteur ne prête attention au trafic qui passe. Est-ce un soldat ? Oui, par son uniforme, mais avant tout mécanicien, cet homme de Birmingham, qui polit cette lourde pièce d'acier qui, lorsqu'elle se bloque dans la culasse, maintient fermement l'obus et laisse passer toute la force de l'explosion. la bouche, tandis que le cylindre de recul encaisse le choc aussi bien que sur un cuirassé, sans trembler de la base enfoncée dans les débris d'un village. Il secoue la tête, ce mécanicien préoccupé . Il peut être nécessaire de faire appel au armurier. Son "comment" est en service depuis longtemps, mais ne montre pas encore les signes de faiblesse générale de la batterie de huit pouces à proximité . Ils ont tiré trois fois leur allocation et sont encore utiles à diverses fins dans le jeu d'épingles rouges et noires du général artilleur sur sa carte. La durée de vie des armes à feu a dépassé toutes les attentes ; mais les petits calibres avancés et les *soixante-quinze* ne doivent pas souffrir d'une faiblesse générale lorsqu'ils se posent sur un rideau de feu pour couvrir une charge.

La guerre est encore une affaire de projectiles, de missiles lancés à poudre, qu'ils soient à canon ou à fusil, comme au temps de Napoléon, le changement étant dans la portée, la précision et la puissance destructrice. Le seul nouveau départ est l' avion , car l'attaque au gaz est une autre forme de pot puant chinois et notre vieil ami mystérieux, le feu grégeois, peut prétendre avoir préséance sur le *Flammenwerfer* . Le char avec ses mitrailleuses appliquait le principe des projectiles provenant de canons derrière un blindage. Les casques en acier ne seraient guère considérés comme une innovation par les chevaliers médiévaux . Les bombes, les grenades à main et les mortiers sont également d'anciennes formes de guerre, et les combats rapprochés à la baïonnette, comme cela était évident pour tous les observateurs pratiques avant la guerre, perdureront aussi longtemps que la seule façon d'occuper une position sera la présence de soldats. des hommes sur place et tant que les défenseurs se battent pour le maintenir dans une arène libre de l'interférence des canons qui doivent retenir leur feu de peur de blesser vos propres soldats ainsi que ceux de l'ennemi.

Malgré tout le génie inventif de l'Europe appliqué à cette guerre, le rayon thermique ou tout autre moyen révolutionnaire de tuer qui rendrait les fusils et les fusils impuissants n'a pas été développé. Il s'agit encore de lancer ou de tirer des projectiles avec précision sur son adversaire, seulement là où autrefois il s'agissait de javelot, de lance ou de flèche, il s'agit désormais d'obus sur une distance d'un mille à vingt milles ; et plus vous pourrez faire de coups avec des javelots ou des flèches et plus vous pourrez faire avec des obus, plus il y aura de chances que la victoire penche de votre côté. Là où les volées de flèches cachaient le soleil, des barrages recouvrent désormais la terre.

L'amélioration des tirs d'obus est déjà assez révolutionnaire en soi. La puissance des armes à feu a progressivement augmenté. Ce qu'ils peuvent accomplir est bien illustré par le récit d'un bataillon allemand sur la Somme. Alors qu'il se trouvait à dix milles du front, un obus de quinze pouces frappa ses cantonnements juste avant qu'il ne reçoive l'ordre d'avancer. En chemin, la chance lui a été défavorable à chaque étape de son progrès et il a souffert tour à tour d'obus de neuf pouces, de huit pouces et de six pouces, sans parler des bombes d'un aviateur volant à basse altitude, puis de dix-huit livres. Lorsqu'il atteignit les tranchées, un bombardement préliminaire fut le coup du sort qui conduisit à la capitulation rapide de quelque deux cents survivants devant une charge britannique. Le reste des milliers d'hommes étaient pratiquement tous des victimes d'explosions d'obus, ce qui, en accordant une certaine exagération dans le récit d'un prisonnier, illustre ce que les armes à feu peuvent provoquer si la cible est sous leurs projectiles.

Le tir de 1915 semble presque amateur par rapport à celui de 1916, un fait à peine révélé au public par la lecture des bulletins et d'une telle quantité d'informations diverses que la signification en devient obscure. Au début de la guerre, les Allemands disposaient de nombreux obusiers mobiles et d'immenses réserves d'obus hautement explosifs, tandis que les Français dépendaient de leurs *soixante-quinze* et de leurs éclats d'obus ; et face à ce désavantage, l'éclat de leur travail avec ce merveilleux canon de campagne sur la Marne et en Lorraine fut le facteur le plus important qui contribua au salut de la France, à côté du facteur vital du courage et de l'organisation française. Les Alliés ont dû suivre le mouvement allemand avec des obusiers et des obus explosifs puissants et la demande de plus en plus d'armes à feu et de plus en plus de munitions pour faire exploser votre ennemi et ses positions est devenue universelle.

Le premier barrage, ou rideau de feu, jamais utilisé à ma connaissance fut un faible effort allemand dans le saillant d'Ypres à l'automne 1914, bien que les tirs de tambours français répartis sur une certaine zone eurent, dans un sens, un effet similaire. Pour assurer la clarté sur des principes fondamentaux familiers aux hommes du front mais qui pour le grand public n'est qu'un symbole de quelque chose d'incompris, un rideau de feu est une bande de fragments et de balles provenant de projectiles éclatants qui peuvent arrêter une charge ou empêcher les réserves d'arriver. au soutien de la ligne de front. C'est une barrière de mort, le troisième rail du champ de bataille. Du ciel descendent les éclats d'obus avec leurs pluies de balles, tandis que les explosifs puissants soulèvent la terre sous leurs pieds. Les éclats d'obus sont passés de mode à l'époque où les explosifs brisaient les tranchées et les abris ; mais la réponse fut des abris plus profonds, trop solidement couverts pour permettre la pénétration, et les éclats d'obus revinrent pour jouer un rôle principal, comme nous le verrons dans la description d'une charge sous un rideau de feu moderne dans un autre chapitre.

Le travail de contre-batterie est un autre des soins du général artilleur, qui nécessite, pour ainsi dire, l'assistance de la branche des détectives. Avant de pouvoir combattre, il faut retrouver les canons de l'ennemi dans leurs cachettes ou tenter sa chance sur l'emplacement probable de ses batteries, qui fouilleront d'ordinaire chaque bosquet, chaque chemin creux et chaque contre-pente. L'intéressant essai capturé sur les méthodes de combat britanniques, par le général von Arnim , le général commandant les Allemands face aux Britanniques sur la Somme, avec ses instructions détaillées révélatrices du sérieux avec lequel il considérait la Nouvelle Armée, mentionnait les moyens supérieurs de rapporter les observations. aux canons utilisés par les avions britanniques et a mis en garde les artilleurs allemands contre ce qui était autrefois une couverture évidente, car l'artillerie britannique ne manquait jamais de se concentrer sur ces endroits avec des résultats désastreux.

Là où les avions détectent facilement les lignes, qu'il s'agisse de routes ou d'une colonne d'infanterie, comme je l'ai dit, une batterie à découvert avec des canons et des artilleurs, la teinte du paysage n'est pas facilement reconnaissable à la haute altitude à laquelle les tirs antiaériens limitent les aviateurs. . Lorsqu'une concentration commence sur une batterie, les artilleurs doivent soit se rendre dans leurs abris, soit courir hors de portée des obus jusqu'à ce que le « mitraillage » soit terminé. Si A pouvait localiser tous les canons de B et disposait de deux mille canons personnels pour garder les deux mille canons de B réduits au silence grâce au travail de contre-batterie et de deux mille supplémentaires pour attaquer les positions d'infanterie de B, ce ne serait qu'une question de charges continues sous le couvert de des rideaux de feu jusqu'à ce que les survivants, sous les rafales d'obus, sans le soutien de leurs propres canons, cèdent face à des obstacles aussi horribles et désespérés.

Telle est la puissance des armes à feu - et le jeu des armes à feu est tel - dans leur effort pour arrêter les rideaux de feu de l'ennemi tout en maintenant le leur, que le génie qui trouve une baguette magique qui, d'un ballon à saucisse, lui indiquera le La position de chaque batterie ennemie a une renommée qui l'attend juste après celle de l'inventeur d'un système de distillation d'un rayon de chaleur mortel provenant du soleil.

Et l'arme capturée ! C'est un prix non moins cher au cœur de l'infanterie aujourd'hui qu'il ne l'était il y a cent ans. Notre bataillon a pris une batterie ! Il y a un frisson pour chaque officier, chaque homme et tous les amis à la maison. Canon fêlé par un coup direct, cylindre de recul brisé, roues en bois d'allumage, bouclier fracturé, voilà un trophée qui est une preuve de précision pour tous les artilleurs et un mémorial éternel sur la place de la ville à l'héroïsme des hommes de cette localité.

Dans la branche des artilleurs du corps ou de l'état-major de la division (qui peut être à côté du central téléphonique où les soldats "Bonjour!" sont occupés toute la journée à garder en contact les canons, l'infanterie, les transports, l'état-major et les unités, grandes et petites), le Le visiteur s'attardera en écoutant les discours d'atelier de ces experts en destruction mécanique. Les discussions génériques sur le calibre d'arme le plus efficace pour tel ou tel objectif ont la parole lorsque le résultat d'une action récente ne fournit pas un sujet plus nouveau. Il y a bien sûr des adeptes de la mode et des vieux fous, comme dans tout autre groupe d'experts. Les rapports de l'infanterie sur son expérience des explosions d'obus, qui devraient être l'évangile, peuvent varier ; car l'infanterie pense bien aux canons lorsque la charge rentre chez elle avec des pertes légères et malades lorsque les choses vont mal.

Chaque jour, des tableaux sont transmis aux commandants, indiquant les dépenses en munitions et le stock de différents calibres disponible ; car l'armée est une comptable des plus exigeantes. Il faut toujours disposer d'immenses réserves en cas d'urgence, et dans la Somme, l'allocation journalière, lorsque la bataille ne faisait que « gronder », était d'un mois par an auparavant. Que le général dise le mot et cinquante mille obus de plus seront tirés jeudi que mercredi. Il lance et allume un Niagara de la mort. L'infanterie est l'Oliver Twist d'une demande incessante. Il faudrait une vingtaine de batteries allumées sur une mitrailleuse, toutes les batteries de l'armée contre un front de bataillon, et une nappe d'obus en l'air nuit et jour, comme vous le souhaiteriez vous-même si vous étiez dans la ligne de feu. .

Gardiens de la vie précieuse de leurs propres hommes et destructeurs de celles de l'ennemi, les canons veillent. Chaque nuit, les éclairs à l'horizon rappellent à ceux qui se trouvent au loin que la bataille ne finit jamais. Leurs voix ne ressemblent à aucune autre, à l'exception des armes à feu ; l'éclair de leur museau est aussi suggestif que l'étincelle d'une dynamo qui dit que la mort est là pour tendre la main. Il y a quelque chose de docile dans leur puissance, comme la réponse de la masse de l'éléphant aux ordres du cornac, dans leur élévation et leur dépression silencieuses, et plus ils sont grands, plus leur recul apparaît doux alors qu'ils se remettent en place, prêts pour un autre tir. Les vallées où se cachent les canons jouent des tours à l'acoustique. Je me suis assis sur une colline avec une douzaine de batteries tirant sous le front et leurs fracas étaient à peine audibles.

"Seulement une préparation d'artillerie, monsieur !" » dit un artilleur alors que nous remontions une pente raide avec des canons, comme disent les Anglais, qui tiraient tous. Vous avez attendu votre chance de courir après qu'une batterie ait tiré et vous étiez en route vers la suivante avant que celle qui vous suivait n'envoie une autre balle au-dessus de votre tête.

Le rugissement profond des gros calibres n'est pas aussi dur pour les oreilles que le craquement des petits calibres. En revenant, vous vous retrouvez face aux explosions et puis, même si cela arrive rarement, vous avez à l'esprit, si vous avez déjà été confronté à une explosion, la fâcheuse possibilité d'un éclatement prématuré d'un obus au visage. Des panneaux vous indiquent où sont cachées ces bouches noires que vous ne verrez peut-être pas, de peur que vous n'entrez directement dans l'une d'elles alors qu'elle crache des flammes. Quand vous avez vu des canons tirer par milliers à perte de vue depuis une colline ; quand on a vu tous les calibres à l'œuvre et qu'on a mal à la tête à cause du bruit, la chose devient accablante et monotone. Pourtant, vous revenez, attiré par l'étrange fascination de la puissance de l'artillerie.

En rentrant chez moi un jour après des heures avec les canons lors d'une attaque, j'ai vu pour la première fois l'un des canons monstres des chemins de fer tirer alors que je passais sur la route. Est-ce que je sortirais pour le regarder ? J'ai hésité. Oui bien sûr. Mais ce n'était qu'un autre canon, un tube d'acier géant peint de taches de grenouilles pour le cacher à l'observation aérienne ; seulement un autre canon, bien qu'il ait envoyé un projectile de deux mille livres sur une cible à dix milles de distance, qui, selon un homme d'un ballon-saucisse, était « allumée ».

XXI

D'AILLEURS

La Somme – Cathédrale d'Amiens – Promeneurs du dimanche après-midi – Femmes, vieillards et garçons – Une vieille ville prospère – Madame du petit Restaurant des Huîtres – Le vieux garçon de l'hôtel – La cigogne et la mouette – Visiteurs de marque – Chevaux et les chiens — Charrettes à eau — Potins de bataille — Les ânes.

Quels contrastes ! Il n'y avait rien d'aussi agréable que cela lorsque l'on reprenait la route fluviale pour rentrer chez soi après une action. Laissant derrière nous la crête et la pente balafrée et les camions bondés dans leur nuage de poussière, vous étiez dans un monde vert apaisant pour les yeux douloureux à force de regarder les explosions d'obus. Le long des rives de la Somme, par une chaude journée, vous pourriez voir des silhouettes blanches de jeunes en armure musclée, lavées de la crasse de la ligne de tir dans l'exaltation des minutes, des secondes, vécues avec éclat sans se soucier du lendemain, secouant des gouttes d'eau. débarrassés de leurs peaux blanches, à l'ombre d'arbres épargnés par les tirs d'obus, après une plongée dans des eaux fraîches. Puis, depuis une colline où le panorama s'offrait à l'œil, la Somme à vos pieds tenait dans son filet brillant des îlots de paix tandis qu'elle se détachait des murailles végétales et serpentait à travers la plaine vers Amiens.

La Somme est de nature bienveillante et désireuse d'embrasser tout le pays qui l'entoure, et Amiens a développé son penchant naturel au service de l'homme.

Il produisait des ressorts plus doux que ceux de n'importe quelle ambulance pour les gros chalands à moteur qui transportaient les blessés graves du front devant les riches jardins maraîchers qui envoyaient leurs produits sur d'autres bateaux au marché. Sous les ponts, son courant était divisé et subdivisé jusqu'à ce que personne ne puisse dire qui était la Somme et quel canal, s'affairant pendant que les paysans et les commerçants rendaient un bon service à l'humanité, moulant le blé ici et là plus loin, faisant tourner un métier à tisser pour tisser. les riches velours qui font la renommée d'Amiens, et entre ses étages d'utilité fournissant un effet vénitien où les balcons penchaient sur l'un de ses lotissements, un quartier de vieilles maisons sur des rues courtes et tortueuses à l'arrière, blotties avec une sorte de révérence antique près du grande cathédrale.

Au début, vous pourriez être discriminant sur l'extérieur de la cathédrale d'Amiens, en pensant que seul l'intérieur vaut la peine . J'entrais fréquemment à l'intérieur et l'appel à partir était plus fort après avoir vu une action. Debout sur ce dallage de pierre où se sont tenus princes et guerriers tout au long de huit cents ans d'histoire de France, j'ai vu lever les yeux vers l'incomparable nef à la symétrie majestueuse, *des poilus français* dans leur bleu délavé, leurs casques à la main et peut-être le blanc de leurs vêtements. un bandage visible, des généraux épicés qui avaient quelques heures d'absence de leurs commandements, des estafettes chargés de poussière, des officiers de jeunesse avec le morceau de ruban bleu qu'ils avaient gagné pour leur bravoure sur la poitrine et des nœuds de soldats en kaki usé. L'homme qui avait été ouvrier avant de revêtir l'uniforme était possédé par la même crainte que celui qui avait été favorisé par la naissance et l'éducation. Un prêtre en robe noire qui passait, au pas doux, ne différait pas beaucoup à l'œil de celui qui était là lorsque le Prince Noir combattait en France ou que les soldats de Jeanne ou de Condé venaient regarder la nef.

La cathédrale et la Somme ont contribué à vous unir au monde et au temps. Après des semaines, vous avez cessé de faire preuve de discrimination à l'égard de l'extérieur. La cathédrale était simplement la cathédrale. En revenant des champs, je savais où, sur chaque route, j'aurais le premier aperçu de sa masse sereine et affirmée au-dessus de la mer des toits — toujours là, toujours la même, immortelle ; tandis que la crête était secouée par les tirs des canons alliés qui formaient la ligne de tir de la police pour sa protection.

J'aimais parcourir le chemin de halage du canal où les citadins se promenaient le dimanche après-midi, le bleu des soldats français en permission se mêlant aux civils noirs, soldats avec épouses ou mères au bras, pour l'instant en sécurité. Une scène me revient en mémoire au moment où j'écris : un jeune homme revenu des tranchées portant sur son épaule son robuste garçon de deux enfants et la jeune mère aux yeux noirs marchant à ses côtés, tous deux n'ayant d'yeux pour rien au monde sauf le garçon.

Les vieux pêcheurs vous diraient en attendant une bouchée que l'Allemand était *fichu* , leur confiance dans le crédit de la France intacte puisqu'ils vivaient du revenu des épargnes de leur industrie avant de prendre leur retraite. Vous avez interrogé les jardiniers sur leurs affaires, dont vous saviez qu'elles étaient bonnes avec cette armée britannique, toujours affamée et dépensière, qui "intimidait" le marché. Un jour, en nous promenant, Beach Thomas et moi avons vu un plongeur se préparant à descendre pour examiner la culée d'un pont et nous nous sommes assis pour regarder avec un vif intérêt, alors que nous aurions pu voir des centaines de coups de canon tirer. C'était un changement. Les nuits, après la rédaction des dépêches, Gibbs et moi, tout sauf sanglants, marchions dans le silence, ayant le chemin de halage pour nous seuls, et après un accord mutuel pour parler de tout sauf de la guerre, nous revenions au même vieux sujet. .

Les autres jours, quand on ne faisait que « grignoter » sur la crête, on pouvait traverser le pays sur les chaumes, chassant les perdrix des trèfles. Et les femmes, les vieillards et les garçons se mirent dans toutes les récoltes. Comment, je ne le sais pas, sauf en se levant tôt et en restant jusqu'à la nuit tombée, ce qui est la manière dont la plupart des choses valables sont accomplies dans ce monde. Les garçons de dix à seize ans qui conduisaient la charrue pour les semailles de l'année suivante étaient devenus des hommes par leur fermeté.

Amiens se réjouissait du souvenir de la frustration de ce qui aurait pu se passer lorsque ses citoyens regardaient les affiches, déjà précieuses reliques, qui avaient été apposées par l'armée de von Kluck lors de son passage en route vers sa volte-face sur la Marne. . La vieille ville, hors de la zone des combats, hors de portée des obus, avait extrêmement prospéré. Les commerçants, particulièrement ceux qui vendaient des huîtres, du poisson frais, des fruits, du fromage, toutes friandises quelles qu'elles soient, aux victimes des rations de fer dans les tranchées, pouvaient se retirer sur leurs bénéfices à moins de mourir d'épuisement à accumuler davantage. Ils prenaient votre argent si poliment que s'en séparer était un plaisir, quels que soient les prix, même s'ils étaient toujours moins chers pour les œufs frais qu'à New York.

Nous avons appris à tout connaître avec l'infinité que développe la guerre, mais pour son caractère et son énergie, le ruban bleu revient à Madame du petit Restaurant des Huîtres . Elle n'avait pas besoin d'un mari vaillant pour en faire la femme d'un maréchal, comme dans le cas de Sans- Gêne , car elle était elle-même maréchal. Elle devrait avoir la *croix de guerre* avec toutes les étoiles et une palme aussi pour savoir cuisiner. Un petit poêle aussi occupé avec ses poêles grésillantes qu'un groupe de bombardiers se dressait au pied d'un escalier exigu, dont la montée révélait quelques tables, dont aucune pour deux et tout le monde assis, pour ainsi dire, coude à coude, dans la petite salle à manger. -chambre. Il y avait aussi de la vaisselle en quantité suffisante et propre, et des serviettes impeccables, mais aucun étalage de porcelaine et d'argenterie n'était nécessaire, car la nourriture était une attraction suffisante. Madame était pour l'action. Si vous ne commandiez pas rapidement, elle le faisait pour vous, tenant pour acquis qu'un esprit vacillant indiquait un palais qui appelait un traitement arbitraire.

Elle avait parfois une langue de mitrailleuse. Si vous n'aimiez pas son restaurant, il était évident que d'autres clients attendaient votre place, et les généraux capitulaient aussi promptement que les lieutenants. Une camaraderie se développe à table sous l'impulsion de sa présence dynamique et de ses concentrations d'artillerie occasionnelles, brèves et décisives, car elle n'a pas de temps à perdre. Homard et sole grillés, huîtres, filets et côtelettes, pommes de terre sautées grésillantes, salades croquantes, montagnes de fraises des bois avec des pots de crème épaisse et un délicieux café descendu de ses mains, sans erreur dans les commandes ni retard dans la succession rapide des plats, sur le tissu devant vous par quelque tour de passe-passe de manipulation dans les espaces étroits, accompagné de sa répartie. Il était impossible de comprendre comment elle avait pu obtenir de tels résultats en quantité et en qualité sur ce seul fourneau, avec l'aide d'un assistant qu'elle rencontrait apparemment parfois en travers de son chemin ; car l'assistante reculait à la manière de celle qui aurait mis son doigt dans un ventilateur électrique pendant que sa maîtresse commençait à manipuler des casseroles et des poêles.

Si Madame des Huîtres venait à New York, je me le demande : oui, elle serait envahie par des gens qui ont un appétit de tranchée. Bientôt elle serait capitalisée, avec des branches des Huîtres partout dans le pays, tandis qu'elle ne toucherait plus à une poêle, mais roulerait en limousine et grossirait, et je ne l'aimerais plus.

Les gens qui ne pouvaient pas entrer aux Huîtres ou n'étaient pas dans le secret que, je le crains, était égoïstement gardé par ceux qui y étaient, devaient dîner à l'hôtel, où un certain vieux garçon - tous les jeunes étant au front - bien qu'appelé le fou pourrait devenir l'objet d'une méthode s'il n'avait pas de méthode dans la folie. Lorsqu'il semblait sur le point de s'effondrer de fatigue, dites-lui qu'il y avait eu un grand nombre de prisonniers allemands sur la crête et que la lueur de joie dans ses yeux sombres le galvaniserait. *S'il* hésite encore, un cri de : « *Vive l'Entente cordiale ! avant !* " le renvoyait avec des pans de manteau perpendiculaires à son corps alors qu'il sautait au milieu de la foule de serveurs devant la porte de la cuisine, d'où il sortait triomphalement en portant le plat suivant. Il ne permettait pas non plus vous devez en sauter un. Vous devez les prendre tous, sinon, en guise de pénalité pour briser le système, vous aurez faim.

Dehors, dans la cour où l'on allait prendre un café et qu'on pouvait parfois en prendre en annonçant au maître d'hôtel une bonne nouvelle du front, une cigogne et une mouette aux ailes coupées posaient devant la fontaine. Que d'histoires de batailles se racontaient devant ce couple incongru dont les pitreries soulageaient les tensions de la guerre ! Lorsque la cigogne faisait un pas ou deux, la mouette le suivait d'un pas lourd et lorsque la mouette bougeait, la cigogne bougeait également, les deux n'étant jamais distants de plus de trois ou quatre pieds. Pourtant, chacun gardait une attitude de détachement, comme s'il répugnait à admettre la moindre affection l'un pour l'autre. Des oiseaux insensés, comme beaucoup le disaient et se moquaient d'eux ; et encore une fois, des héros sortis de l'enfer sur la crête et totalement inconscients de leur héroïsme disaient que les deux avaient la sagesse des âges, en particulier la cigogne, bien que l'avis des experts en artillerie était que la mouette pratique pensait que seule sa propre vigilance gardait la sagesse. des siècles après s'être noyé dans la fontaine dans un moment de distraction, alors que l'eau n'était pas à la hauteur de la cheville d'une cigogne. Plus d'absurdités, lorsqu'il s'agissait d'appeler à réagir face à un drame puissant, furent tissées autour de ces artistes par des hommes qui ne pouvaient pas aller au théâtre, que n'en croiraient les lecteurs des bulletins officiels ; tissé par des dîners d'officiers qui, à la tombée du crépuscule, rentraient à l'intérieur et se rassemblaient autour du piano avant de se lancer à la charge le lendemain.

Par intervalles, des hommes en civil, portant des chapeaux souples, des guêtres sur des pantalons de tous les jours, des tenues de golf, des tenues de chasse, apparaissaient à l'hôtel ou étaient vus en train de se promener autour des tranchées allemandes capturées, leurs vêtements aussi étranges dans ce monde ordonné du kaki qu'une perruque poudrée, des genoux. culottes et boucles d'argent se promenant sur Piccadilly ou sur la Cinquième Avenue. Premiers ministres, membres du Cabinet, grands financiers, potentats, journalistes, poètes, artistes de nombreuses nationalités sont venus visiter la ville. Ils virent la crête sous sa couverture de fumée d'obus, les puissantes colonnes de transport, toute l'organisation complexe et énorme de ce monde secret, jetèrent un coup d'œil dans les abris allemands et, comme tous les observateurs, évaluèrent la distance de l'explosion d'obus la plus proche. leurs propres personnes.

Beaucoup furent étonnés de constater que les généraux travaillaient dans les châteaux sur des cartes, en donnant des instructions par téléphone, au lieu de se tenir au sommet des collines pour donner leurs commandements, et que la guerre était une affaire systématique, ce qui obligeait ceux qui avaient été au front à écrire et à prouver que c'était à se demander si personne ne lisait ce qu'ils écrivaient. Un Américain qui déclara qu'il ne voyait pas pourquoi tous les camions, les chevaux, les chariots et les hommes ne s'égaraient pas, évoquait les premières impressions vives que le « nouvel œil » apportait sur la scène. Un autre a fait l'éloge de mon premier livre pour la manière dont il avait rendu la vie au front plus claire, puis a déclaré sa surprise de constater que les tranchées ne s'étendaient pas tout droit, mais en traversées, et que les soldats vivaient dans des maisons au lieu de tentes et que les artilleurs ne voyaient pas. leurs cibles. Maintenant, il avait vu cette puissante armée à l'œuvre pour lui-même. C'est le seul moyen. J'abandonne l'espoir de le faire voir aux autres.

Les processus de combat étaient si sombres, si dépourvus de pittoresque, qu'on accueillait favorablement tous les anciens symboles de la guerre. Je regrettais mais me réjouissais que le cheval soit toujours un facteur. Il était bon de penser que le moteur à essence avait sauvé les maux de dos des bêtes de somme d'autrefois, effacé l'horreur des chevaux morts au bord de la route et des chevaux épuisés par l'urgence d'une impitoyable nécessité, et qu'un obus dans le transport signifiait un radiateur brisé au lieu de chair déchirée et éparpillée. Pourtant le cheval servait toujours l'homme en tête et le chien le flattait toujours. J'ai vu des chiens morts sur le terrain où la mascotte d'un bataillon avait couru avec les hommes en charge ; des chiens ont été trouvés dans des pirogues allemandes, et un chien adopté par un état-major du corps avait refusé de quitter les côtés de son maître décédé, un officier allemand, jusqu'à ce que le corps soit enlevé.

Le cheval apportait la vie à quatre pattes dans le monde mort de la pente, tirant patiemment sa charge, sans se soucier des coups de feu et des cris des fragments d'obus une fois qu'il y était habitué. Comme il peut circuler sur des terrains accidentés, il pénètre dans des zones où aucun véhicule à moteur, à l'exception des chars, ne peut circuler. Il n'a pas besoin d'attendre les constructeurs de routes avant d'emmener les dix-huit livres vers leurs nouvelles positions ou de les suivre avec des munitions. Au loin sur le terrain, j'ai vu des groupes de chevaux d'artillerie attendant dans un creux du sol alors que leurs canons étaient à moins de cinq cents mètres de la ligne de tir, et serpentant à travers des champs morts vers une batterie isolée, les chevaux de caisson trottant avec des obus éclatant. autour d'eux.

Les jours d'août, lorsque la brise qui passait au-dessus de nous n'était qu'un attrait pour les hommes dans les tranchées de communication transportant des munitions et des bombes, lorsque les pirogues étaient des fours, lorsque le soleil faisait du casque d'acier un couvercle de poêle brûlant sur les tempes palpitantes, les charrettes à eau tirées par des chevaux remontait la pente pour étancher une soif brûlante et revenait, entre les portes de l'enfer et la station d'approvisionnement en gaz, sans faire plus d'histoires qu'un facteur de campagne en tournée.

Pratiquement toute l'eau dont disposaient les combattants, à l'exception de celle des cantines, devait être évacuée de cette manière, car les puits du village étaient remplis de restes de maisons écrasées par les obus. Les commérages de bataille les hommes d'eau, eux et les brancardiers tous deux non combattants allant et venant sous les obus jusqu'à la ligne de bataille, mais particulièrement les hommes d'eau, qui passaient le temps de la journée avec chaque branche, chacun travaillant dans son propre compartiment. Quand le temps était mauvais, les affaires du batelier se ralentissaient et le sort du brancardier empirait dans la boue. Que d'histoires les brancardiers rapportaient de blessés emportés par les obus, de la nécessité de choisir l'homme le plus susceptible de survivre alors qu'un seul sur deux pouvait être transporté, de messages chuchotés des mourants et d'eux-mêmes continuant leur travail avec le joyeux flegme britannique ; et les hommes de l'eau parlèrent des nouvelles positions des canons, des endroits où les obus étaient les plus épais, de la façon dont se déroulait le combat.

Cela irritait les hommes de l'eau, prosaïques dans leur mépris du danger, de se voir heurter un char à la sortie. S'il était touché au retour alors qu'il était vide, cela importait moins, car de nouveaux chars attendaient en réserve. La tragédie pour eux était lorsqu'un cheval était tué et souvent ils revenaient avec des chevaux blessés. Il n'est pas venu à l'esprit de l'homme qu'il pourrait être frappé ; c'était la perte d'un cheval ou d'un char qui l'inquiétait. L'un avait sa charrette renversée par une salve d'obus et redressée par le suivant, après quoi, selon le récit, il disait à sa jument : « Allez, Mary, je t'ai toujours dit que les Boches étaient de mauvais tireurs ! Mais il y a trop d'histoires sur les hommes de l'eau pour les répéter sans les trier.

Il ne faut pas oublier les petits ânes que les Français faisaient venir d'Afrique pour remplacer les hommes dans le transport du ravitaillement jusqu'aux tranchées. Ils faisaient leurs courses en file indienne et possédaient leurs propres hôpitaux pour les blessés. On raconte que lorsque des rideaux de feu commençaient devant eux, ils jetaient leurs longues oreilles en avant d'un air interrogateur et se serraient près du bord de la tranchée pour se couvrir et se dirigeaient même vers une pirogue avec les hommes, qui faisaient de la place pour autant d'ânes que possible, ou lorsqu'ils étaient à découvert, ils cherchaient l'abri des cratères d'obus. Pour ne pas sous-estimer leur perspicacité, les soldats français attribuaient même aux plus sages d'entre eux la capacité de distinguer les différents calibres d'obus.

XXII

LA MAÎTRISE DE L'AIR

« Piqués de nez » et « crashers » – Les duels les plus intenses de l'histoire – Les aviateurs, fierté des nations – Beauchamp – Le D'Artagnan de l'air – La maîtrise de l'air – L'aristocrate de la guerre, la jeunesse dorée de l'aventure – Plus proche de l'immortalité que n'importe quel autre homme vivant peut l'être. Les Britanniques sont des aviateurs imprudents. Influence aérienne sur la psychologie du soldat. Variétés d' avions . Un nombre immense d' avions dans les batailles aériennes.

Le bout de l'aile touchant le bout de l'aile, deux fantômes passèrent dans la brume à quinze mille pieds au-dessus de la terre et l'avion britannique et l'avion allemand qui s'étaient effleurés se perdirent dans le banc de nuages. La masse sombre qu'un aviateur voit approcher lorsqu'il survole le champ de bataille se révèle être un obus de quinze pouces au sommet de sa parabole qui passe dix pieds au-dessus de sa tête. Un aviateur allemand pensant qu'il est près de chez lui fait des cercles par temps couvert en direction d'un aérodrome britannique pour découvrir trop tard son erreur, et sort de son appareil pour se faire demander par ses ravisseurs s'il ne veut pas venir prendre le thé. Ainsi, les récits véridiques qui parviennent au mess des aviateurs évitent d'emporter votre imagination avec vous au front.

Ils parlent de « piqués » et de « crashers », qui désignent la manière dont un avion ennemi a été abattu, et bien qu'ils n'aient ni pose ni théâtralité, la conscience d'appartenir au corps des merveilles de la guerre moderne ne leur manque pas. L'un d'entre eux revient d'un vol et découvre qu'un obus de canon antiaérien de trois pouces a traversé le corps de son avion.

"Alors c'était tout ! Je ne l'ai presque pas senti !" il a dit.

Si l'obus avait explosé ? Oh, eh bien, c'est une habitude des coquillages ; et dans ce cas le pilote se retrouverait dans les lignes allemandes, méconnaissable parmi les débris de son engin après un « crasher ».

Alors que dans le vieil Occident, les hommes armés mettaient une encoche sur le manche de leur revolver pour chaque homme tué, aujourd'hui, dans le dossier de chaque aviateur, figure le nombre d'avions ennemis qu'il a abattus. Lorsqu'un Français en a dix, son nom apparaît au bulletin officiel. Tout concourt à pousser l'aviateur de combat à faire de plus en plus de victimes jusqu'au jour où lui aussi est victime. Jamais les duels n'ont été aussi détachés ni aussi intenses. Pas de choc d'acier, pas de taches de sang, seulement deux hommes avec des ailes. Pendant que le soldat sent son arme rentrer chez lui et que le bombardier voit sa bombe en vol, l'aviateur guette l'avancée de son adversaire sur son siège, premier signe qu'il a perdu le contrôle de son avion et de la victoire, et il n'entend pas le passage des balles qui répondent à celles de sa propre mitrailleuse. Un héros vient prendre la place d'un autre perdu. Un jeune Anglais souriant fut embarrassé lorsqu'on lui demanda comment il avait fait tomber le grand Immelmann, le plus célèbre des aviateurs allemands.

La « Mort ou l'abbaye de Westminster » de Nelson a été paraphrasée en « La mort ou le *communiqué* ». A vingt et un ans, alors qu'un général de division est inconnu sauf dans l'armée, le nom d'un aviateur peut être la fierté d'une nation. En lui s'exprime l'imagination nationale, le sentiment du culte du héros que l'on aime à personnifier. Le corps de l'aviation britannique est resté anonyme jusqu'à ce que la remise d'une Croix de Victoria révèle un jour que le lieutenant Ball avait abattu son vingt-sixième avion allemand.

Peu après la prise du fort Douaumont , alors que j'étais à Verdun, Beauchamp, blond aux yeux bleus et aux manières douces, qui avait enthousiasmé toute la France en bombardant Essen, dit : « Maintenant, ils veulent que j'aille plus loin et que je fasse quelque chose de plus grand ; " et je n'ai pas été surpris d'apprendre un mois plus tard qu'il avait été tué. Quelque chose dans sa façon de parler m'a convaincu qu'il prévoyait la mort et qu'il l'acceptait comme une évidence ; et il réalisa aussi la pénalité que représente le fait d'être un héros. Il avait survolé Essen, largué ses bombes et les avoir vues exploser, c'était toute son histoire.

L'enthousiasme du public face à de tels exploits est d'autant plus grand que leur simplicité. Un aviateur n'a aucune expérience sur la route ; il ne peut pas s'arrêter pour parler à qui que ce soit. Il y a une fuite ; il y a un levier qui libère une bombe ; il y a une mitrailleuse. Il ne peut pas s'adonner à la psychologie, ce qui serait une cueillette de laine, alors que chaque faculté est objectivement occupée. Il est étrangement impuissant, un être humain transporté dans l'espace par une machine, et lorsqu'il retourne au désordre, il n'a vraiment pas grand-chose à dire, sauf en ce qui concerne le mécanisme et la technique.

Le Royal Flying Corps, qui est son nom officiel, ne manque jamais de volontaires. Le nombre de pilotes dépasse toujours le nombre de machines. Des jeunes hommes avec des ailes brodées sur la poitrine, prouvant qu'ils étaient qualifiés, attendaient que les usines produisent des ailes pour voler. La fuite en elle-même est simple, mais l'initiative égale aux grandes actions est une autre chose. On revient ici à un don inné de l'individu qui, trouvant dans le danger le zeste du glorieux, la curiosité, l'ivresse de l'action, l'oeil clair, la main ferme répondant à la rapidité fulgurante de la pensée, devient le D'Artagnan de l'air. On ne sait pas quel jeune néophyte fera preuve d'une main ferme pour oser les dangers suprêmes avec un cœur léger, ou quel homme que ses amis pensaient être né pour l'aviation pourrait manquer de génie.

Loin dans les airs, il y a une ligne de démarcation imaginaire qui se situe au-dessus de la ligne de bataille ; et il y en a un autre qui peut être de votre côté ou de l'autre côté de la ligne de bataille. C'est l'emplacement de la deuxième ligne qui indique qui possède la maîtrise de l'air. Un mot au sens simple et impressionnant celui de la maîtrise de la guerre, qui représente la force sans réserve ; que l'autre homme est à terre et que vous êtes debout, l'autre se débrouille et vous poussez. Plus glorieux que l' élan rapide d'un destroyer vers un cuirassé, celui des avions britanniques dont les bombes abattirent en flammes six ballons-saucisses allemands avant le début de la Grande Offensive.

Je n'ai jamais eu besoin de visiter un aérodrome de la Somme pour savoir si un Britannique et un Français ou un Allemand était maître de l'air. La réponse était là chaque fois que vous regardiez dans le ciel en l'absence de croix de fer sur les ailes des avions en vol stationnaire, en fuite ou en rotation et de la multiplicité des yeux de bœuf ; de la manière abandonnée avec laquelle les piquets britanniques et français survolaient la zone ennemie, comme si l'espace leur appartenait et qu'ils osaient toute interférence. Si vous voyiez apparaître un avion allemand, vous pourriez compter trois ou quatre avions alliés apparaissant de différentes directions pour l'encercler. L'Allemand devait partir ou être pris dans un feu croisé et manœuvrer jusqu'à sa mort.

La maîtrise de l'air est un autre élément essentiel de la supériorité pour une offensive ; l'un des éléments essentiels de l'ensemble organisé d'une attaque. Lorsque vous faites avancer les hommes et les canons, les avions ennemis ne doivent pas localiser vos mouvements. Vos avions, avec des avions de combat comme interférence, doivent forcer un passage pour que vos observateurs puissent repérer les chutes d'obus sur de nouvelles cibles, aider à rendre compte de la progression des charges et jouer leur rôle auxiliaire propre dans le système complexe de renseignement de l'armée.

Avant l'offensive, de nouveaux aérodromes commençaient à apparaître le long du front en même temps que de nouvelles routes étaient construites. Une armée qui manquait au départ d'avions et d'armes à feu avait désormais les deux. Chaque aviateur savait qu'il était censé acquérir et conserver la maîtrise ; son rôle n'était pas moindre que celui de l'infanterie. Où devrait résider « l'esprit qui vivifie », sinon chez les aviateurs ? Aucune jambe fatiguée ne le gêne ; il n'a pas besoin de ramper sur les morts, de se cacher dans des cratères d'obus ou de se mettre à genoux dans la boue. Il est l'aristocrate choyé de la guerre, la jeunesse dorée de l'aventure.

Il quitte un lit confortable, avec bain, un bon petit déjeuner, la camaraderie d'un agréable désordre, les soins des domestiques, pour monter sur sa monture. A son retour, il lui suffit de se lever de son siège. Les mécaniciens soignent son avion et le rafraîchissement et l'ombre en été et la chaleur en hiver attendent aussi bien l'enfant gâté du corps favorisé et aventureux qui n'a pas le don et n'ose jamais tout à fait les grands risques, aussi bien que celui qui les ose jusqu'à sa fin certaine. . Tout dépend de l'homme.

S'élevant à dix ou quinze mille pieds, se glissant dans et hors des nuages, l'aviateur respire de l'ozone pur sur une chaussée sans poussière, le monde comme un tapis sous lui ; et bien que la mort soit à ses côtés, elle n'est pas une compagne crasseuse comme la mort dans les tranchées. Il est en haut ou en bas, et quand il est en haut, le frisson qui anime ses facultés ne permet aucune appréhension. Il n'y a pas de solution intermédiaire aux blessures atroces qui compromettent la survie en tant qu'infirme. Vivant, il est plus proche de l'immortalité que n'importe quel autre homme vivant ; mort, son esprit le quitte alors qu'il est dans les cieux. La mort arrive magnifiquement, rapidement, et jusqu'au dernier moment il essaie de garder le contrôle de sa machine. Ce n'est pas à lui d'envier l'époque des charges de cavalerie. Il ne dépend pas de la compagnie des autres hommes pour poursuivre ses activités, mais il est l'autocrate de son propre destin, le dirigeant de ses propres rêves. Pour lui, toutes les heures du jour sont les mêmes. A tout moment, il peut être appelé à fuir et peut-être à mourir. Les gloires du coucher et du lever du soleil lui appartiennent entre le soleil et la terre.

On s'attend à ce que les Britanniques soient de cool aviateurs, mais à leur flegme, comme nous l'avons vu, s'ajoute cet amour singulier du risque, de l'aventure, qui les envoie tirer sur des tigres et escalader des montagnes. En effet, le flegme de l'Anglais est une sorte de laisse retenant en échec une certaine imprudence que cache son apparente désinvolture. Après qu'il fut presque devenu une loi selon laquelle aucun aviateur ne devait descendre à moins de douze mille pieds, les aviateurs britanniques sur la Somme descendirent à trois cents, vidèrent leurs mitrailleuses sur l'ennemi et échappèrent au crépitement des tirs de fusils que les soldats allemands surpris avaient à peine eu. commencé avant que l'avion, à trois kilomètres par minute ou plus, ne soit hors de portée.

Lorsque Lord Kitchener inspectait un aérodrome en France en 1914, il déclara : « Un jour, vous volerez et évoluerez en escadrons comme la marine ; » et les aviateurs, tâtonnant alors pas à pas, souriaient dubitativement, convaincus que « K » avait de l'imagination. Quelques mois plus tard, la prophétie s'était réalisée et les types d'avions avaient augmenté jusqu'à devenir aussi nombreux que les types de canons.

Le faucon rapide attendant à quinze mille pieds d'altitude que sa proie en ajoute une autre à sa liste dans le *communiqué* est aussi distinct de celui dans lequel j'ai traversé la Manche que le destroyer l'est du croiseur et de certains types encore plus grands comme l'est le croiseur de un cuirassé. Pendant que l'ennemi était combattu, les bombes étaient larguées non pas en livres mais en tonnes sur les villages et les cantonnements, sur les dépôts de munitions et les têtes de chemin de fer, ajoutant leur destruction à celle des obus.

La maîtrise avait plus de valeur que la destruction ou la liberté d'observation, car cela affectait le *moral de l'ennemi* . Un soldat aime voir ses propres avions voler et voir l'ennemi s'éloigner. L'influence aérienne sur sa psychologie est énorme, car il peut observer les avions alors qu'il se couche dans un cratère d'obus avec sa mitrailleuse ou monte la garde dans la tranchée ; il a un aperçu des ailes qui passent au-dessus de lui entre les éclats d'obus. Savoir que ses canons ne répondent pas adéquatement et qu'à chaque fois qu'un de ses avions apparaît, il est mis à couvert, cela enlève de l'initiative, du courage et de la discipline, dans le ressentiment d'être handicapé.

Les prisonniers allemands disaient sur la Somme que leurs aviateurs étaient des « cinglés », même si les aviateurs alliés savaient que ce n'était pas le manque de courage de leurs adversaires qui était le principal défaut, même s'ils avaient perdu *le moral* du fait d'être les outsiders et manquaient de courage. Initiative britannique et française, mais en chiffres et en matériel. C'était encore une fois ressource contre ressource ; un combat dans le métier délicat de la fabrication des charpentes fragiles, des merveilleux moteurs à la courte durée de vie et des bataillons qualifiés d'ouvriers dans les usines. Les Allemands durent faire venir davantage d'avions d'un autre front afin de rétablir l'équilibre. Les Alliés, prévoyant cela, en apportèrent eux-mêmes encore davantage, au point que le nombre était si immense que lorsqu'une bataille entre une vingtaine d'avions de chaque côté eut lieu, personne n'osa oser penser que la limite avait été atteinte - pas tant qu'il y avait tant de place dans l'espace. l'air et les volontaires pour le corps d'aviation étaient si nombreux.

XXIII

UN RIDEAU DE FEU BREVETÉ

Thiepval encore - Directeur tactique d'un corps d'armée - Diplômés des écoles d'état-major - Jargon de l'armée - Bureau d'un directeur d'armée - "J'espère que vous verrez un bon spectacle" - "Cette route est bombardée, fermée aux véhicules" - Un parfait après-midi d'été - La vue sur le No Man's Land. Des nids de fouisseurs plus rusés que n'importe quel rongeur. Des hommes. Des préliminaires tranquilles à une attaque. Le rideau de feu apparent. L'enregistrement par des tirs d'entraînement. Courir comme les hommes ne fuient que la mort. "La douche de la mort."

"Nous avons eu un bon spectacle avant-hier", a déclaré le brigadier-général Philip Howell, lorsque je suis allé lui rendre visite un jour. "Désolé que vous n'étiez pas là. Vous auriez pu le voir parfaitement."

Le corps dont il était officier d'état-major avait pris à Thiepval une section de tranchée de première ligne avec plus de prisonniers que de victimes, ce qui est le genre de nouvelles qu'on aime entendre à l'état-major. Thiepval était toujours présent à l'esprit de l'armée, symbole d'un souvenir irritant qui irritait l'entêtement britannique et consolait l'ennemi de sa défaite du 15 juillet et de sa perte progressive de la Crête. Les Allemands, sur la défensive, estimaient que l'échec de la prise de Thiepval au début de la bataille de la Somme prouvait son imprenable ; les Britanniques, à l'offensive, ne considéraient aucun lieu imprenable.

À peine visibles depuis les collines autour d'Albert, distinctement depuis le poste d'observation situé dans un grand arbre, les vestiges du village ressemblaient à une parcelle de poussière de charbon étalée dans un pli des hauteurs. Lorsque les obus britanniques de quinze pouces en ont atteint leur cible, une partie de la poussière s'est élevée dans un grand geyser et est retombée en place ; mais il y avait à Thiepval des caves dans lesquelles même des obus de quinze pouces ne pouvaient pénétrer.

"Mais nous allons faire en sorte que les Allemands prennent l'habitude de rester à l'intérieur", a déclaré un tireur.

Howell, qui avait en main la tâche de Thiepval, que j'avais connu pour la première fois à Uskub en Macédoine, à l'époque de la révolution macédonienne, lorsque Hilmi Pacha jonglait avec les puissances européennes et l'autonomie, époque qui semble lointaine. Alors lieutenant, Howell avait une mission du *Times*, alors qu'il était en congé d'Inde, afin de faire une étude de la situation dans les Balkans. Au cours de nos promenades autour d'Uskub alors que nous discutions de la politique et des armées du monde, j'ai découvert que tout ce qui lui venait à l'esprit était de l'eau. Ses idées sur le métier de soldat étaient explicites et pratiques. Ce sont des officiers aussi travailleurs et observateurs que lui, pour la plupart étudiants à un moment ou à un autre de l' École d'état-major, qui, lorsque la crise survint, grâce à leur candidature en temps de paix, devinrent les organisateurs et les commandants de l'armée. Nouvelle Armée. Le lieutenant que j'avais rencontré à Uskub était maintenant, à trente-huit ans, le directeur de la tactique d'un corps d'armée qui résolvait le problème de la réduction du plus redoutable des travaux de campagne.

Chaque fois que je pense au Staff College, je me souviens qu'à la fin de la guerre civile américaine, les commandants de toutes les armées et de la plupart des corps d'armée étaient diplômés de West Point, ce qui prouve qu'un homme de compétence doté d'une bonne éducation militaire a l'élan de celui qui ne l'a pas, bien qu'aucune loi ne régisse les génies ; et si jamais nous devions mener une autre grande guerre, j'attends que nos généraux aient étudié à Leavenworth et que, lorsque la guerre se terminera, les dirigeants soient des hommes que le public ne connaissait pas quand elle a commencé.

"Nous aurons un autre spectacle demain et je pense que ce sera également un bon spectacle", a déclaré Howell.

Toutes les attaques sont des « spectacles » ; de grands spectacles sur deux ou trois milles ou plus de front, de petits spectacles sur environ mille mètres, tandis que cinq cents mètres ne font que « nettoyer une tranchée ». Cela peut paraître une façon désinvolte de parler, mais il s'agit simplement d'une application du jargon au travail quotidien d'une organisation. Une attaque qui échoue est un « échec », car toutes les attaques ne réussissent pas. S'ils le faisaient, le progrès serait une question de marche.

"Zéro est à quatre heures; venez à deux heures", a déclaré Howell lorsque j'y suis allé.

Le lendemain, à deux heures de l'après-midi, je le trouvai occupé moins par les derniers détails que par les affaires courantes de celui qui débarrasse son bureau en prévision d'un week-end de vacances. Contre le mur de ce qui était autrefois une chambre à coucher dans la maison du notable de la ville, qui était son bureau, il disposait un bureau de comptable improvisé sur lequel se trouvaient les plans cartographiés de l'opération de l'après-midi, avec lesquels il avait travaillé. la diligence et le sérieux professionnel d'un architecte sur ses plans. Il a parcouru le terrain et l'a étudié avec les soins d'un paysagiste qui va y apporter des améliorations.

« Un écran de fumée là-bas », expliqua-t-il en désignant la ligne d'une tranchée allemande, « mais une véritable attaque ici », ce qui semblait familier aux officiers d'état-major dans les châteaux.

Chaque détail des positions allemandes était décrit avec précision, mètre par mètre, leurs mitrailleuses étant clairement localisées.

"Nous ne sommes pas sûrs de celui-là", remarqua-t-il en posant son crayon sur le symbole cartographique d'une MG.

Les mortiers de tranchées avaient un autre symbole, les abris-réservoirs profonds un autre. C'était l'affaire de quelqu'un d'obtenir toutes ces informations sans communiquer sur ses méthodes. Faisant référence à une section d'une centaine de mètres ou plus, il remarqua qu'un commandant de compagnie enthousiaste avait pensé qu'il pourrait y prendre un morceau de tranchée allemande et l'avait pris, ce qui signifiait que les artilleurs devaient être informés afin de réorganiser le barrage. ou un rideau de feu avec la nécessité qui en résulte de nouvelles observations et d'un nouvel enregistrement des tirs d'entraînement. J'ai jugé que Howell ne voulait pas que les hommes soient trop impatients ; il les voulait juste assez avec impatience.

Ce jeu joué sur tout le front a, bien entendu, été comparé aux échecs, avec des fusils et des hommes comme pièces. Je pensais aux acteurs factices et aux décors factices avec lesquels les metteurs en scène testent leurs numéros, mais dans ce cas, il n'y a jamais eu de répétition sur la scène réelle avec le décor réel, à moins qu'une première attaque n'ait échoué, car les Allemands ne permettent pas de tels décors. libertés sauf sous le feu des mitrailleuses. Un ou deux appels téléphoniques ont eu lieu au sujet de quelques détails mineurs, les principaux étant déjà réglés.

"Il est temps d'y aller", dit-il finalement.

Le commandant du corps était en bas, dans la salle à manger, fumant confortablement sa pipe après le thé. Il n'aurait rien à faire jusqu'à ce que la nouvelle de l'attaque soit reçue. "J'espère que vous verrez un bon spectacle", a-t-il fait remarquer en guise d' *au revoir*.

Il est inutile de mentionner ici combien il l'espérait sincèrement. Cela est pris pour acquis. Des plans soigneusement pensés, appuyés par des centaines de canons et des vies d'hommes en jeu... et contre les fortifications de Thiepval !

"Oui, nous y arriverons bien", a conclu Howell alors que nous descendions les marches. Un homme habitué à parcourir dix milles en voiture pour prendre l'heure de neuf heures trente pour se rendre en ville n'aurait pas pu être plus sûr de la façon dont il disposerait de son temps que ce soldat en route pour une attaque. Sa voiture qui l'attendait avait un droit de passage jusqu'à l'avant dont jouit seul le directeur des travaux dans ses propres locaux. Bien sûr, il n'a pas prêté attention au panneau « Cette route est bombardée ; fermée aux véhicules », au début d'un tronçon de route qui semblait inutilisé et désolé.

"L'autre jour, une voiture devant moi a reçu un coup direct d'un ' krump ', et la voiture et les passagers ont pratiquement disparu sous mes yeux", a-t-il remarqué, sans s'attarder davantage sur l'incident ; car les Allemands étaient, à leur tour, irrités par l'insistance de ces Britanniques obstinés à vouloir prendre Thiepval .

enceinte de barbelés devant laquelle nous avons croisé semblaient seuls. Ils ont dû être ramassés dans une petite affaire de bombardement dans une sève.

"Je pense qu'ils auront beaucoup de compagnons ce soir", a déclaré Howell. "Comme ils apprécieront leur dîner !" Il sourit au souvenir, tout comme moi, de cette vue familière de prisonniers en train de manger. Rien n'excite la faim comme une bataille ou ne donne autant de piquant à l'appétit que de savoir que vous êtes hors de danger . Je sais que c'est vrai, tout comme tout le monde au front.

Comme sa voiture ne connaissait aucune réglementation hormis ses souhaits, il pouvait l'aller aussi loin que possible sans essayer de traverser des tranchées. Je me demande combien de temps il m'aurait fallu si j'avais eu une carte et si je n'avais posé aucune question pour trouver mon chemin jusqu'au siège de la galerie que Howell avait choisi pour regarder l'exposition. Après avoir croisé des canons, dont un seul sur dix tirait tranquillement, mais tous sans leur couvercle, les artilleurs près de leurs pièces et de nombreuses munitions à portée de main, nous avons remonté la pente tout droit, Howell jetant un coup d'œil à sa montre-bracelet et lui demandant s'il marchait. trop vite pour moi. Nous sommes tombés dans une tranchée de communication à un point dont l'expérience avait prouvé qu'il s'agissait du bon endroit pour commencer à nous mettre à l'abri.

"C'est un bon endroit", dit-il enfin, et nous frottâmes nos casques avec quelques morceaux de craie du parapet, ce qui laissa la tache noire de nos jumelles la seule partie de nous qui ne soit pas en harmonie avec notre arrière-plan.

C'était un après-midi parfait de fin d'été, sans vent ni chaleur excessive, le ciel bleu sans tache ; un après-midi comme celui que vous choisiriez pour vous prélasser dans un hamac et lire un livre. Le premier plan était une pente descendant vers une petite vallée où les troncs d'arbres sans membres habituels se dressaient dans un bosquet complètement bombardé. Personne n'était en vue à cet endroit et, de temps en temps, un obus allemand de cinq virgule neuf éclatait sur le mélange d'éclats et de terre.

De l'autre côté de la vallée se trouvait une entaille dans la terre, un fossé, la tranchée britannique de première ligne, qui était inoccupée, à ce que je pouvais voir. Au-delà s'étendait l'ancien No Man's Land où l'herbe et les mauvaises herbes poussaient à l'état sauvage depuis deux saisons, cachant les nombreux cratères d'obus et les restes des morts de la charge britannique du 1er juillet repoussée. De l'autre côté, il y avait deux cents mètres de terrain désolé jusqu'à l'excavation ondulée et crayeuse provenant de la profonde tranchée de la première ligne allemande, aussi distincte qu'une ligne blanche sur du papier brun foncé. Ici non plus, il n'y avait aucun signe de vie, ni à l'arrière où s'étendait le réseau d'autres fouilles résultant des presque deux années de fouilles allemandes, le tout jeté en relief sur la pente jusqu'aux troncs nus de deux ou trois des arbres poussaient vers le haut depuis les ruines des ruines de Thiepval .

Juste une butte dans une campagne agricole vallonnée, c'est tout ; mais il cachait des terriers sur des terriers de fouisseurs plus rusés que n'importe quel rongeur – des hommes. Depuis le 1er juillet, les Allemands ne chômaient pas. Ils avaient eu le temps de tirer les leçons de l'attaque avec des ajouts et des améliorations. Ils avaient approfondi des pirogues et les rejoignaient par des galeries ; ils avaient des cachettes Box et Cox ; des nids défendables de tous les côtés qui sont devenus connus sous le nom de Mystery Works et Wonder Works. Le message de ce flanc de colline entaillé et bêche était celui d'un défi mortel.

De temps en temps, un explosif brisant britannique éclatait dans la tranchée allemande et tout le long de la ligne, aussi loin que nous pouvions voir, ces tirs d'obus discontinus se poursuivaient, ne donnant aucun signe de l'endroit où aurait lieu la prochaine attaque, ce qui faisait partie du plan.

« Il est quatre heures moins dix ! dit Howell. "Nous étions ici à temps. J'espère que nous les aurons en relève", c'est-à-dire lorsqu'un bataillon qui était en service a été relevé par un bataillon qui était au repos.

Il dépose sa carte sur le parapet et le lieu et le plan de l'attaque deviennent clairs dans le cadre des vastes opérations menées dans le secteur de la Ferme de Thiepval-Mouquet . Les Britanniques tournaient le flanc de ces positions de Thiepval alors qu'elles basculaient depuis la jonction de la cassure du 1er juillet jusqu'à la crête de Pozières . Une pression ici et une pression là ; une attaque de ce côté, puis de celui-ci ; une bouchée après l'autre.

"J'espère que vous apprécierez notre barrage breveté", dit le général d'artillerie en s'arrêtant un instant en route vers un poste d'observation voisin. "Nous y pensons plutôt bien nous-mêmes ces derniers temps." Il n'avait même pas besoin d'appuyer sur un bouton pour allumer le courant. Il avait mis quatre à zéro.

Je ne vais pas parler du suspense avant l'attaque comme étant dans l'air, etc. Je l'ai ressenti personnellement, mais les Allemands ne l'ont pas ressenti ou, du moins, les Britanniques ne voulaient pas qu'ils le ressentent. Il n'y avait pas plus de signes d'une tempête terrestre qui se préparait quand on regardait le champ que d'un orage quand on regardait le ciel. Une parfaite tranquillité somnifère régnait aux alentours, à l'exception des éclats d'obus, et leur maigreur intensifiait étrangement l'aspect de ce champ de bataille où je n'avais jamais vu d'après-midi plus calme depuis le début de l'offensive de la Somme. On ne pouvait rien demander de mieux que que la tranquillité endort les Allemands. Pour l'expert du personnel, cependant, le monde mort vivait sans la vue des hommes. Chaque tige carrée de terre avait un message.

Bien sûr, je savais ce qui allait arriver à quatre heures, mais j'étais étonné de sa puissance et de sa précision quand cela se produisait : cette méthode améliorée de préparation de l'artillerie, ce rideau de feu breveté. Une explosion d'obus hurlants au-dessus de nous, qui devint un balayage continu et rugissant comme celui d'un certain nombre de trains sans fin dans les airs, signifiait que les canons qui étaient restés inutilisés parlaient tous. Grâce à des tirs d'entraînement dispersés, chacun s'était dirigé vers la tranchée allemande de première ligne, à l'endroit où les éclats d'obus formeraient le maillon de la chaîne des rafales. Au-dessus de la ligne ondulée de craie destinée au front de l'attaque brisaient les éclairs des shrapnels craquants, dont les balles soulevaient des jets de craie comme des jets de poussière sur une route suite à une tempête de grêle.

Alors que les coups de feu commençaient, j'ai vu des silhouettes se dresser à l'arrière de la tranchée allemande. J'ai jugé qu'il s'agissait des secours qui arrivaient ou d'un groupe de travail qui s'était caché. Ces Allemands ont dû prendre une décision rapide : tenteraient-ils un saut vers les pirogues ou un saut vers l'arrière ? Ils ont décidé de prendre la fuite. Un sprint de cent mètres et ils sortiraient de cette bande meurtrière tracée avec tant de précision sur une ceinture étroite. Ils ont couru comme les hommes fuient la mort. Aucun pas de l'oie ou « après vous, monsieur » ne limitait leur empressement. J'ai dû sourire devant leur précipitation et, lorsque certains tombaient, il était difficile de réaliser qu'ils étaient tombés à cause de la mort ou de leurs blessures. Ils ressemblaient à des mannequins dans une pantomime.

Puis une silhouette solitaire sortit d'une tranchée de communication juste derrière la première ligne allemande. Ce grand officier, qui ne pouvait rien voir entre les murs de terre où il se trouvait, se levait bien en vue, regardant autour de lui comme s'il faisait le point sur la situation, se demandant peut-être si le barrage de fumée qui se dirigeait vers lui en ce moment, sortant de la tranchée britannique, était sur la véritable ligne d'attaque ou n'était que pour tromperie ; observant et concluant ce que ses hommes, à mon avis, ne devaient jamais savoir, car, comme un homme reçoit un coup violent derrière les genoux, il s'est effondré soudainement et la terre l'a englouti avant que les éclats de fumée d'obus ne soient devenus si épais sur lui. la tranchée qu'elle formait un rideau.

Il a dû y avoir un obus une minute dans la cour. Des balles d'obus sifflaient dans la bouche des pirogues ; la mort étreignait chaque crevasse, disant aux Allemands :

"Restez à terre ! Restez à l'abri de la pluie ! Si vous essayez de sortir avec une mitrailleuse, vous serez tué ! Notre infanterie arrive !"

XXIV

REGARDER UNE CHARGE

La tranchée britannique prend vie - La ligne avance - Une charge moderne sans aucune chance pour l'héroïsme - Un mouvement vers l'avant semblable à celui d'une machine - Le son le plus méchant d'une bataille - La première mitrailleuse - Un beau barrage - Le redoutable "short" - Le le barrage se lève vers la deuxième ligne - Le saut dans les tranchées - Des personnages en vert avec les mains levées - Capturé dans des pirogues - Un homme qui a fait son choix et qui en a payé le prix - Les Allemands répondent au feu - Deuxième partie du programme - Encore le barrage protecteur - Succès—Vagues d'hommes avançant derrière des vagues de tirs d'obus—Prisonniers en bonne forme—Brigadier-général Philip Howell.

Désormais, la tranchée britannique prend vie. Ce qui ressemblait à une rangée de lavabos de couleur kaki, le bas vers le haut et attachés à une corde tendue, sortait de l'entaille dans la terre de l'autre côté de la vallée, et après eux venaient les épaules et les corps des soldats britanniques qui commençaient à grimper par-dessus. le parapet comme un homme monte les escaliers de la cave. C'était l'accusation.

Le barrage ou rideau de feu devait durer cinq minutes et cinq minutes était le temps imparti à ces soldats anglais pour se rendre de la leur à la tranchée allemande qu'ils devaient prendre. Autant de pas par minute étaient le calcul de leur vitesse de progression à travers ce terrible No Man's Land, où les mitrailleuses et les rideaux de feu allemands avaient provoqué la mort lors de la précédente charge du 1er juillet.

Chaque détail de l'équipement des hommes était visible alors que leurs silhouettes en pied apparaissaient sur le fond gris-vert de la piste. Ils furent entièrement exposés au feu de la tranchée allemande. N'importe quel débutant avec un fusil sur le parapet allemand aurait pu abattre un homme à chaque tir. Pourtant, aucun n'est tombé ; tous allaient de l'avant.

Je surveillais la ligne sur une centaine de mètres de large immédiatement devant moi, déterminé à ne pas détourner mon attention vers d'autres parties de l'attaque et à profiter au maximum de cette occasion unique d'observation dans le béton.

Le profane moyen conçoit une charge comme une précipitation. Il en est ainsi sur le terrain d'exercice, mais pas là où son mouvement est programmé pour arriver à la seconde avant une tempête de mort sifflante, et les attaquants ne doivent pas être essoufflés lorsqu'un travail brûlant les attend dans des affrontements rapprochés autour des traversées et au niveau du terrain d'exercice. bouches de pirogues. Personne ne sprintait devant ses compagnons ; personne ne crie : « Allez, les garçons ! personne ne brandissait son casque d'acier, car il en avait besoin pour se protéger de toute explosion soudaine d'éclats d'obus. Tous avançaient à un rythme rapide, gardant des lignes et des intervalles sauf là où ils devaient contourner des cratères d'obus.

Si cette charge n'avait rien de l'éclat des autres jours, elle était d'autant plus passionnante que son déroulement était soigné et réglé. Pas de beuverie-six-jours-de-la-semaine-et-de-bataille-comme-h-l-dimanche de l'époque des fanfarons d'avant Thiepval . Chaque homme doit faire sa part avec autant de sang-froid que s'il marchait sur une corde raide sans filet pour l'attraper, avec la mort avec laquelle il faudra compter au cours d'une évolution systématique.

"Très bien ! Un peu impatient là ! Excellent !" Howell, balayant le terrain avec ses lunettes, parlait avec l'appréciation experte d'un entraîneur de football observant son équipe à l'entraînement. "Pas encore de mitrailleuses", dit-il pour la deuxième fois, montrant l'appréhension qui l'habitait.

Moi aussi, j'avais attendu le staccato de la mitrailleuse, qui est à mon avis le plus pénétrant, le plus mécanique et le plus méchant de tous les instruments du terrible orchestre de bataille, aussi sinistre que le cliquetis d'un interrupteur que vous connaissez. fera dérailler un train de voyageurs. Les hommes étaient désormais à mi-chemin de la tranchée allemande. Deux minutes et demie sur les cinq imparties s'étaient écoulées. Dans mon champ de vision étroit, aucun homme n'était encore tombé. Ils auraient pu être en train de manœuvrer et leur objectif était un fossé désert. En regardant à droite et à gauche, mon regard suivait la ligne de dos robustes et mobiles qui semblaient moins concernés que le spectateur. Non seulement parce que vous étiez de leur côté, mais en récompense de leur détermination, vous vouliez qu'ils conquièrent cette partie des fortifications de première ligne. D'une seconde à l'autre, on s'attendait à voir le premier obus du barrage allemand se briser au milieu d'eux.

Puis vint la première note aiguë et métallique, qui ne laisse aucun doute, audible au milieu des cris d'obus et des coups de feu, sur la droite, glaçant votre cœur, accélérant votre observation avec une terrible curiosité et détournant votre attention des hommes. devant vous pendant que vous cherchiez les signes d'une récolte humaine par une mitrailleuse. Rat-tat-tat-tat en succession rapide, puis une pause avant une autre série au lieu de craquements continus et plus lents, et vous saviez que ce n'était pas une mitrailleuse allemande mais une mitrailleuse britannique plus loin que vous ne l'aviez pensé.

Plus que jamais, vous vous réjouissiez de chacun des éclairs stockés, épais comme des lucioles, dans la couverture de fumée au-dessus de la tranchée allemande, car chacun signifiait une pluie de balles pour retenir les mitrailleuses ennemies. Les Français disent « *Belle !* » quand ils voient un pareil barrage, et beau est le mot pour désigner ces hommes qui traversaient champ vers ce nimbe de coquillage trop mou dans la lumière du soleil pour avoir des traits de mort. Tous les éclats d'obus semblaient se situer dans une largeur de vingt ou trente mètres. Comment des canons tirant à une distance de deux à cinq mille mètres pouvaient-ils atteindre une telle précision !

Les hommes étaient désormais aux trois quarts de la distance. Alors qu'ils se rapprochaient du barrage, une autre appréhension engourdit votre pensée. Vous craigniez de voir un "short" - un des obus de leurs propres canons qui ne portait pas assez loin éclatant parmi les hommes - et cela, comme le disait avec un humour sec un soldat anglais renversé par un short, "Très décourageant, monsieur, même si je suppose que c'est bien intentionné." C'est une chose terrible, pour le public, de tuer ses propres hommes avec ses propres obus. Il vaut mieux en perdre quelques-uns de cette manière que beaucoup d'entre eux à cause des mitrailleuses allemandes en levant trop tôt le barrage, mais la crainte de l'indignation du public a eu son influence dans les premiers jours de l'artillerie britannique. Plus le tir est performant, plus l'infanterie peut se rapprocher et plus elle a confiance. Un obus qui éclate à quinze ou vingt mètres de distance ne signifie que le moindre défaut de longueur de mèche, erreur d'élévation ou défaut d'alignement, là où les bouches déversent leurs projectiles de l'autre côté de la pente. Et il n'y avait pas de short ce jour-là. Chaque obus que j'ai vu éclater était allumé. C'était un tir parfait.

Il semblait maintenant que les hommes s'enfonçaient droit dans la couverture, au-dessus des tranchées encore coupées d'éclairs. Quelques avant-gardistes devenus impatients se trouvaient à la limite de la zone des éclaboussures de poussière des balles d'obus dans la craie blanche. Ne savaient-ils pas que vingt mètres supplémentaires signifiaient la mort ? Leur flegme méthodique était-il tel qu'ils agissaient entièrement selon des règles ? Non, ils connaissaient leur rôle. Ils s'arrêtèrent et attendirent. D'autres en étaient à la deuxième des cinq minutes autorisées lorsque soudain tous les éclairs cessèrent et qu'il ne resta plus au-dessus de la tranchée que le manteau de fumée. Le barrage avait été soulevé de la première à la deuxième ligne de tranchées allemandes comme on élève le jet d'un tuyau d'un parterre de fleurs à un autre.

C'était le moment de l'action pour les hommes de charge, dont aucun n'avait encore tiré un coup de feu. Chaque homme se détachait distinctement sur le fond blanc tandis que, baïonnettes luisantes et mains retirées avec des bombes prêtes à être lancées, ils s'élançaient en avant pour se trouver à l'entrée des pirogues avant que les Allemands ne sortent. Certains ont sauté directement dans la tranchée, d'autres ont couru le long du parapet sur quelques marches à la recherche d'un point de vue ou ont lancé une bombe avant de descendre. Il s'agissait d'une affaire rapide, urgente, de type délit de fuite et en un instant, tout le monde était hors de vue et les combats se déroulaient d'homme à homme, les armes des deux côtés gardant leurs mains hors de ce conflit sous terre . Le regard fasciné quittant un instant cette ligne de craie vit une deuxième vague britannique avancer de la même manière que la première depuis la tranchée britannique de première ligne.

"Tous sur toute la ligne. Bombardez-les là-bas!" » dit Howell, avec une compréhension concrète de la progression des événements.

Je clignai des yeux fatigués et les pressai une fois de plus sur les douze diamètres de grossissement, chaque diamètre jouant pleinement dans la lumière claire. Je n'ai vu que de petits éclats de fumée s'élevant de la traînée noire dans la craie qui était la tranchée elle-même, chacun provenant d'un œuf d'explosif puissant lancé de près mais pas assez nombreux pour laisser le moindre doute sur le résultat et très évidemment contre. quelques récalcitrants qui tenaient encore.

Ensuite, un soldat britannique est apparu sur le parapet et son attitude était celle d'un membre de la police militaire dirigeant la circulation à un carrefour très fréquenté proche du front de bataille. Son rôle dans ce système soigneusement élaboré a été démontré lorsqu'un personnage en vert est sorti de la tranchée avec les mains levées dans le signal approuvé de capitulation dans le monde entier. Ce chiffre était le premier d'une série de mains en l'air – et très sérieuses également dans cette attitude, qui est celle que les Britanniques et les Français considèrent comme la plus convenable chez un Allemand – qui s'est dirigée vers la première ligne britannique. tranchée. Tout au long du front, de petites bandes de prisonniers apparaissaient de la même façon. Il y aurait eu quelque chose de ridicule si cela n'avait pas été aussi réel.

Pour la plupart, les prisonniers avaient été évacués depuis des abris qui n'avaient pas de sortie par des galeries après que les Allemands eurent été retenus par le barrage. Il s'agissait soit de sortir immédiatement, soit d'être bombardés à mort dans leurs trous ; alors ils sont sortis.

"Un prisonnier vivant serait un jour plus utile à sa patrie qu'un prisonnier mort, même s'il n'avait pas plus de chance de se battre qu'un lapin retenu par les oreilles", disait l'un des prisonniers allemands.

"C'est plus utile pour toi aussi", remarqua son ravisseur.

"Cela m'était également venu à l'esprit", a admis l'Allemand.

Pendant le classement des différents sacs de prisonniers, deux incidents se sont déroulés sous mes yeux avec un réalisme qui aurait valu une petite fortune à un cinéaste si d'autres tout aussi dramatiques n'avaient pas été posés. Un Allemand jaillit de la tranchée, manifestement disposé à résister, ou bien paniqué, et se laissa tomber derrière l'un des tas de craie jetés au cours du creusement. Un soldat britannique l'a poursuivi et il a levé les mains et a été envoyé pour rejoindre l'un des groupes. Un autre qui cherchait à se cacher de la même manière était d'un tempérament différent, ou peut-être que la résistance était inspirée par le fait qu'il possédait une bombe. Il la lança sur un soldat britannique qui sembla l'esquiver et se laissa tomber à quatre pattes, la bombe explosant derrière lui. Les bombes tombèrent alors de toutes parts sur les Allemands. Il n'y avait pas le temps de discuter ; il avait fait son choix et devait en payer le prix. Il s'est retourné après que la fumée se soit élevée des explosions et est resté une tache encore verte sur la craie. Un soldat britannique s'est penché sur la silhouette pour un examen hâtif, puis a bondi dans la tranchée, où il était manifestement nécessaire.

"Les Allemands sont très lents avec leurs tirs d'obus", a déclaré Howell au cours de ses éjaculations, tout en observant les opérations.

Des barrages de réponse, y compris une visite de notre propre position qui était complètement exposée, étaient de mise. Howell lui-même avait été renversé par un obus lors de la dernière attaque. Une explication donnée plus tard par un officier allemand pour expliquer la lenteur des canons allemands était que l'état-major avait jugé les Britanniques trop stupides pour attaquer depuis cette direction, ce qui plut à Howell car il montrait l'avantage de la réputation raciale comme aide à la stratégie.

Cependant, l'artillerie allemande n'est pas totalement insensible. Il mettait du « krumps » aux abords de la première ligne britannique et une des bandes de prisonniers se heurta à la rafale d'un cinq virgule neuf. Ran est le mot, car ils allaient aussi vite qu'ils pouvaient pour dépasser leur propre rideau de feu, dont l'expérience leur disait qu'il serait bientôt dû. J'ai vu ce groupe immergé dans le jet de fumée et de poussière, mais je n'ai pas vu combien, le cas échéant, il y en avait qui étaient touchés, alors que le bruit d'une mitrailleuse attirait mon attention à travers l'herbe morte du vieux No Man's Land vers les Allemands - je devrais dire l'ancienne tranchée allemande de première ligne où un Anglais avait sa mitrailleuse sur les *parados* et balayait le terrain jusqu'à la tranchée allemande de deuxième ligne.
Peut-être que certains des Allemands qui avaient fui le barrage au début s'étaient cachés dans des cratères d'obus ou avaient montré des signes de mouvement ou qu'il y avait des cibles ailleurs.

Jusqu'ici tout va bien, comme l'a fait remarquer Howell. Cette fortification allemande prétendument imprenable qui avait repoussé la première tentative britannique avait été prise aussi facilement que s'il s'agissait d'un fort de neige d'enfant, grâce au rideau de feu breveté et à l'habileté développée par les leçons de combat. C'était une vengeance pour les hommes tombés en vain le 1er juillet. Howell ne pensait pas à cela, mais au deuxième objectif du plan de l'après-midi. A ce moment-là, il ne s'était pas écoulé plus d'un quart d'heure depuis que la première charge avait « dépassé le couvercle ». Hors de l'entaille dans la marque de craie, la ligne de casques s'éleva à nouveau et l'Angleterre traversa le champ en direction de la tranchée allemande de deuxième ligne, qui était en réalité une partie de la fortification principale de première ligne sur la pente, de la même manière que vers le premier.

Qu'en est-il de leur barrage protecteur ? Mes yeux avaient été si intensément occupés que mes oreilles étaient restées peu communicatives et, dans un sursaut de surprise heureuse, j'ai réalisé que le même tourbillon infernal d'obus passait au-dessus de ma tête et, plus haut sur la crête, des lucioles jaillissaient du manteau de fumée qui recouvrait la crête. deuxième ligne. Maintenant, le fond absorbait mieux la teinte kaki et les figures des hommes devenaient de plus en plus floues jusqu'à disparaître complètement à mesure que les éclairs devant eux cessaient. Howell a dû traduire à partir des signaux des résultats que je ne pouvais pas vérifier visuellement. Une à une, les nouvelles apparaissaient dans des éclairs de fusées à travers la brume grandissante qui commençait à obscurcir la pente elle-même.

"Je pense que nous avons tout ce que nous espérions prendre cet après-midi", dit enfin Howell. "Les Allemands sont très lents à réagir. Je pense que nous les avons plutôt pris par surprise."

Ils n'avaient même pas commencé à bombarder leur ancienne première ligne, dont ils auraient dû savoir qu'elle était désormais en possession britannique et qu'ils auraient dû faire enregistrer, bien entendu ; ou peut-être que leur propre intelligence était médiocre et qu'ils n'avaient aucune information réelle sur ce qui se passait sur la pente sous les nuages de fumée, ou que leurs câbles avaient été coupés et leurs messagers tués par des tirs d'obus. Il était certain que les Britanniques dans la tranchée allemande de première ligne disposaient d'un grand choix d'abris en bon état pour s'abriter, car le barrage breveté ne détruit pas les maisons ennemies, mais ferme seulement les portes avec des rideaux de mort.

"J'espère que vous améliorez vos pirogues", criaient les soldats britanniques à travers le No Man's Land, "car c'est tant mieux pour nous quand nous les prenons !"

Nous sommes restés jusqu'à ce que l'œil expert de Howell ait été rempli de détails, sans qu'aucun éclat d'obus ne gêne notre confort ; bien que, selon les règles, nous aurions dû avoir un bon « mitraillage », ce qui était un autre rappel de ma dette envers l'Allemand pour sa considération envers le correspondant américain sur le front britannique.

"Que pensez-vous de notre barrage de brevets, maintenant ?" dit le général d'artillerie revenant de son poste d'observation.

"Merveilleux!" c'était tout ce qu'on pouvait dire.

"Un bon spectacle !" dit Howell.

La joie des deux hommes s'exprimait mieux dans leurs yeux que dans les mots. Bonne nouvelle aussi pour le commandant du corps fumant sa pipe et attendant, et pour chaque bataillon engagé – oh, particulièrement pour les bataillons !

"Toutes nos félicitations!" L'exclamation a été échangée alors que nous rencontrions d'autres officiers en route vers le quartier général de la brigade dans une pirogue à flanc de colline, où les félicitations de Howell à l'heureux brigadier sur le chemin où ses hommes étaient entrés étaient suivies de suggestions et d'une discussion sur l'avenir. plans, que je leur ai laissés pendant que je regardais à travers le télescope du brigadier la crête de Thiepval sous les tirs d'obus des jours moyens, ce qui prouvait que les Allemands ne tentaient pas de contre-attaquer pour regagner le terrain perdu. J'imaginais que l'état-major allemand était stupéfait d'apprendre que leur redoutable première ligne aurait pu être prise avec si peu de feux d'artifice.

C'est lorsque je suis arrivé aux armes à notre retour que j'ai ressenti une crainte que je voulais traduire en appréciation. Ils tiraient maintenant lentement, ou ne tiraient pas du tout, et les artilleurs oisifs flânaient. Ils n'avaient pas vu leur propre rideau de feu ni la charge de l'infanterie ; ils avaient été aussi détachés de l'action que l'équipage d'une tourelle de cuirassé. C'était leur précision et leur coordination avec l'infanterie et la coordination de l'infanterie avec le barrage qui avaient exprimé mieux que des volumes de rapports les possibilités de l'offensive avec des vagues d'hommes avançant derrière des vagues de tirs d'obus, qui furent appliquées plus tard lors de la prise de Douaumont. et doit être la solution au problème d'une décision sur le front occidental.

Au-dessus des tranchées de communication, les casques d'acier des Britanniques et les casquettes grises des prisonniers allemands se dirigeaient vers l'arrière et, au poste d'évacuation des blessés, le médecin dit : « Très léger ! en réponse à la question sur les pertes. Les prisonniers étaient dans un état de forme inhabituellement bon, même pour des hommes à l'abri des tirs d'obus ; beaucoup n'avaient pas de craie sur leurs vêtements pour indiquer une lutte. Ils étaient assis dans leur pirogue et étaient sortis lorsqu'un Anglais est apparu à la porte. Oui, ils ont dit qu'ils avaient été arrêtés juste avant les secours, et que les secours avaient été effectués de manière inattendue. S'il fallait les prendre, eux aussi appréciaient le barrage des brevets.

« Je vous ferai savoir quand il y aura un autre spectacle », a déclaré Howell, alors que nous nous séparions au quartier général du corps ; mais aucun ne pourra jamais surpasser celui-ci dans son succès ou dans ses possibilités d'observation intime.

C'était la dernière fois que je le voyais. Quelques jours plus tard, alors qu'il effectuait une mission d'étude du terrain en vue d'une attaque, il fut tué par un obus. Les usages militaires autorisent la mention de son nom car il est mort. C'était un ami fidèle, un soldat compétent, un gentleman droit, bon et noble ; et quand on me demanda, non pas par la dame qui n'avait jamais gardé son intérêt aussi longtemps pour quoi que ce soit que dans cette guerre, mais par une autre, si vivre au front est une grande tension, la réponse est dans le mot qui vient qu'un l'homme que vous venez de voir dans la plénitude de la vie et de la force est parti.

XXV

LE CANADA EST TÊTÉ

Pour quoi le Canada se bat-il?—Le Kaiser a rassemblé les Canadiens—Le pays des immenses distances—L'esprit inébranlable du Canada—Le Canada est notre plus proche voisin géographique et sentimental—La boue saillante d'Ypres—Les Canadiens ont inventé le raid de tranchées—Un combat de lutte dans la boue—Les Allemands "essayez" les Canadiens - "La limite" dans les tirs d'artillerie - L'esprit de la Feuille d'érable - Discours de baseball sur la ligne de tir - Une bonne poignée d'Américains.

Un jour, les Canadiens devaient sortir les pieds de la boue du saillant d'Ypres et prendre la haute route sèche menant au front de la Somme, et quiconque avait un peu de chevalerie dans l'âme aurait été heureux de savoir qu'ils auraient leur participer au grand mouvement du 15 septembre. Mais considérons d'autres choses et d'autres combats avant d'en venir à la prise de Courcelette .

Lorsque j'étais chez moi au cours de l'hiver 1915-1916, pour la première fois, la frontière entre les États-Unis et le Canada traçait une ligne très contrastée. Les journaux du Canada publiaient leurs listes de victimes, les parents donnaient à leurs fils et à leurs femmes leurs maris de parcourir trois mille milles pour endurer des épreuves et risquer la mort pour une cause qui, à leurs yeux, n'avait aucune qualification d'internationalisme philosophique. Tout était distinct. Le sacrifice et le courage, la vie et la mort, ainsi que les mots au sens simple étaient maîtres du vocabulaire.

Certains pourraient se demander pourquoi le Canada devrait verser son sang en Europe ; qu'avait à voir la Flandre avec elle ? L'Angleterre se battait pour sauver son île, la France pour le caractère sacré de son sol, mais pour quoi le Canada se battait-il ? D'après ce que j'ai compris, elle se battait pour le Canada. Un coup avait été porté contre elle, mais de l'autre côté de l'Atlantique, et de l'autre côté de l'Atlantique, elle allait riposter.

Elle n'avait pas eu de grande guerre formatrice. Pardeburg était une sorte d'expédition d'hommes courageux, comme la prise de la colline de San Juan. Cette idée n'est pas profondément ancrée dans la conscience du Canadien moyen, qui sait seulement qu'un de ses voisins s'est rendu en Afrique du Sud. Notre propre guerre formatrice était la Révolution, pas la guerre civile où un frère combattait son frère. La Révolution a créé un moule qui, au lieu d'être imprimé aux générations suivantes d'immigrés, n'a peut-être fait que leur donner un vernis. Une guerre peut être nécessaire pour les faire fondre en vue d'une autre mise en forme.

Aucun pays ne voulait moins la guerre que le Canada, mais lorsque la guerre éclatait, sa flamme faisait fondre le Canada de patriotisme canadien. Comme George III. a réuni les Carolines et le Massachusetts, de sorte que le Kaiser a réuni les provinces canadiennes. Les hommes de ce pays cultivé et vallonné du sud de l'Ontario, du Nouveau-Brunswick, des plaines et de la côte, ainsi qu'un certain nombre de fermes soignées du Québec, se sont rencontrés face à face, non pas dans des trains, ni par l'intermédiaire de représentants au Parlement ou à un congrès. , mais dans des cantonnements et des tranchées. Quel que soit le Canada, il n'est pas petit. Elle est surtout le pays des immenses distances ; sa largeur est plus grande que celle des États-Unis. Dans l'esprit de ceux qui y vivaient, la grande étendue territoriale du Canada, dans sa forme virile, était centrée sur quelques kilomètres carrés de Flandre.

J'étais au Canada alors que seule la première division avait fait son essai et que le recrutement battait son plein ; et encore une fois, lorsque trois cent cinquante mille hommes avaient rejoint les couleurs et que le Canada, ressentant maintenant la pleine mesure des pertes en vies humaines, semblait inébranlable, ce qui était d'autant plus remarquable dans un nouveau pays où il est facile de gagner sa vie et où les opportunités frappent à la porte. jeunesse s'il a seulement l'énergie de lui prendre la main et de poursuivre son chemin. Je dois ajouter que tous les jeunes de Toronto ou de toute autre ville qui ont donné comme raison de ne pas s'enrôler le fait qu'ils étaient citoyens américains ne l'étaient pas en réalité. Ils n'étaient pas « trop *fiers* pour se battre », quelle que soit leur autre raison, car ils n'avaient aucune fierté ; et s'ils étaient d'honnêtes Quakers, ils n'auraient pas donné d'excuse mensongère.

En France, j'ai entendu dire que cette brigade canadienne était meilleure que celle-là, et qu'un homme de l'Est du Canada ne voulait pas qu'un homme de l'Ouest soit dirigé par un homme de l'Ouest, et que tous ceux qui gagnaient des croix militaires n'étaient pas de robustes pionniers, mais que certains étaient des avocats et des commis. Montréal ou Toronto – ou devrais-je mettre Toronto en premier, ou peut-être Ottawa ou Winnipeg – et d'autres discours exprimant la rivalité qui, selon les généraux, est bonne pour l'esprit de corps. La rue Moose Jaw se trouvait en face de l'avenue Halifax et du chemin Vancouver par rapport à Hamilton Place, dans la même communauté.

Comme je n'avais aucun lien avec aucune région du Canada, les Canadiens, avec leur emblème de la feuille d'érable, étaient tous des Canadiens pour moi ; des hommes traversant la frontière que nous traversons en allant et venant sans changer de langue ni de voitures chauffées à la vapeur ni de réservoirs d'eau glacée. Certains Canadiens pensent que les États-Unis, avec leurs plus de cent millions d'habitants, peuvent se montrer condescendants à l'égard de leurs huit millions, alors qu'après Courcelette, si un Canadien avait pris les États-Unis avec condescendance, je n'aurais pas dû me sentir offensé. J'ai même entendu des imbéciles dire que les deux pays pourraient entrer en guerre, ce qui montre à quel point certains hommes doivent être absurdes pour attirer l'attention. Toute cette façon de penser des deux côtés devrait être placée sur un radeau au milieu du lac Érié et alimentée en bombes pour se battre entre eux sous un rideau de feu ; et leurs proches devraient ressentir un profond soulagement après le retour chez eux des bateaux à vapeur d'excursion venus de Toronto, Cleveland et Buffalo pour voir le spectacle.

A écouter certains narrateurs, on pourrait penser que ce sont toujours les Alliés qui ont eu le plus mauvais sort dans le saillant d'Ypres, mais les Allemands n'aimaient pas plus ce saillant qu'eux. Je n'ai jamais rencontré quelqu'un qui aimait ça. Les prisonniers allemands ont déclaré que les soldats allemands considéraient que le fait d'être envoyé au saillant était une condamnation à mort. Il existe de nombreuses sortes de boue, puis il y a la boue saillante d'Ypres, qui est de toutes sortes mélangée à un mélange belge. J'ai parfois pensé que les épidémies infernales des deux côtés dans cette région étaient dues à la raison qui aurait pu rendre Job fou si toute la colère qu'il avait accumulée avait éclaté dans une tempête.

Il est certain que les Canadiens ont pris leur part dans les bagarres dans la boue, non par un calcul d'état-major, mais en partie par le favoritisme allemand et les rouages de la psychologie allemande. Considérez que les premières troupes volontaires à être mises sur la ligne de bataille en France quelques semaines avant l'armée de Kitchener furent la première division canadienne, en réponse à sa propre demande d'action, ce qui est un hommage militaire suffisant d'un commandant à la bravoure canadienne ! Cette fière première division, après avoir été bien trempée de boue et y avoir mis la main, fut prise dans l'attaque au gaz. Elle a refusé de céder alors qu'il n'était qu'humain de céder, et est restée résolue dans la fumée entre les Allemands et le succès et a même contre-attaqué. De plus, ce sont les Canadiens qui ont introduit le raid dans les tranchées.

Si les Canadiens n'aimaient pas particulièrement les Allemands, voyez-vous une raison pour laquelle les Allemands aimeraient les Canadiens ? Il était désagréable d'être repoussé par les troupes d'un nouveau pays non militaire. En outre, la psychologie allemande pensait que si les Canadiens au front devaient subir de lourdes pertes, les hommes au pays seraient découragés de s'enrôler. Pourquoi pas? Qu'avait le Canada à gagner à venir combattre en France ? Cela ne semble pas une hypothèse illogique jusqu'à ce que vous connaissiez les Canadiens.

Il ne faut cependant pas comprendre que les autres bataillons, brigades et divisions, anglais et écossais, n'ont pas souffert autant que les Canadiens. Ils l'ont fait ; et n'oubliez pas que dans la région qui a connu les combats les plus durs, les plus sanglants, les plus cruels, les plus horribles de l'histoire du monde, les Allemands ont eux aussi subi leur part de pertes. La vérité est que si un homme normal était coincé dans la boue du saillant d'Ypres et qu'un autre voulait sa place, il dirait : « Prends-le ! J'essaie seulement de m'en sortir ! Nous avons des marécages tout aussi mauvais dans le Haut Yukon. ;" et retirez-vous sur une colline et installez une mitrailleuse.

Lorsqu'on a demandé à un officier canadien s'il avait organisé des tranchées que son bataillon avait prises, il a répondu : « Comment pouvez-vous organiser une soupe aux pois ? a répondu à un besoin d'expression ressenti depuis longtemps pour caractériser la nature de la construction de tranchées sur ce type de terrain. Pourtant, dans cette mer de bouillie gluante et infectée, les hommes se sont battus pour la possession de quelques pieds cubes du mélange comme s'il avait les qualités du baume de Galaad – ce qui était également logique. Ce qui paraît le plus illogique à un étranger est parfois très logique en temps de guerre. C'était un combat pour la maîtrise, et la maîtrise est la première étape d'une guerre de positions frontales.

De nombreuses leçons que les Canadiens ont dû apprendre sur l'organisation et le travail du personnel, sur les détails de discipline qui font l'homogénéité de l'action, et les divisions qui sont venues se joindre à la première ont appris leurs leçons à l'école saillante d'Ypres, qui a donné un enseignement dur mais durable. . J'étais absent quand, à Saint-Éloi, ils furent soumis à des épreuves que seul le saillant peut offrir. C'était l'hiver, lorsque l'eau froide remplissait les cratères des coquillages et que la terre suintait des sacs de sable et que la brume était un cataplasme froid et humide. Les hommes élevés dans un climat sec devaient combattre dans un climat mieux adapté à l'Anglais ou à l'Allemand qu'au Canadien. Il ne pouvait y avoir de pirogues. Soulevez une bêche de terre en dessous du niveau de la terre et elle devient une flaque d'eau. C'était un combat de lutte dans la boue, en s'accrochant aux cratères d'obus et aux restes mous des tranchées. Les Allemands avaient entendu dire que les Canadiens étaient nerveux , nerveux, prompts à l'offensive, mais mal organisés et incapables de tenir le coup. Les Canadiens ont prouvé qu'ils pouvaient être têtus et que leurs soldats, même s'ils n'avaient pas eu le système de direction d'un état-major préparé pendant quarante ans, avec deux ans d'expérience, pouvaient agir seuls aussi bien dans la résistance que dans l'attaque. . "Nos hommes ! nos hommes !" diraient les officiers. C'était ça : les hommes du Canada, apprenant des tactiques face aux tactiques allemandes et tenant bon !

Lorsque tout fut paisible d'un bout à l'autre de la ligne, à un mois de la Grande Offensive, les Allemands « essayèrent une fois de plus » les

Canadiens dans le secteur de Hooge et du Mont Sorrell, où les positions étaient toutes en faveur des Allemands avec de la place pour placez deux canons contre un autour de la ligne britannique bombée. Depuis plusieurs jours, ils s'enregistraient tranquillement alors qu'ils groupaient leur artillerie pour leur dernier effort sérieux au cours de la saison 1916 dans le nord.

Tout ce qui a été fait aux Canadiens m'a toujours touché; et la nouvelle de cette attaque et de sa férocité pour quiconque connaissait les positions était forcément source d'appréhension, qui ne durait que jusqu'à ce que nous apprenions que les Canadiens étaient déjà en train de contre-attaquer, ce qui faisait vibrer votre pouls et faire résonner de petites clochettes dans votre tête. Cela signifiait également que les Allemands n'auraient pas pu développer une offensive qui aurait un impact sérieux sur la situation dans son ensemble à ce moment-là, en pleine préparation pour la Somme. On ne pouvait rien voir du combat, même si l'on avait su qu'il allait arriver, dans cette région plate où tout le monde doit suivre une tranchée de communication avec seul le ciel visible directement au-dessus.

Il y avait une qualité épique dans l'histoire de ce qui s'est passé, telle que vous l'avez entendue de la bouche des survivants. C'était une matinée calme et moyenne dans les tranchées de première ligne lorsque l'ouragan allemand éclata de tous côtés ; mais l'expression « tranchées de première ligne » n'est pas la bonne expression, car toute la protection qui pouvait être assurée était constituée de couches de sacs de sable laborieusement remplis et empilés jusqu'à une épaisseur suffisante pour arrêter une balle à courte portée.

Quel luxe de sécurité étaient les abris des collines de la Somme, comparés à la protection qu'on pouvait y assurer ! Lorsque la première série d'éclats annonçait la tempête, on ne pouvait pas descendre un escalier jusqu'à une caverne dont le toit était impénétrable même par des obus de cinq cents livres. Les petites maisons faites de sacs de sable et dotées de toits de tôle ondulée, dans certains cas au ras du sol, dans lesquels tout coup direct pouvait « faire » étaient ce que les généreuses ressources de l'armée pouvaient permettre de mieux. Les obus hautement explosifs doivent transformer ces parapets en chiffons et en tas de terre. Il n'y avait rien sur quoi tirer si un homme essayait de se tenir au parapet, car des troupes fraîches, entièrement équipées pour leur tâche dans les tranchées allemandes, attendaient la démolition des parapets canadiens avant d'avancer sous leur propre barrage. Les éclats d'obus envoyaient des pluies, tandis que les murs des tranchées étaient ouverts par de grandes brèches et projetés vers le ciel. Les officiers grimpaient au milieu des jets de poussière et de fumée au-dessus des tas et autour des cratères, essayant de rester en contact avec leurs hommes, alors qu'il s'agissait pour chacun d'eux de se mettre à l'abri autant qu'il pouvait.

"La limite!" comme disaient les hommes. "La limite absolue dans une concentration d'artillerie !"

Mais ils n'y sont pas allés – pas avant d'avoir reçu des ordres. C'était leur genre de discipline sous le feu ; ils « sont restés au travail ». Un groupe a chargé au-delà de la zone de tir pour affronter les Allemands à découvert et s'y est battu jusqu'à la mort, exprimant une initiative caractéristique. Lorsque le mot fut donné de se retirer, certains s'accrochèrent à contrecœur pour combattre les Allemands en infériorité numérique au milieu des débris et ne s'échappèrent qu'en passant par le barrage allemand placé entre la première et la deuxième ligne pour couvrir l'avancée allemande sur la seconde. Les soutènements eux-mêmes, sous les tirs d'obus soigneusement organisés, constituaient les points de ralliement des survivants, qui trouvèrent les tranchées de communication si gravement brisées qu'il valait mieux rester à l'air libre. De petits groupes d'hommes aux défenses écrasées résistaient au sentiment instinctif de l'entêtement individuel.

Raconter toute l'histoire de cette journée comme de bien d'autres jours où quelques bataillons étaient engagés, en donnant la juste part à chaque groupe en lutte, n'est pas pour un correspondant qui a dû parcourir toute la longueur de la ligne de bataille et voir l'ensemble de la ligne de bataille. comme exemple de l'esprit Maple Leaf. Le reste est destiné aux historiens du bataillon, qui se trouveront perplexes face à une action où il y avait peu de champ de vision et ceci obscurci par la fumée des obus et la préoccupation de chaque homme essayant de se cacher et de faire sa propre part jusqu'à la mort.

Ensuite, dans les fermes, alors que des groupes d'officiers essayaient de rassembler leurs expériences, j'ai eu le sentiment d'être en contact avec la preuve de tout ce que j'avais vu au Canada des mois auparavant. Les pertes avaient été lourdes pour les bataillons engagés, mais pas pour le corps canadien dans son ensemble, pas plus lourdes que les bataillons britanniques ou les Allemands n'avaient subi dans le saillant. Cette fois-ci, c'est le Canada qui a reçu le coup dur.

Les hommes, après une nuit de sommeil et écrivant à la maison qu'ils étaient en sécurité et comment leurs camarades étaient morts, pouvaient se promener sur les routes ou prendre des vacances à leur guise. Ils ne parlaient pas du combat avec désinvolture, mais étaient francs et francs, à la mode canadienne. Ils ont réalisé ce qu'ils avaient vécu et ont parlé de leur chance d'avoir survécu. Des champs, le cri : « Laissez-moi faire ! » comme une mouche s'élevait de la chauve-souris, ou : « Dehors en premier ! pendant que les hommes se reposaient des courbes d'obus et des explosifs puissants avec des courbes de baseball et des doublures chaudes entre les bases, ce qui était très familier là bas en Flandre. Lequel des joueurs était américain, on ne pouvait le dire à la voix ou à l'apparence, car le climat le long de la frontière donne à la deuxième génération un type de teint et même de traits qui se distinguent facilement du type anglais.

« De quelle partie du Canada venez-vous ? » demanda un officier d'un simple soldat.

« Dans l'ouest, monsieur !

"Quelle partie de l'ouest ?"

" ' Vers l'ouest, monsieur ! "

"Un officier vous le demande. Soyez précis."

"Eh bien, l'État de Washington, monsieur."

Il y avait une bonne poignée d'Américains dans la bataille, y compris des officiers ; mais sur le terrain de baseball et sur le champ de bataille, ils faisaient partie du tout, accomplissant leur tâche d'une manière qui ne laissait aucun doute sur leur qualité. Que l'esprit d'aventure ou les principes en jeu aient amené ses bataillons en Flandre, le Canada a prouvé qu'il pouvait être têtu. Elle devait avoir l'occasion de prouver qu'elle pouvait être rapide.

XXVI

LES CHARS ARRIVENT

La nouvelle armée irlandaise — L'esprit irlandais — Et le courage irlandais — Officier pompeux de la Garde prussienne — Les gardes britanniques et leurs caractéristiques — Qui a inventé le char ? — Le grand secret — Combinaison d'un tatou, d'une chenille, d'un diplodocus, d'une automobile et d'un cirque ambulant - Quelque chose de vraiment nouveau sur le front - Attaques au gaz - Un char sur la route - Un "point fort" émouvant - Faire rire une armée - Suspense pour les pensionnaires des chars inédits.

La situation sur la crête était telle que nous l'avions laissée dans un chapitre précédent, avec toutes ses parties, sauf quelques parties, suffisantes pour constituer un point de départ en tout point pour la descente dans la vallée en direction de Bapaume . Dans la sombre affaire préliminaire de gains fragmentaires qui devraient rendre possible une opération sur un front de six milles le 15 septembre, qui était la première attaque générale depuis le 14 juillet, le rôle joué par les bataillons irlandais mérite d'être souligné, où peut-être l'action de il n'est pas nécessaire de mentionner les régiments anglais éprouvés et robustes sur leurs flancs, car ils sont caractéristiques du travail qu'ils accomplissaient depuis des mois.

Il s'agissait de la Nouvelle Armée Irlandaise, tous volontaires, des hommes qui s'étaient enrôlés pour lutter contre l'Allemagne alors que leurs compatriotes étaient largement mécontents, ce qui demande plus d'initiative que de rejoindre les couleurs alors que c'est la passion universelle de la communauté. De nombreuses histoires ont été racontées sur cette division irlandaise. S'il y a dix Irlandais parmi cent soldats, les histoires parlent en quelque sorte de dix Irlandais.

J'aime celui de l'homme du Connaught qui, lors de son premier jour dans les tranchées, était sur le point de creuser la terre qui avait été remplie dans une tranchée par un éclat d'obus. Un autre obus arriva alors avant qu'il n'ait accompli la moitié de sa tâche ; l'éclat d'une seconde le renversa et doubla la quantité de terre devant lui. Lorsqu'il se releva, il alla vers le capitaine et jeta sa bêche en disant :

"Capitaine, je ne peux pas terminer ce travail sans aide. Ils me rattrapent !"

Certains pensaient que le mouvement Sinn Fein, qui avait récemment éclaté lors des émeutes de Dublin, rendrait les nouveaux bataillons irlandais tièdes dans toute action. Ils entraient mais sans mettre de courage dans leur attaque. D'autres sceptiques se demandaient si le tempérament irlandais, bien adapté aux charges fringantes, s'adapterait aux nécessités concrètes des combats de la Somme. Leur commandant, cependant, n'avait aucun doute ; et l'armée n'en avait pas au moment du test.

À travers Guillemont , ce méchant complexe de mitrailleuses, qui avait été aussi sévèrement touché par les tirs d'obus après avoir repoussé les attaques britanniques que n'importe quel village de la Somme, les Irlandais balayaient en bon ordre, nettoyant les abris et faisant des prisonniers en chemin avec tous leurs efforts. l'habileté des vétérans et le goût total de l'exploit , puis en avant, en tant que partie intégrante d'une ligne de bataille réussie, vers la route en contrebas qui était le deuxième objectif.

"Je pensais que nous devions prendre un village, capitaine", dit l'un des hommes après s'être établis dans le chemin creux. "Pourquoi on s'arrête ici ?"

"Nous l'avons pris. Vous l'avez traversé, cette tache crasseuse là-bas" qui était les rues et les maisons de Guillemont mêlées en ruines, à cinq cents mètres en arrière.

"Vous en êtes sûr, Capitaine ?"

"Assez!"

"Eh bien, je n'aimerais pas être l'homme ivre qui a essayé de trouver son trou de serrure dans cette ville !"

Il était peut-être dommage que les Irlandais qui ont aidé à la prise de Ginchy , qui a achevé la maîtrise nécessaire de la crête pour les besoins britanniques, n'aient pas pu prendre part à l'offensive qui allait suivre. Nous attendions avec impatience cette promenade comme la récompense d'une descente après le travail patient de notre chemin vers le haut de la colline. Même les Allemands, qui avaient subi d'épouvantables pertes en tentant de tenir la crête, ont dû être soulagés de ne plus avoir à lutter contre l'inévitable.

De nouveau les clans se rassemblaient et de nouveau l'armée courait dans l'attente de la préparation d'un grand coup. Les Canadiens apparaissaient dans des cantonnements à l'arrière du front. Ne serait-ce que par d'autres moyens, j'aurais dû connaître leur présence grâce à leur habitude de se déplacer sur les routes et les champs pour connaître leur environnement et vérifier si les pommes étaient mûres. Pour d'autres régions du pays, il était un peu injuste que ces dépensiers généreux et bien payés prennent la place des opulents Australiens dans des villages où les petits garçons disposaient déjà de hordes de sous et où les commerçants s'empressaient de reconstituer leurs stocks pour être à la hauteur de leurs besoins. opportunités.

Enfin, les Gardes devaient aussi avoir leur tour, mais non pas affronter la Garde prussienne, comme le souhaitaient ceux qui avaient le sens de l'art histrionique. Lorsqu'un officier de la Garde prussienne avait été arrêté à Contalmaison , il avait déclaré : « La Garde prussienne sent qu'elle se rend à un ennemi digne de son acier lorsqu'elle cède devant la supériorité numérique de la Garde anglaise ! ou des paroles dans ce sens selon les rapports, pour ensuite recevoir la réponse que ses ravisseurs étaient des ouvriers d'usine anglais et autres membres de la Nouvelle Armée, dont les officiers s'excusaient, dans les circonstances, de leur identité aussi poliment que possible.

Grenadiers, Coldstreams , écossais ou irlandais, les Guards étaient les Guards, les régiments d'élite d'Angleterre, les officiers de chacun portant leurs boutons de manière distinctive et les grands soldats saluant avec le salut distinctif des Guards. Dans la Garde, le vieil esprit de gaieté face au danger survivait. Leurs officiers, dans des cratères d'obus sous des rideaux de feu, se plaisantaient avec un sang-froid aristocratique et génial, l'homme mince qui avait un cratère de neuf pouces se vantant de sa chance sur l'homme trapu qui essayait de s'adapter à un cratère de cinq pouces, tandis qu'un colonel sonnait du cor de chasse dans la charge que les gardes faisaient d'une manière digne de la tradition.

Même si les Anglais auraient volontiers affronté la garde prussienne à coups de baïonnette, de bombe ou de mêlée générale, les commandants d'armée de nos jours ne font pas signe à l'ennemi : « Allons-y entre vos gardes et nos gardes ! " mais ils placent des régiments d'élite et des régiments de ligne sur une ligne de bataille pour une tâche commune, où le seul critère est le succès.

La présence des Gardes suscite cependant l'intérêt d'un autre nouveau venu sur le front de la Somme. Lorsque le projet d'un type de voiture blindée capable de traverser les cratères d'obus et les tranchées fut présenté à un éminent général du War Office, ce qu'il écrivit en le rejetant de tout examen ultérieur aurait pu être plus blasphématoire s'il avait pu gagner du temps. être tout sauf satiriquement bref. De tels conservateurs ont probablement empêché de nombreuses améliorations de se matérialiser, et ils ont probablement aussi sauvé le monde de nombreuses créations futiles qui n'auraient fait qu'entraîner une perte de temps et de matériel.

Heureusement, tant pour les génies que pour les imbéciles, qui, espérons-le, à long terme, recevront leur juste récompense, il n'y a pas de démenti à une idée dans un pays libre où le fait de continuer à frapper aux portes et à attendre dans les couloirs finit par lui assurer un procès. Puis, si cela réussit, celui qui pensait que la conception était originale chez lui voit ses prétentions contestées à tous points de vue. Si cela échoue, le pauvre ira dans une tombe sans père.

Je voudrais dire que j'étais le créateur du char, l'un des créateurs. D'humeur généreuse, je suis prêt à partager les honneurs avec des rivaux trop nombreux pour être mentionnés. N'ai-je pas aussi regardé à travers le No Man's Land, en direction du parapet ennemi ? Celui qui l'a fait a dû conjecturer sur une machine qui prendrait des positions frontales avec moins de pertes en vies humaines que d'habitude et résoudrait le problème de la rupture de la ligne solide du front occidental. Cette possibilité a hanté chaque général, chaque soldat.

Une sorte de tatou ou de chenille qui résisterait aux tirs de balles était la suggestion la plus évidente, mais lorsque la construction pratique fut envisagée, le rêveur fut descendu de l'empyrée, où l' avion est chez lui, à la forge et au tour, où des machinistes crasseux sont les pilotes d'un monde concret. La candidature était la chose. Je me suis retrouvé si mauvais dans ce domaine que je n'ai même pas transmis mon projet au personnel, qui avait déjà réfléchi à quelques milliers de projets. Ericsson , qui concevait un canon dans une tourelle tournante, n'était pas un homme aussi grand qu'Ericsson qui faisait du moniteur un engin de guerre pratique.

Le lieutenant-colonel Swinton, du génie, fut chargé de transformer les plans en réalité. Il n'y avait aucune certitude qu'il réussirait, mais le War Office, alors qu'il avait besoin de toutes les fonderies et de tous les artisans qualifiés du pays, fut assez entreprenant pour lui donner une chance. Lui et des milliers d'ouvriers ont passé des mois à cette entreprise des plus secrètes. Si un espion allemand avait accès à un seul ouvrier, alors les Allemands pourraient savoir ce qui allait arriver. Depuis Ericsson, personne n'a eu une période plus occupée que Swinton sans dire à personne ce qu'il faisait. Les chuchoteurs savaient qu'une surprise diabolique se préparait et ils le murmureraient. Aucune réglementation de censure ne peut les atteindre. Parfois, la tribu recevait de fausses informations en toute confiance afin de la tenir trop occupée pour transmettre la vraie.

Le nouveau monstre s'appelait un tank parce qu'il ne ressemblait pas à un tank ; pourtant, cela me ressemblait autant à un tank qu'à n'importe quoi d'autre. Comme un char est un réceptacle pour un liquide, c'était un nom qui devait masquer un nouveau type de véhicule blindé avec autant de succès que n'importe quel autre nom. Le pot de fleur aurait été trop large. Un char peut transporter un nouveau type de gaz ou un liquide brûlant pour cuire ou frissonner l'adversaire.

Compte tenu de la taille de la bête, la dissimulation semblait aussi difficile que pour un propriétaire de chalet de banlieue de cacher à son voisin d'à côté le fait qu'il avait un éléphant dans ses locaux ; mais l'armée britannique est devenue tellement habituée à faire traverser la Manche aux navires face au danger sous-marin que personne n'est surpris de tout ce qui apparaît sur le front sans être annoncé.

Un jour, le rideau s'est levé et le produit fini de toutes les expériences et tests est apparu sur le front britannique. Des centaines de milliers de soldats étaient désormais dans le secret. "Avez-vous vu les chars ?" » était la question sur toute la ligne. Tous les éditeurs inventaient leur propre type de char. Même si j'en ai tapoté un sur l'épaule d'une manière familière, comme je caresserais le chat de la famille, il ne m'a ni donné de coups de pied ni mordu. Même si j'en ai été à l'intérieur, je ne suis pas censé savoir, à l'heure où j'écris, quoi que ce soit sur sa construction. Incontestablement, le char ressemble à un tatou, une chenille, un diplodocus, une automobile et un cirque ambulant. Elle a plus de pieds qu'une chenille, et ils ont des ongles en acier qui la portent sur le sol ; sa peau est plus résistante que celle du tatou, et la beauté de ses formes rendrait jaloux le diplodocus. Aucun pianiste n'a jamais été plus capricieux ; aucune tortue n'a jamais été plus flegmatique.

Dans la chaleur de l'été, alors que des nuages de poussière pendaient sur les routes derrière les nuages d'obus des champs, alors que la bataille incessante durait depuis deux mois et demi, les soldats étaient stimulés par une nouveauté mécanique juste avant une attaque générale. . Deux années de guerre les avaient cumulativement insensibilisés aux sensations fortes. Les nouvelles batteries mises en place ne représentaient qu'un nombre limité de canons supplémentaires. Les nouveaux bataillons qui marchaient vers le front n'étaient que davantage d'infanterie, tous du même modèle, équipés de la même manière, se déplaçant au même pas fixe. Les bruits de mitrailleuses étaient devenus aussi courants que le bruit des roues des caissons qui grinçaient. Les obus à gaz, les obus lacrymatoires et *les Flammenwerfer* étaient aussi démodés que les explosifs puissants et les éclats d'obus. Les bombardements dans les sapes n'avaient aucune variation. Les ruines du village pris aujourd'hui ne pouvaient être distinguées de celles prises hier que par leur emplacement sur la carte. Même les avions n'avaient pas récemment développé de ruptures sensationnelles avec leurs habitudes. On ne leur prêtait guère plus d'attention qu'un gondolier n'en prête aux pigeons de Saint-Marc. Les rideaux de feu se ressemblaient tous. Il n'y avait pas de nouvelle façon d'être tué – rien pour briser l'horrible monotonie des charges et contre-charges.

Tous les cerveaux de l'Europe étaient occupés depuis deux ans à inventer de nouvelles formes de destruction, mais aucun génie n'avait trouvé une créature sinueuse qui se glisserait dans les abris avec un dard contre lequel il n'existait pas d'antidote. Tout le monde était occupé à tuer, mais personne n'était capable de « tuer à sa satisfaction », comme l'a dit le colonel du

Kentucky. Les méthodes fiables étaient les mêmes qu'autrefois et comme je l'ai mentionné ailleurs : des projectiles propulsés par de la poudre, qu'il s'agisse de canons navals à long col à vingt mille mètres, ou d'obusiers à col court à cinq mille mètres, ou de fusils et mitrailleuses à vingt mille mètres. - cinq cents mètres, ou des mortiers de tranchée crachent des boules d'explosifs sur mille mètres.

Il est vrai que l'attaque au gaz d'Ypres était une innovation. Ce n'était pas une découverte ; simplement une application d'horreur qui avait été considérée comme trop horrible pour être utilisée. Étonnamment, cela avait réussi – une fois. La défense a répondu avec des masques à gaz, ce qui rendait encore plus important que les soldats ne soient pas distraits et ne laissent rien de leur équipement hors de portée. La même quantité d'énergie investie dans les projectiles aurait causé davantage de victimes. Pendant ce temps, aucun état-major d'aucune armée, élaborant des plans élaborés en utilisant des armes éprouvées, ne pouvait être certain que l'ennemi n'avait pas mis au point, à cette époque d'invention qui nous a donné la radio, une nouvelle arme qui serait irrésistible.

Le char était-il cette merveille révolutionnaire ? Ses sponsors n'avaient pas un tel espoir. L'Angleterre a continué à construire des canons et à lancer des obus, des cartouches et des bombes. Au mieux, les chars étaient une autre application d'une ancienne forme de mise à mort en vogue chez Daniel Boone et dans l'armée de Napoléon : les balles.

La première fois que j'ai vu un char, la façon dont le monstre bloquait une route encombrée de transports avait quelque chose du ridicule, disons, d'un monstre pliocène pesant cinquante tonnes qui s'était nonchalamment couché à Piccadilly Circus au moment où le trafic était le plus dense. Seuls les automobilistes et les bataillons arrêtés à une certaine distance se soucièrent du retard. Les voisins étaient suffisamment amusés par le spectacle qui les arrêtait. Ils se rassemblèrent autour du tank, restèrent bouche bée et sourirent.

Le conducteur du char était un Anglais à la peau brune et aux cheveux noirs, au visage d'une froideur orientale. On lui posa des questions, mais il ne voulut même pas dire si sa bête tiendrait debout sans accroc ou non ; qu'il vive de foin, de talc ou de la matière dont sont faites les bombes ; ou quelle était la nature de son intérieur, ou quelle était la tête et laquelle était la queue, ou si lorsqu'il semblait reculer, il allait réellement en avant.

D'après l'aveu de quelques lettres blanches sur sa carrosserie, il s'agissait officiellement d'un des navires terrestres de Sa Majesté. Il n'est pas plus venu à l'esprit de personne de lui suggérer d'avancer et de dégager la route que de discuter avec un bouledogue qui vous affronte sur un chemin. J'imaginais que les sentiments du jeune officier qui en était le capitaine devaient être à peu près les mêmes que ceux d'un homme agissant comme son propre chauffeur et tombant en panne en vacances dans un quartier de la ville où la population était aussi dense qu'elle l'était. curieux aux débuts de l'automobile. Pendant des mois, il menait une vie cloîtrée pour empêcher ses amis de savoir ce qu'il faisait, alors qu'il s'efforçait de maîtriser les excentricités de sa monture inédite, sa vie et celle de son équipage dépendant de cette maîtrise. Maintenant, il était sorti de derrière le rideau du secret militaire pour entrer dans le plein feu d'une publicité fixe et interrogatrice.

L'inclinaison du char était entièrement reptilienne. Son corps épousait la terre afin d'exposer le moins de surface possible au feu ennemi ; il était marbré comme un crapaud de taches colorées pour ajouter à sa faible visibilité, et il n'y avait pas plus de sauts en lui que chez le monstre de Gila.

La raison de son existence était évidente. Sa peau étant à l'épreuve des balles de mitrailleuses et de fusils, c'était un « point fort » mobile qui pouvait aller contre les points forts fixes de l'ennemi, où étaient placées des mitrailleuses pour faucher les charges d'infanterie, avec ses propres mitrailleuses. Seulement maintenant, il ne donnait aucun signe de mouvement. En tant que produit mécanique, ce n'était pas plus remarquable qu'une pelle à vapeur. L'émerveillement résidait dans le rôle qu'il s'apprêtait à jouer. Une pelle à vapeur est un appareil permettant d'économiser du travail, et celle-ci permet d'économiser du soldat.

Pour le moment, cela semblait un poids mort de Léviathan sur le chemin de la circulation. S'il ne pouvait pas se déplacer tout seul, la seule façon pour le trafic de passer était de construire une route autour de lui. Puis il y eut un grondement dans son corps qui ressemblait à celui d'un moteur à essence surnaturel, et il s'accrocha avec la lourdeur d'un bateau fluvial déformé dans un quai et poursuivit son voyage pour prendre la place qui lui était assignée dans la ligne de bataille.

Les Allemands savaient-ils que les chars étaient en construction ? Je pense qu'ils avaient eu l'idée, quelques semaines avant l'apparition des chars, que quelque chose de ce genre était en construction. On a également signalé qu'un char allemand n'était pas prêt à temps pour affronter les Britanniques. Certains prisonniers allemands ont déclaré que leur première indication de cette nouvelle affliction était lorsque les chars surgissaient de la brume matinale, se précipitant sur les tranchées ; d'autres ont déclaré que des ballons d'observation de saucisses allemands avaient vu quelque chose ressemblant à des tortues géantes se déplacer à travers les champs jusqu'aux lignes britanniques et avaient averti l'infanterie d'être aux aguets.

Ainsi, quelque chose de nouveau était entré dans la guerre, approfondissant le frisson de la curiosité et intensifiant le suspense avant une attaque. Le monde, nourri par la presse, voulait tout savoir sur les chars ; mais au lieu des détails mécaniques attendus, la censure n'autorisait que de vagues références aux habitudes et à la psychologie des chars, et les chars étaient vraiment forts en psychologie - subjectivement et objectivement. C'était le résultat objectif en psychologie qui comptait : l'effet sur les combattants. L'imagination humaine les a immédiatement caractérisés comme des êtres vivants ; monstrueux camarades d'infanterie en attaque.

Béni soit l'homme, la machine ou l'incident qui fera rire n'importe quelle armée après plus de deux mois de bataille. Les gens riaient toujours des incidents ; mais ici, des centaines de milliers d'hommes devaient voir un nouveau style d'animal exécuter des tours éléphantesques. Le prix d'entrée au théâtre était le risque d'une charge en leur compagnie, et cette perspective donnait un enthousiasme accru aux bataillons prenant leur place pour l'action du lendemain. Qu'arriverait-il aux chars ? Que feraient-ils aux Allemands ?

L'état-major, qui avait soigneusement calculé leurs utilisations et leurs limites, ne pensait pas que les chars iraient à Berlin. Ils n'étaient qu'un nouvel auxiliaire. Le soldat moyen était probablement sceptique quant à leur efficacité ; mais son scepticisme n'a pas gêné sa curiosité. Il voulait voir la bête en action.

Christophe Colomb traversant des mers inexplorées n'a pas entrepris un voyage plus audacieux que les capitaines des chars. Le cavalier qui charge dans un élan les canons ennemis ne connaît que quelques minutes de suspense. Un destroyer torpilleur déterminé à se rapprocher de la portée des torpilles face aux explosions des canons d'un croiseur, l'aviateur se rapprochant d'un avion ennemi, ont le délire de détermination excité par la vitesse. Mais les chars ne sont pas rapides. Ils sont lourds et relativement lents. Colomb avait déjà pris la mer à bord de navires. L'aviateur et le commandant d'un destroyer connaissent leurs montures et ont un précédent à suivre, alors que les capitaines des chars n'en avaient aucun. Ils partirent avec un nouveau type de navire sur un nouveau type de mer, dont les vagues étaient des cratères d'obus, dont les tempêtes étaient de soudaines concentrations de tirs d'obus.

Les Allemands pourraient avoir pleinement connaissance du caractère des navires et attendre leur apparition avec des formes de destruction adaptées à l'objectif. Tout n'était que spéculation et incertitude. Les officiers et l'équipage étaient enfermés dans une boîte en acier, le sport du destin. Depuis des mois, ils préparaient cette journée, le couronnement de l'expérience et de l'épreuve, et tous semblaient d'un type soigneusement choisi pour leur part, des soldats devenus matelots de terre, froids et flegmatiques comme les monstres qu'ils dirigeaient. Chacun s'étant livré au sort, le reste était facile en ces jours de surexaltation de la guerre , qui fait paraître les hommes parfaitement normaux quand la mort plane. Personne n'aurait changé de place avec un fantassin. Ils avaient déjà *l'esprit de corps* . Ils appartenaient à un groupe exclusif de guerriers.

péniblement dans et hors des cratères d'obus, qui cachaient parfois à moitié les chars comme des navires dans une mer agitée, grondant et déchirant, ils surgirent de la brume matinale face aux Allemands qui relevèrent la tête et commencèrent à faire fonctionner leurs mitrailleuses. après que le rideau de tirs d'artillerie habituel se soit levé.

XXVII

LES CHARS EN ACTION

Comment les chars ont attaqué - Un char remontant la rue principale d'un village - Effet sur les Allemands - Le colonel prussien se rend à un char - Des chars contre des arbres - Le char de High Wood - La fameuse Crème de Menthe - Démolition d'une usine sucrière - Allemands prendre les chars au sérieux - Différences d'opinions concernant les chars - Chars errants - Attaque allemande contre un char échoué - Tortues préhistoriques - Sauver vingt-cinq mille victimes.

Avec la pente inversée de la crête pour dissimuler leur approche de la ligne de bataille, les chars accroupis parmi les hommes à intervalles réguliers sur un front de six milles attendant le signal zéro pour l'attaque à l'aube et la brume tenant toujours pour couvrir les deux chars. et les hommes, la grande scène de la Somme était aménagée d'une manière digne des débuts des nouveaux monstres.

Un système tactique d'action coordonnée avait été élaboré pour l'infanterie et les auxiliaires non éprouvés, que seuls des soldats expérimentés auraient pu appliquer avec succès. Selon la nature des positions en face, les chars se voyaient fixer des objectifs précis ou étaient laissés à la recherche de leurs propres objectifs. Ils peuvent se déplacer vers des positions de mitrailleuses localisées ou répondre à un appel urgent à l'aide de l'infanterie. Devant eux se trouvait une ceinture de champs ouverts entre eux et les villages dont la capture devait être la consommation de la journée de travail. Pendant que les observateurs s'efforçaient de suivre la progression des chars et ne voyaient que peu de choses, l'état-major du corps attendait avec impatience des nouvelles de l'expérience la plus pittoresque de la guerre, qui pourrait s'avérer ridicule, ou être un merveilleux succès, ou simplement répondre aux attentes.

Aucun message plus passionnant n'a jamais été apporté par un avion que celui disant qu'un char « marchait » dans la rue principale de Flers, entouré de soldats britanniques applaudissant, qui étaient en possession du village. « Marcher » était le mot officiellement donné ; et très marchant, en effet, le char a dû paraître à l'aviateur dans son vol rapide. Un aigle regardait une tortue qui avait une piqûre de serpent. Ce char, après avoir effectué son travail en cours de route, traversa Flers avec une pancarte : "Extra Spécial ! Grande Victoire des Huns !" Au-delà de Flers, il se retrouva aux côtés d'une batterie de canons de campagne allemands et tira des balles sur les artilleurs stupéfaits et impuissants.

L'ennemi avait peut-être entendu parler des chars, mais les rencontrer était une autre affaire. Après avoir combattu des obus, des balles, des bombes, des grenades, des mortiers, des baïonnettes et des gaz, le char fut la goutte d'eau qui fit déborder le vase pour de nombreux Allemands. Un tatou d'acier étalant sa masse à travers une tranchée et la balayant des deux côtés avec des mitrailleuses provoqua la plainte familière selon laquelle il ne s'agissait pas de combats selon les règles dans une guerre qui cessa d'avoir des règles après le bombardement des populations civiles, le naufrage du *Lusitania.* , et l'attaque au gaz à Ypres. Cela dépend de qui le bœuf est encorné. Il y a une grande différence entre voir l'ennemi se faire massacrer par un nouvel appareil et se faire massacrer soi-même par un tel appareil. Il n'est pas étonnant que les prisonniers allemands qui s'étaient échappés vivants d'une tranchée remplie de morts, lorsqu'ils aperçurent un char sur la route alors qu'ils passaient à l'arrière, levèrent les mains avec un guttural : « Mein Gott ! Il y en a un autre ! Il n'y a pas de combat. ça ! Ce n'est pas la guerre ; c'est la boucherie ! » Oui, c'était de la boucherie – et la boucherie, c'est la guerre de nos jours. N'en a-t-il pas toujours été ainsi ? Et comme l'a fait remarquer un officier britannique aux protestants :

"Le char est entièrement conforme aux règles de La Haye, puisqu'il ne comporte que des blindages, des machines et des mitrailleuses."

Les Allemands se sont rendus en corps à un char après avoir compris le désespoir de tourner leurs propres tirs de mitrailleuses et de fusils sur cette peau d'acier. Pourquoi pas? Rien n'enlève le combat à quelqu'un comme de constater que ses coups partent en l'air et que ceux de l'autre rentrent chez eux. Il semblait y avoir une étrange perte de dignité lorsqu'un colonel prussien se livrait à un char, qui le prenait à bord et le remettait finalement à une garde d'infanterie ; mais le capitaine du char appréciait que le colonel ne le fasse pas.

Ce qui était surprenant, c'était le peu de victimes parmi les équipages des chars, qui sortaient prêts à mourir et se retrouvaient en sécurité dans leurs obus blindés une fois la journée de combat terminée, si leurs navires avaient traversé une ligne de tranchées allemandes, développé problème de moteur, ou temporairement sombré dans des trous d'obus. Les balles avaient simplement fait des taches brillantes comme de l'acier sur la peinture des chars et les éclats d'obus n'avaient pas non plus réussi à pénétrer le blindage.

Parmi les hommages imaginaires rendus aux pouvoirs du char, il y a le fait qu'il « mange » des arbres – c'est-à-dire qu'il peut se frayer un chemin à travers un bois – et qu'il peut abattre un mur de pierre. Comme il n'a pas de dents, il ne peut pas mastiquer le bois. Tout ce qu'il accomplit doit être fait en le percutant ou en soulevant son poids pour écraser un obstacle. Un petit arbre ou un mur faible cède devant sa masse.

En tant que forestiers, les chars avaient une tâche difficile à High Wood, où les Allemands avaient tenu le coin supérieur avec leurs nids de mitrailleuses que le bombardement préliminaire de l'artillerie britannique n'avait pas fait taire et ils ont commencé leur chant meurtrier dès que la charge britannique a commencé. Ils commandaient le front et les flancs si les hommes continuaient à avancer et pouvaient donc faire une pause dans l'ensemble du mouvement, ce qui était justement l'objet de la résistance désespérée qui avait préservé à tout prix ce point fort face aux ruées des bombardiers britanniques, des tranchées. mortiers et obus d'artillerie pendant deux mois.

On ne s'attend pas à ce que les soldats entreprennent l'impossible . Personne sain d'esprit ne se jettera dans une fournaise avec une tasse d'eau pour éteindre le feu. Seul un commandant de bataillon idiot refusera, face aux tirs concentrés de mitrailleuses, d'arrêter la charge.

"Laisse le moi!" » était le message tacite communiqué à l'infanterie par la vue de ce corps d'acier qui se précipitait, plongeait, grimpait alors qu'il grondait vers la forteresse miniature. Et l'infanterie, voyant les mitrailleuses du char flamboyer, la laissa au char et, se dirigeant vers la droite, resta en contact avec la ligne d'attaque générale, sûre qu'aucun ennemi ne serait laissé derrière pour tirer sur ses troupes. dos. Ainsi, une poignée d'hommes capables, avec leurs lance-balles, de retenir un millier d'hommes se retrouvèrent face à une autre poignée d'hommes aux commandes d'un char. Ils étaient simplement « finis », comme l'a dit l'officier du char. En sécurité derrière son armure, il les tenait non moins à sa merci qu'un sous-marin ne l'est pour un navire marchand. Même s'il n'est pas armé, un char peut prendre soin d'une position de mitrailleuse isolée en s'asseyant dessus.

L'un des tanks les plus célèbres était la Crème de Menthe. Elle avait un bon attaché de presse et elle a également réussi. Elle semblait aimer le sucre. Au moins, son glorieux exploit s'est déroulé dans une usine sucrière, un immense bâtiment en brique avec une haute cheminée en brique qui avait été détruite par des tirs d'obus. Au-dessous de l'ensemble se trouvaient d'immenses abris encore intacts où les mitrailleurs allemands se tenaient bas, comme Br'er Rabbit, comme d'habitude, pendant que tombaient les obus de la préparation d'artillerie, et sortaient pour allumer le jet de balles à l'approche de l'infanterie britannique. Les Britanniques font de même contre les attaques allemandes ; seulement lors de la bataille de la Somme, les Britanniques avaient toujours attaqué, prenant toujours des positions de mitrailleuses.

Crème de Menthe, camarade choisi par les Canadiens en route vers la prise de Courcelette , était également chez lui parmi les débris . Les Canadiens l'ont vu alors qu'elle s'approchait avec la joie d'un lion de mer se dirigeant vers un banc de poissons. Elle n'esquivait pas prudemment, scrutant les coins dans le but de voir l'ennemi avant d'être vue. Quoi qu'il en soit, un tank n'est pas un boy-scout rusé. Ses méthodes sont effrontées et nonchalamment publiques, comme un rouleau compresseur descendant la rue pour un défilé sans égard aux règles de la route. Extérieurement, ce n'est pas capricieux. Il ne prend pas la peine de suivre l'allée et ne fait pas attention au panneau « Keep Off the Grass » lorsqu'il monte à l'entrée d'une pirogue.

Et Crème de Menthe a pris la sucrerie et beaucoup de prisonniers. "Pourquoi pas?" comme l'a dit l'un des Canadiens. "Qui ne se rendrait pas quand une bête de cette espèce se présentait à la porte ? C'était suffisant pour qu'un homme qui n'avait bu que de la bière légère de Munich se demande s'il l'avait " eu " ! "

Les prisonniers constituaient une grande gêne pour les chars. Peut-être que les futurs chars seront dotés de poches pour transporter les prisonniers. Mais l' avenir des chars est aujourd'hui enveloppé de mystère.

Ce n'est pas les prendre au sérieux, me direz-vous. Dans ce cas, je ne fais que refléter les sentiments de l'armée. Même si les chars avaient pris Bapaume ou s'étaient rendus au quartier général du Kaiser, l'armée se serait moquée d'eux. Ce sont les Allemands qui prenaient les chars au sérieux ; et plus les Allemands prenaient les chars au sérieux, plus les Britanniques riaient.

"De toutes les choses ridicules et doublement teintes, c'était la façon dont le personne de Crème de Menthe a pris l'usine sucrière !" dit un Canadien qui se mit à rugir au souvenir des pitreries du monstre. "Bonne vieille fille, Crème de Menthe ! Il faudrait la mettre à la retraite à vie et la laisser s'asseoir sur ses hanches dans un café et siroter sa boisson préférée dans un tonneau avec un tuyau d'arrosage en guise de paille - qui serait à peu près sa taille."

Cependant, il y avait une diversité d'opinions parmi les soldats sur les chars, tirées de leur expérience personnelle, lorsque la vie et la mort formaient des opinions, sur la façon dont ils avaient agi comme auxiliaire dans leur partie de la ligne. Un char qui a conquis des positions de mitrailleuses et enfilé des tranchées était un camarade héroïque entouré d'une saga d'anecdotes glorieuses. Celui qui s'est retrouvé au point mort et a échoué dans son entreprise a appelé à des commentaires satiriques qui ont été appliqués à tous.

Nous n'avons pas personnifié les mitrailleuses, ni ces gros obusiers monstrueux et sombres à la gueule béante, ni d'autres armes ; mais chaque homme de l'armée personnifiait les chars. Deux ou trois chars, aurais-je dû le remarquer, partirent effectivement vers Berlin, sans attendre l'infanterie. La tentation était forte. Tout ce qu'ils avaient à faire, c'était de continuer à avancer. Lorsque les Allemands se précipitant pour se mettre à couvert étaient la seule chose que les capitaines pouvaient voir, ils se rendirent compte qu'ils n'étaient pas sur le bon banc ou, en langage strictement militaire, qu'ils avaient dépassé leur « objectif tactique ».

Ayant laissé la plupart de leurs munitions là où ils pensaient que cela serait le plus utile dans les lignes allemandes, ces vagabonds se sont attelés et ont regagné leur propre peuple en se dandinant. Car un char est un auxiliaire, non une armée, ni un état-major, ni un rideau de feu, et il doit coopérer avec l'infanterie, sinon il peut rester dans les lignes ennemies. Il y avait un char qui s'est retrouvé à court d'essence et encerclé par les Allemands. Il ne pouvait se déplacer dans aucun sens, mais pouvait toujours faire fonctionner ses armes. Échoué sur un rivage hostile, il devrait céder lorsque l'équipage manquera de nourriture.

Les Allemands ont chargé la bête, se sont mis sous ses canons, ont frappé à la porte, ont essayé de la bombarder et de l'ouvrir avec des baïonnettes et ont rampé par-dessus à la recherche de bosses dans l'armure avec la rage des frelons, mais en vain. Ils ne pouvaient pas nuire à l'équipage à l'intérieur et l'équipage ne pouvait pas leur faire de mal.

"Beaucoup de bruit !" dit le capitaine du char.

Objectif tactique : les soldats britanniques sont allés au secours de leur char. En sécurité dans leur coque, le commandant et l'équipage attendaient le résultat du combat. Après que les Allemands aient été chassés, quelqu'un est allé chercher un bidon d'essence, ce qui a donné à la bête le souffle de vie nécessaire pour se retirer dans sa « position tactique correcte ».

Même s'il n'avait pas été récupéré à ce moment-là, les Britanniques en auraient repris possession lors de leur prochaine avancée ; car les Allemands n'avaient aucun moyen de faire passer un char à l'arrière. Il n'existe pas de tracteurs assez puissants pour en tirer un à travers les cratères d'obus. Il ne peut être déplacé que par ses propres forces et, avec son moteur en panne, il devient un élément incontournable du paysage. Les chars bloqués ont une apparence d' impuissance brobdingnagienne . Ils constituent de bonnes cibles pour se venger d'une concentration de tirs d'artillerie allemande ; Pourtant, lorsqu'ils sont à moitié cachés dans un gigantesque trou d'obus dans lequel ils ne peuvent pas naviguer, ils constituent une petite cible et, leur teinte se fondant dans la terre, ils sont difficiles à localiser.

ardoisés des chars ressemblaient à des tortues préhistoriques dont l'habitat naturel est la terre mutilée par les carapaces. Ils étaient le dernier mot dans les affaires de la guerre moderne, symboliques de sa satire et du vieux conflit entre projectile et blindage, offensif et défensif. Si deux chars devaient s'affronter en duel, tenteraient-ils de se percuter après s'être frappés sans succès avec leurs mitrailleuses ?

"J'espère qu'il sait où il va !" s'exclama un général de brigade en regardant quelqu'un s'approcher de son abri à travers une tranchée abandonnée, se penchant un peu alors qu'il plongeait dans le bord d'un cratère d'obus d'environ quinze pieds de diamètre avec la certitude de marcher un jour de pluie lorsqu'un piéton glissé à chaque pas.

Il n'y avait aucune indication d'une intelligence humaine directrice, encore moins d'une main humaine qui la dirigeait ; et, autant qu'on puisse en juger, il aurait pu prendre les quartiers souterrains du général pour une station de stockage où il pourrait apaiser sa soif d'essence ou pour un atelier de forgeron où il pourrait faire redresser une griffe d'acier pliée. Quand enfin il s'arrêta à son seuil, le général exprima son soulagement qu'il n'ait pas essayé de descendre les marches. Une porte semblable à celle d'une tourelle de cuirassé s'ouvrit et, de l'intérieur exigu où l'espace pour l'équipage et les machines est si bien calculé, sortit le capitaine, qui salua et annonça que son navire attendait les ordres pour la prochaine croisière.

Bientôt, la vue des chars devint partie intégrante de la routine de l'existence, et l'intérêt d'observer une avance se concentra sur l'infanterie qu'ils soutenaient dans une charge ; car ce n'est que par son action qu'on pouvait juger si des tirs de mitrailleuses s'étaient développés ou non et, plus tard, si les chars les faisaient taire ou non. L' élément humain était toujours suprême, son mouvement et ses pertes dans la vie le critère de réussite et d'échec, avec un frisson éternel qu'aucune machine ne peut susciter. Si les chars n'avaient rien accompli de plus que lors des deux grandes attaques de septembre, ils en auraient valu la peine . Je pense qu'ils ont épargné vingt-cinq mille victimes, ce qui aurait été le coût supplémentaire de la conquête du terrain gagné par une action d'infanterie sans assistance. Lorsque des machines pilotées par quelques hommes peuvent ainsi remplacer de nombreux bataillons, elles illustrent le principe essentiel qui consiste à infliger à l'ennemi un maximum de dégâts avec un minimum à vos propres forces.

XXVIII

LE CANADA EST RAPIDE

Première offensive du Canada – La « fête surprise » – Sur un terrain hostile – L'heure du Canada – Les Allemands stupéfaits – Les Canadiens doivent « y arriver » – Deux villages difficiles – Les Canadiens établissent de nouvelles règles – Les soldats verts du Canada accomplissent un exploit sans précédent – Attaquer sur leur courage—Le dernier éclat—Moins de Canadiens que d'Allemands, mais—«Nettoyage»—Rassemblement des captifs—Un Allemand aristocratique et un Canadien démocrate—Canadiens français—Treize contre-attaques défaites—Rapidité et adaptabilité—Les soldats du Canada tiennent le coup .

Les chars ayant reçu leur dû théâtral, nous arrivons à d'autres résultats du 14 septembre où la résistance de la droite fut rude et où le Canada eut sa chance de partager le brillant succès de la gauche.

C'était la première offensive des Canadiens. Ils savaient que les yeux de l'armée étaient rivés sur eux. Non seulement pour eux-mêmes, après avoir paré les coups tout au long de leur expérience au front, mais au nom des autres bataillons qui avaient enduré la rudesse impitoyable du saillant d'Ypres, ils devaient porter les coups de représailles. La réponse quant à la façon dont ils allaient charger était écrite sur des visages clairement marqués par le même climat qui leur donnait leur vigilance nerveuse.

Sur cette partie laide de la crête, où aucune tranchée stable ne pouvait être creusée sous le feu vengeur de l'artillerie allemande et où un petit nombre était judicieusement réparti dans des cratères d'obus et des fossés aussi petits qu'ils pouvaient être entretenus, ils se sont glissés dans l'obscurité quelques jours avant l'attaque. pour "prendre le relais" des Australiens et se familiariser avec ces terres agricoles déchirées par la tempête et encore soulevées sous les tornades d'obus. Les hommes du continent insulaire lointain avaient fourni le point de départ et les hommes de ce côté-ci du Pacifique et de l'équateur devaient faire le saut, ce qui équivalait à une sorte de monopole d'outre-mer sur la crête de Pozières .

Les Allemands détestaient encore l'idée de céder toute la crête qui les regardait et cachait la pente au-delà de laquelle ils avaient autrefois appartenu. Ils tenteraient encore d'en récupérer une partie, mais choisiraient pour leur effort un moment qui prouvait suffisamment qu'ils ne savaient pas qu'une attaque générale allait se produire. Juste avant l'aube, avec zéro à l'aube, alors que les Canadiens se formaient sur la pente inverse pour leur charge, les Allemands chargés de bombes prirent pied et prirent pied sur la mince ligne de front parmi les cratères d'obus et les ombres sombres de la nuit. éclairées par des explosions de bombes et d'obus, se sont battues comme elles l'ont fait en de nombreuses occasions similaires.

Puis vint la « fête surprise ». Non loin de là, la charge canadienne attendait le moment précis qui devait libérer la ligne d'infanterie de six milles et les chars.

"Nous étions certainement excités", comme l'a dit l'un des hommes. "C'était à nous de décider, maintenant."

En regardant la bande, prêts à entendre la parole, l'air sec de l'Amérique du Nord avec son exaltation de champagne était dans leurs poumons, fouettant leurs globules rouges. Ils n'avaient qu'une seule pensée : « y arriver ». Pas de terrain de forage lisse pour cette charge, mais de la terre brisée par des cratères d'obus aussi épais que des trous dans le couvercle d'une poivrière ! Un homme peut tomber dessus, mais il doit se relever et continuer. Un type qui s'est tordu la cheville a constaté qu'elle était enflée et déformée à la fin de la charge. S'il avait fait un tel tour chez lui, il n'aurait pas tenté de bouger mais aurait appelé un taxi ou de l'aide. Sous le charme de l'action, il ne savait même pas qu'il était blessé.

C'était l'heure du Canada; tous les mois d'exercices à la maison, tous les rêves à bord du transport des charges à venir, toute la monotonie morne des cantonnements, toute la veillée gluante des tranchées, tout le travail de préparation se heurtent à chacun. Telle fut l'impulsion du raz-de-marée qui déferla sur la crête des Allemands stupéfaits qui avaient pris pied dans la tranchée, les engloutissant dans un épisode aussi dramatique que jamais survenu sur le front de la Somme.

"Abandonnez-vous et faites vite ! Nous avons des affaires ailleurs !" dirent les officiers.

Oui, ils avaient affaire à la tranchée allemande de première ligne lorsque le rideau d'artillerie s'est levé, où l'on trouvait peu d'Allemands, la plupart ayant été à la charge. Les survivants ici ont levé les mains avant de lever la tête hors de leur abri et ont rapidement repris le chemin du retour vers l'arrière en compagnie des autres.

"Je suppose que le premier groupe de prisonniers a atteint une enclos le matin du 14", a déclaré un Canadien. "Nous avons commencé par en voir quelques-uns venir sur notre propre ligne de front pour être capturés."

Sur la gauche, la ferme du Mouquet , qui, avec ses abris et ses garennes inégalés entourés de postes de mitrailleuses isolés, avait repoussé les précédentes attaques, ne put résister à l'assaut déterminé qui partagera la gloire, quand l'histoire sera écrite, avec la prise de Courcelette . La descente au bord de la route de Bapaume balayait la droite et le centre, avec des cratères d'obus encore épais mais de moins en moins nombreux à mesure que la vague débouchait dans les champs face aux ruines de l'usine sucrière, avec le tank Crème de Menthe prêt à faire sa part. . Elle ne s'est pas occupée de toutes les mitrailleuses ; l'infanterie s'en est occupée au moins un, je sais. L'artillerie allemande a déclenché des rideaux de feu, mais dans un cas, les Canadiens n'étaient pas là lorsque le rideau a été tendu pour leur barrer le passage . Ils avaient été trop rapides pour les Allemands. Quels que soient les obstacles que les Allemands mettaient sur leur chemin, la tâche des Canadiens était d'« y arriver » – et ils « y sont arrivés ». La ligne tracée sur leur carte allant de la route de Bapaume à l'est de la sucrerie car leur objectif était le leur. Devant eux se trouvait le village de Courcelette et devant la ligne britannique reliée à leur droite se trouvait Martinpuich .

Pique maintenant ! Creusez aussi fort que vous avez chargé afin de conserver la position fraîchement conquise, avec « là-bas » devenu « ici » et la crête dans votre dos ! La chanson londonienne « The Byng Boys are Here », qui donna le nom des Byng Boys aux Canadiens après que le général Byng prit le commandement de leur corps, avait une application des plus réalistes.

Avec la nouvelle venant de la droite du front de six milles, celle d'une lutte acharnée et continue, la nouvelle venant de la gauche eut une note définitive de succès. Le général Byng était-il satisfait de ses Byng Boys ? Son supérieur, le commandant de l'armée, était-il satisfait des Canadiens ? Ils avaient réussi le coup et c'est cela qui compte dans de telles occasions ; mais quand on prend des tranchées et des champs, si grand que soit le gain de terrain, il leur manque le symbole concret de victoire que possède un village.

Et devant eux se trouvaient Courcelette et Martinpuich , tous deux partiellement démolis par des tirs d'obus et nullement suffisamment adoucis selon les exigences habituelles de la capitulation, avec leurs caves sans doute fortement renforcées comme des pirogues. Les officiers qui étudiaient les villages à travers leurs lunettes pensaient qu'ils pouvaient être capturés. Pourquoi ne pas essayer? Il fallait du courage pour essayer, alors qu'il était contre toute expérience tactique de se précipiter vers un nouvel objectif sur un front aussi large sans prendre le temps d'une préparation d'artillerie élaborée. Le général Byng, qui croyait en ses hommes et comprenait leur initiative, leur capacité à y arriver, était prêt à avancer, tout comme le commandant du corps d'armée britannique devant Martinpuich . Sir Douglas Haig a donné son consentement.

"Debout et sur eux !" puis, de nouveaux bataillons accoururent si rapidement qu'ils eurent à peine le temps de se déployer, mais répondirent à l'ordre d'action avec l'esprit d'hommes bloqués dans les tranchées et appréciant la nouvelle expérience de se dégourdir les jambes. Avec un avant-goût de victoire, rien ne pouvait arrêter ces réserves surexcitées , sauf ce qui tue et blesse. La première charge avait réussi et la seconde devait réussir.

Les canons allemands avaient fait la chose habituelle en étendant des barrages en arrière de la nouvelle ligne à travers le champ et en bombardant la crête de la crête pour empêcher les supports de remonter. C'était une manière tout à fait correcte pour le commandant allemand de considérer la cérémonie de la journée comme terminée. L'ennemi avait pris son objectif. Bien sûr, il n'en essaierait pas un autre immédiatement. En attendant, son mandat sur la nouvelle ligne doit être rendu aussi coûteux que possible. Mais cette fois, l'ennemi n'a pas agi selon les règles. Il en a fait de nouveaux.

Les bataillons de réserve qui devaient entreprendre l'assaut du village avaient parcouru le terrain sous les barrages et étaient à la hauteur du premier objectif, et après avoir franchi la nouvelle ligne occupée par les hommes qui avaient lancé la première charge, ils pouvaient commencer leur propre charge. Les barrages étant intermittents, un commandant a demandé à ses hommes de s'allonger derrière un barrage jusqu'à ce qu'ils cessent. Encore une fois, après en avoir attendu un autre pendant un moment, il décida qu'il pourrait être en retard pour tenir son engagement à Courcelette et donna l'ordre de passer, ce que, comme le dit un soldat, "nous avons fait en une centaine de mètres en sprintant doublement vite". – pour une bonne raison ! » Lorsque la nouvelle vague dépassa les camarades de la nouvelle ligne, les vainqueurs du premier objectif crièrent : « Allez-y ! » "Tu vas le faire!" « Hourra pour le Canada ! » et des touches d'humour sec caractéristique que le feu des obus rend un peu plus sec, comme une demande de réservation de places pour le théâtre de Courcelette ce soir-là.

Considérez que ces bataillons qui devaient prendre Courcelette devaient marcher environ deux milles sous le feu des obus, une partie sur un terrain spongieux découpé par des cratères d'obus, avant de pouvoir commencer leur charge et qu'ils entreprenaient une innovation tactique. , et vous n'avez qu'une demi-compréhension de leur tâche. Leurs officiers étaient des hommes sortis de la vie civile et exerçant toutes sortes de métiers, ayant appris leur guerre dans l'impasse du saillant d'Ypres, et maintenant ils allaient subir l'épreuve la plus sévère possible pour diriger leurs unités dans une avance.

Nous n'avions pas eu le temps d'établir des plans pour le parcours de chaque compagnie lors de cette deuxième ruée en fonction des détails de la carte, si importants pour les défenses modernes. Les officiers ne savaient pas où étaient cachées les mitrailleuses ; ils n'étaient pas sûrs de la force de l'ennemi qui avait eu toute la journée pour préparer l'assaut sur ses bastions du village. Il s'agissait de conditions de bataille rangées contre des défenses établies. Sous des rideaux de feu, avec une concentration forte par un endroit et faible par un autre, avec des tirs de mitrailleuses ou de snipers qui se développent par endroits, avec la fumée et le bruit, avec des tranchées à franchir, le travail de maintenir une vague d'hommes en ligne. Une attaque à longue distance, assez difficile dans une manœuvre, n'était possible que lorsque l'initiative et la compréhension des nécessités de la situation existaient chez les soldats eux-mêmes. Si une partie de la ligne n'était pas debout, si une section était secouée par des salves d'obus, les officiers devaient faire face à l'urgence ; et les officiers ainsi que les hommes tombaient, les compagnies se retrouvant avec un seul officier ou avec seulement un « sous-officier » aux commandes. À moins qu'un homme ne soit à terre, il savait que son affaire était « d'y arriver » et sa direction était tout droit, dans l'alignement des hommes à sa droite et à sa gauche.

Avec des morts et des blessés éparpillés dans le champ derrière le m, tous ceux qui pouvaient se tenir debout, y compris les officiers et les hommes renversés et enterrés par les obus et avec des blessures aux bras, à la tête et même aux jambes qui les faisaient boiter, atteignirent le bord du champ. village à l'heure et se sont couchés pour attendre la fin du feu de leurs propres canons avant le rush final.

Après avoir parcouru une telle distance et payé le nombre de victimes exigé, ils ont bénéficié d'un répit, de quelques minutes pour calmer leurs pensées en vue du grand événement avant de « se pencher pour la chasse », ils se sont levés pour se lancer dans la mêlée avec l'éclatement des derniers obus de leurs canons. Ils savaient quoi faire. Cela leur avait été percé ; ils en avaient parlé et rêvé dans leurs cantonnements quand la routine devenait banale, ces hommes à l'esprit pratique qui comprenaient l'essentiel de leur tâche.

À ce moment-là, il y avait moins de Canadiens qui chargeaient dans les rues que d'Allemands dans le village. Les Canadiens ne le savaient pas, mais s'ils l'avaient su, cela n'aurait fait aucune différence, tel était leur état d'esprit. À l'abri des bombardements dans leurs abris, la première fois que les Allemands, dans leur confiance systématique que l'ennemi ne tenterait pas d'atteindre un deuxième objectif ce jour-là, ont eu connaissance de la présence des Canadiens, c'était lorsque les assaillants étaient à la porte et qu'un Saint-Laurent L'incisivité fluviale appelait les occupants à sortir car ils étaient prisonniers, ce qui prouve l'avantage d'être rapide. La deuxième vague a dû « nettoyer » tandis que la première vague a traversé le village pour clouer le prix en creusant de nouvelles tranchées. Ainsi, ils avaient leur deuxième objectif, même si sur la gauche de la ligne, où l'action s'était déroulée contre une partie de l'ancien système de tranchées de première ligne, les progrès avaient été lents et les combats acharnés.

Les Canadiens qui ont dû « nettoyer » ont vécu « des moments inoubliables » et des moments délicats. Quelle scène ! Des Allemands en uniformes propres sortant de leurs abris, clignant des yeux de surprise devant leur perte et de dégoût, de ressentiment et de rage réprimée ! Les Canadiens, couverts de poussière par les éclats d'obus, les yeux brillants, riant, se précipitant au travail au milieu des cris de félicitations et des instructions adressées aux prisonniers parmi les ruines, et le commandant allemand si irrité par la perte du village qu'il commença déversant des obus sur les Allemands et les Canadiens en même temps ! Deux colonels figuraient parmi les capturés, un commandant de régiment et un commandant de bataillon. L'aîné était un baron — on ne peut l'exclure d'aucun récit — et enclin à se comporter avec un mépris patricien envers la démocratie canadienne, ce qui est une erreur pour les barons dans sa situation avec tous les Canadiens plus ou moins rois à cette époque. Lorsqu'il tenta de lancer ses hommes dans une révolte, ses hôtes agissaient rapidement, avec pour résultat que le soulèvement fut étouffé dans l'œuf et que le baron reçut une balle dans la jambe, le laissant toujours « rebelle et condescendant ». Alors le petit colonel des Canadiens-français dit : « Autant vous tuer dans un endroit plus vital et en finir avec ça ! » ou quelque chose d'aussi pertinent, et soudain le baron devint lui-même tout à fait démocrate.

L'un des bataillons qui prirent Courcelette était canadien-français. Aucun autre bataillon canadien ne leur refusera la gloire qu'ils ont conquise ce jour-là, et cela a dû être irritant pour le baron allemand de céder des effectifs supérieurs aux types trapus que nous voyons dans les villes industrielles de la Nouvelle-Angleterre et dans leurs fermes au Québec, car ils formaient désormais le bataillon, les frontaliers, les *courriers de bois* , ayant été pour la plupart tués dans le saillant. Dois-je oublier ce petit soldat de quarante ans s'il était un jour, avec un éclat d'obus dans son casque d'acier et le morceau de ruban violet et blanc porté fièrement sur la poitrine, qui, lorsque je lui ai demandé comment il se sentait après avoir reçu le poids d'un fragment d'obus, remarqua doucement que cela l'avait renversé et lui avait fait mal à la tête !

"Vous avez la croix militaire !" J'ai dit.

" Yais , monsieur. Je vais gagner la Croix de Victoria ! " répondit-il en saluant. Parlez de "l'esprit qui vivifie !"

Ou bien, dois-je oublier le colonel canadien-français racontant comment lui et le bataillon sur sa gauche, dans des difficultés égales, ont tenu la ligne au-delà de Courcelette avec ses hommes dispersés contre treize contre attaques cette nuit-là ; comment il devait aller d'un point à l'autre pour établir ses postes dans le noir, et ses "Je, bon sang !" d'émerveillement devant la façon dont il avait réussi à tenir le coup, avec son son d' inréalisation naïve de l'humour d'être renversé par un obus et de trouver : « 'Je, bon sang !' qu'il n'avait pas été blessé ! Ils ne s'étaient pas enrôlés librement, les Canadiens français, mais ceux qui avaient prouvé que si l'émotion de la guerre s'était emparée d'eux comme elle l'avait fait du reste du Canada, ils n'auraient pas été trouvés en reste.

"Je, bon sang !" ils durent se battre sur la base même du fait qu'ils n'étaient que quelques-uns à faire grève pour la vieille France et pour l'honneur martial de Québec. Et ils ont tenu tout ce qu'ils avaient pris aussi solidement que l'autre bataillon canadien devant le village lorsque les Allemands se sont réveillés pour se venger de la perte de Courcelette .

Du début à la fin de cette grande journée, c'était la rapidité qui comptait ; rapidité à saisir les opportunités ; la vigilance dans l'action individuelle de « nettoyage » après la prise du village ; une capacité d'adaptation rapide aux situations qui est le don des hommes d'un pays nouveau ; et cette confiance individuelle du Canadien une fois qu'il n'était pas attaché à une tranchée et pouvait laisser libre cours à son initiative, d'homme à homme, ce qui n'est pas une question d'exercice ou d'entraînement mais d'héritage et d'environnement. A droite, Martinpuich est pris par les Britanniques et également détenu.

C'est sous la pluie et la brume après la bataille, alors que les morts gisaient encore sur le champ de bataille, que j'ai traversé la crête et suivi le chemin des charges canadiennes, me demandant comment elles avaient pu passer à travers les rideaux de feu lorsque j'ai vu des éclats d'obus ainsi épais pour que vous puissiez passer de l'un à l'autre ; se demandant comment les hommes pourraient survivre dans les cratères d'obus et dans les pauvres tranchées effondrées creusées dans la terre molle et écrasée d'obus ; je me demandais pourquoi ils étaient ici en France, une armée vétéran deux ans après le début de la guerre. Je les ai vus dégoulinants de pluie, éclaboussés de boue, mais dans la joie d'avoir réussi quand leur tour est venu, et d'une manière qui était un exemple du caractère canadien dans les moindres détails. « Très bien ! » Je suppose que ce grand Indien Sioux, aussi naturel assis dans une tranchée dans son imperturbabilité que s'il était assis devant son tipi, l'aurait dit. Il voyait une affaire étrange, mais des explosifs puissants secouaient la terre, des avions au-dessus de nous, des mitrailleuses crépitant dans la guerre des Visages Pâles, il acceptait sans émotion.

Avec la deuxième bataille d'Ypres, avec Saint-Éloi, Hooge , le mont Sorrell et l'Observatory Ridge, Courcelette avait complété le cycle des expériences militaires pour ceux qui portaient en France la feuille d'érable de la *Fleur-de-lys* . Les officiers et les hommes de tous horizons appelés à un nouveau métier, une démocratie occidentale soumise à la discipline, avaient été endurcis et formés à une nouvelle vie de risque, de camaraderie et de sacrifice pour une cause. Cela vous semblera étrange de ne pas être en kaki et d'aller au bureau, au magasin, ou de se lever pour traire les vaches à l'aube ; "mais", comme l'a dit un homme, "nous parviendrons à nous y adapter sans passer des nuits dans un trou de boue ni demander aux voisins de lancer des bombes par-dessus la clôture pour rendre le changement progressif".

XXIX

LA RÉCOLTE DES VILLAGES

Visibilités hautes et basses - Faible visibilité d'un pro-allemand - Haute visibilité et son sourire de récolte - Trente villages pris par les Britanniques - Le 25 septembre - La route de l'Entente - Douze milles de tirs d'artillerie - Deux villages pris - Combles - Britanniques et les Français se rencontrent dans un village capturé. — Entêtement anglais. — Pirogues contenant mille hommes. — Prise de Thiepval .

Nous parlions toujours des deux visibilités, haute et basse. Je les considérais comme des frères avec le même parent météorologique, l'un un bon génie et l'autre un mauvais génie. Chaque matin, nous regardions dehors pour voir lequel avait la scène. Ainsi, nous pourrions savoir si le « zéro » d'une attaque prévue pour aujourd'hui serait reporté ou non, comme c'était habituellement le cas si le soleil ne donnait aucun signe d'apparaître, mais pas toujours ; Parfois, le personnel surprenait ceux qui essayaient de deviner ce qu'il avait en tête.

Low Visibility, un pro-allemand qui était dans son élément dans le saillant d'Ypres en plein hiver, se délectait de la pluie, de la brume, du brouillard et de l'épaisse brume estivale - tout ce qui empêchait les observateurs de voir l'éclatement des obus, transformait les cratères d'obus en lacs miniatures et les champs dans la boue pour faire fondre les charges et les armes à feu bloquées.

Haute Visibilité était aussi joyeuse que son méchant frère était austère. Il envoyait la lumière du soleil pénétrer dans votre chambre le matin, lavait l'air de particules permettant aux observateurs de voir les explosions d'obus à longue distance et favorisait les charges réussies sous des rideaux de feu précis - le saint patron de tout travail d'artillerie moderne, qui serait la plupart à l'aise en Arizona, où vous pourriez mener une offensive toute l'année.

En septembre, son sourire joyeux de récolte révélait des figures sur les marques de craie à un kilomètre et demi aussi clairement qu'à un jet de pierre sous les verres et dessinait des contours nets les troncs d'arbres des villages en ruines. Il était désormais votre compagnon lorsque vous pouviez gravir la crête et, debout au milieu des cratères d'obus, immobiles comme une mer gelée où, récemment, un enfer avait fait rage, regarder à travers les champs vers de nouvelles lignes de tirs d'obus et des villages nouvellement conquis aux niveaux inférieurs. . Il a contribué à faire du mois de septembre où il était le plus nécessaire le mois le plus réussi de l'offensive, avec sa deuxième grande attaque le 25 renversant entièrement la table des pertes contre les Allemands et amenant de nombreux invités dans les enclos des prisonniers .

Ce furent des jours riches en résultats, des jours de récolte en fait, où les combats incessants sur la crête et la détermination de fer d'un commandant portèrent leur récompense ; lorsque les avancées se rassemblèrent dans les villages jusqu'à ce que les Britanniques en aient pris trente et que les Français, avec de nouveaux efforts après avoir eux-mêmes rogné leurs points forts, disposaient également de points de départ pour des trajets plus longs alors qu'ils se dirigeaient avec leur droite sur la Somme en combinaison avec Attaques britanniques.

Les deux armées avancèrent ensemble le 25. La scène rappelait la splendeur de la prise de Contalmaison qui, sans son gaspillage et son horreur, aurait pu conduire les hommes à faire la guerre pour la gloire du panorama, glorieux pour l'observateur en l'occurrence lorsqu'il ne pensait qu'au spectacle, en un moment d'oubli du dur travail de préparation et du travail sauvage d'exécution. Notre route vers un point d'observation pour l'attaque qui avait lieu à midi nous a conduits le long de la route de l'Entente, comme je l'appelais, où les bataillons français marchaient avec les bataillons britanniques, de majestueux camions britanniques mêlés aux véhicules français plus légers, et les Gaulois étaient assis. reposaient d'un côté de la route et les Britanniques de l'autre tandis que passaient les prisonniers allemands, et il y avait un mélange de bleu et de kaki qui sont tous deux peu visibles sur le paysage mais aussi distincts que les caractères des deux races, chacune avec ses propres caractéristiques. sa propre façon de combattre, fidèle à ses tendances raciales, tout en atteignant son objectif.

Juste sous la pente où nous étions assis, les canons britanniques étaient liés aux Français. Au nord, les Britanniques étaient visibles immédiatement après Ginchy et Guillemont jusqu'à Flers et les Français jusqu'à la Somme. Nous étions presque à mi-chemin d'une étendue de douze milles de rangées et de rangées d'éclairs de nombreux calibres, les Français plus distincts au pied d'une pente sans crainte à découvert comme les Britanniques, un long métier à tisser d'artillerie avec quelques monstres au loin. envoyant de gros nuages de fumée noire du Mont Saint-Quentin qui cachaient notre vue sur Péronne .

Maintenant, tout était réuni pour les canons dans le tourbillon préliminaire, avec *soixante quinzaines* devant eux scintillant de haut en bas comme les éclairs d'un panneau électrique automatique, produisant un grand battement sonore vrombissant dans la vallée, et les 120 à proximité faisant leur le meilleur aussi, avec leurs méchants crashs, tandis que les crêtes au-delà étaient une canopée flottante de fumée menaçante et ondulante. Les unités des deux armées auraient pu être reliées à un seul standard avec des battements de cœur sous des vestes bleues et kaki synchronisés dans l'expression finale d'une *entente cordiale* devenue *entente furieuse* .

La lumière du soleil avait la bonté dorée de septembre et la bonne visibilité de Brother High semblait en faire aujourd'hui une affaire personnelle contre le Kaiser. Les figures en mouvement des artilleurs étaient distinctes et la lueur brillante des obus vides tombant de la brèche des *soixante-quinze* lorsque le canon se remettait en place et des obus chargés rentrant chez eux ; les sentiers et les tranchées étaient distincts et tous les détails du paysage fatigué et usé, avec les vieilles tranchées où nous étions assis s'écroulant et leurs côtés bordés d'herbes sauvages et de mauvaises herbes, ce qui était le petit mot de la nature dans cette affaire et un avertissement qu'en quelques années après la guerre, elle et le paysan auront effacé les repères de la guerre.

La levée du barrage alors que l'infanterie entrait était signalée à l'œil lorsque la voûte de fumée d'obus commençait à devenir mince et vaporeuse faute de nouveaux éclats et qu'une autre se formait au-delà, comme si la main experte dans de telles choses avait levé un longue traînée de nuages d'un ensemble de crêtes à l'autre ; seulement, la nature ne fait jamais les choses avec une telle précision mathématique. Tout cela pour tenir son tour dans le programme, l'artillerie allemande commença à répondre selon son système de répartition, avec des canons et des munitions abondants mais inférieurs en quantité à ceux des Français. Ils n'aimaient pas cette étendue de cinq cents mètres derrière une pente où ils pensaient que se trouvaient les batteries les plus gênantes, et les bouffées de fumée d'obus s'épaississaient, atténuant les éclairs des vestes éclatées jusqu'à ce qu'un mur de brume s'y accroche. Un torrent de cinq virgule neuf crevait de nouveaux cratères à coups d'explosifs puissants derrière d'autres positions de canons, et entre les colonnes de fumée on voyait les artilleurs français avancer indifférents à ce labourage du paysage qui ne les dérangeait pas.

Au loin, dans la plaine où un train de munitions britannique était visible, les Allemands déchaînèrent encore plus de colère, transformant les champs en geysers ; mais les caissons avançaient comme si c'était un signal de tous à bord pour la prochaine station sans que les Allemands se rendent compte que leur cible avait disparu. Une batterie britannique avançant à un autre endroit n'était évidemment pas en vue des Allemands à deux mille mètres de distance, bien que la bonne visibilité de Brother High ait donné à nos lunettes la silhouette des chevaux à cinq mille mètres.

Ainsi, on regardait sur quoi tiraient les Allemands, avec à un moment le suspense et à un autre la joie de l'observateur qui voit celui qui est "ça" en peau d'homme aveugle rater sa proie. Des éclats d'obus fouillant une route devant et un cri au-dessus indiquaient un colis d'explosifs puissants destiné à un village à l'arrière. A Morval où les maisons étaient encore debout, leurs murs blancs visibles à travers les vitres, il y eut une sorte d'éclair qui n'était pas celui d'un obus mais prolongé, comme une vitre flamboyante sous le soleil, dont on savait qu'il signifiait que le village était pris, ainsi que Gueudecourt, nous l'apprîmes par la suite.

Les réserves défilaient le long d'une route entre les rangées de canons, les casques sur la nuque à la mode française quand il n'y a pas de feu, avec le pas facile des Français et les silhouettes disparaissaient et réapparaissaient sur la pente à mesure qu'elles avançaient. Des blessés arrivaient le long de la route grise et sinueuse près de l'endroit où nous étions assis et un convoi de prisonniers passait, mené par un garde français dont l'attitude semblait avoir un clin d'œil de "Voyez qui est ici et voyez ce que j'ai!" Non loin de là se trouvait un soldat français au téléphone.

"Ça va bien!" il a dit. " Rancourt est pris et nous avançons sur Frégicourt . Combles est une prune mûre. "

Pendant tout ce temps, Combles avait été une oasis dans les tirs d'obus, le seul lieu immunisé, bien qu'il ait eu presque autant de signification dans l'imaginaire des Français que Thiepval dans celui des Anglais. Ils attendaient sa prise d'assaut comme un événement dramatique et sa chute comme l'un des tournants de la campagne. Souvent, une position qui, selon nous, était tactiquement de peu d'importance, devenait le centre de grandes attentes du monde extérieur, tandis que la conquête d'un point fort avec ses nids de mitrailleuses ne produisait aucun frisson.

Combles était un village et un grand village, sa taille expliquant peut-être l'importance qui lui était associée alors qu'il n'en avait presque pas au sens militaire. Pourtant, les correspondants savaient que les lecteurs au petit-déjeuner seraient avides de détails sur Combles , où la prise de la redoute Schwaben ou de la tranchée Régina, sauvagement défendues, n'avait aucun sens. Ses maisons étaient très distinctes, certaines étant peu endommagées et certains arbres d'ombrage conservant encore leurs branches. Cette ville nichée dans un bol ne valait pas la dépense de beaucoup de munitions alors que les Allemands voulaient tenir et les troupes anglo-françaises gagner les collines qui l'entouraient. Rancourt était l'envers de Combles , ce qui explique la comparaison des prunes.

Le plus pittoresque, c'est que les troupes britanniques s'affairaient d'un côté de Combles et les françaises de l'autre ; et le lendemain matin, après que les Britanniques eurent rassemblé quelques Allemands en fuite qui semblaient s'être égarés, les bleus et les kaki se rencontrèrent dans la rue principale sans se livrer à des cérémonies formelles et échangèrent un « Bonjour ! » et " *Bon jour !* " et " Nous y sommes ! Voyla ! Quee pawnsays-vous !" et " Ça

Virginie bien ! Oh, ouais , je pense que oui!" et j'ai trouvé de gros tas d'obus et d'autres munitions que les Allemands ne pouvaient pas emporter et des caves avec de nombreux blessés qui avaient été ramenés des collines - et c'était tout ce qu'il y avait à faire : une marche entrez et regardez autour de vous, alors que, pour la gloire au moins, les vainqueurs auraient dû prononcer des discours de félicitations. Mais des soldats fatigués ne feront pas ce genre de choses. Je ne dirai pas qu'ils gâchent des tableaux pour le Salon, car il y a des incidents. de quoi faire vivre les peintres pendant mille ans ; ce qui devrait être une raison pour ne pas avoir de guerre pendant encore mille ans !

Quant à Thiepval , l'état-major britannique, inconsidéré cette fois-ci à l'égard des correspondants - ils ne menaient pas vraiment la guerre à notre place - ne nous a pas informés de l'attaque, étant occupés ces jours-là à moissonner les villages et les tranchées après avoir franchi la crête sous haute visibilité. avait enfermé Faible Visibilité dans le poste de garde. En outre, les Britanniques étaient si proches de Thiepval en raison de leurs avancées persistantes que ce franchissement n'était qu'un pas en avant de plus, un combat acharné cependant, dans le même genre d'opérations que j'ai décrites dans le chapitre "Observation d'une charge". " Les débris réduits en poussière avaient été si dispersés qu'on ne pouvait pas dire où commençait ou se terminait le village, mais la tache était un symbole pour l'armée tout autant que pour le public britannique - un symbole de l'inexpugnabilité tant vantée de la première ligne allemande. les fortifications qui avaient résisté à l'attaque du 1er juillet - et sa capture est une récompense de l'entêtement anglais qui séduit la race qui n'est pas inconsciente de la caractéristique qui a porté sa langue et sa domination sur le monde.

Le point a également été souligné par les énormes pirogues, surpassant les expositions précédentes, capables de contenir une garnison d'un millier d'hommes et un hôpital qui, sous les éclats d'énormes obus des mois de bombardement britannique, avaient été en sécurité sous terre . L'hôpital était équipé d'excellents appareils médicaux ainsi que d'anesthésiques fabriqués en Allemagne, dont les Britanniques manquaient quelque peu. Le bataillon allemand qui tenait la place avait été associé aux travaux de préparation de ses défenses et était pratiquement tous soit faits prisonniers, soit tués, pour autant qu'on puisse le savoir. Ils avaient juré de ne jamais perdre Thiepval ; mais plus les abris sont profonds, plus les hommes à l'intérieur doivent grimper à l'étage pour atteindre la porte avant l'ennemi, qui arrive sur le seuil au moment où le barrage tourbillonnant se lève.

Comme je l'ai dit, Thiepval n'était pas sur la crête même de la crête et au sommet les mêmes ouvrages élaborés avaient été construits pour maintenir cette hauteur. Nous avons assisté à d'autres attaques sous des rideaux de feu tandis que les Britanniques poursuivaient leur route. Parfois, nous pouvions voir les Allemands sortir à découvert depuis leurs abris au pied de la colline de la Division Saint-Pierre et se mettre à couvert alors que les canons britanniques leur tiraient dessus avec des éclats d'obus. Avec résistance, l'infanterie britannique, sous ses barrages de couverture, a continué jusqu'à ce que la crête et toutes ses pirogues et galeries soient gagnées, brisant ainsi étape par étape les anciennes fortifications de première ligne et forçant les Allemands à se rendre à découvert, où ils doivent creuser à nouveau sur un pied d'égalité. .

La prise de Thiepval ne signifiait pas que ses ruines devaient être à l'abri des obus, car les canons allemands avaient leur tour. Ils semblaient aimer faire jaillir des becs d'un petit étang au premier plan, ce qui n'avait d'autre effet que d'arroser les soldats qui passaient avec de l'eau sale. Même si l'étang avait été battu, il était toujours là ; et j'ai été frappé par le fait qu'il s'agissait d'un système de drainage coûteux et infructueux à appliquer par un peuple aussi efficace que les Allemands.

<h1 style="text-align:center">XXX</h1>

CINQ GÉNÉRAUX ET VERDUN

Soixante milles à l'heure pour rencontrer le général Joffre - Joffre un peu comme Grant - Deux personnages dont la France se souviendra pour toujours - Joffre et Castelnau - Deux très vieux amis - A Verdun - Ce qu'auraient pu penser Napoléon et Wellington - Un état-major dont les pieds et l'esprit jamais traîné - Le héros de Douaumont , le général Nivelle - La simplicité - Des hommes qui croient aux coups - Un vrai soldat - Une photographie prisée de Joffre - Le drame de Douaumont - Le général Mangin , commandant de corps à Verdun - Un œil qui disait "A l'attaque ! "— Un corps de cinq heures du matin — La vieille ville fortifiée, Verdun — L'effort du Colosse — La limite des hautes eaux de l'Allemagne — Des combattants économes, les Français — L'Allemagne est assez bonne pour vaincre la Roumanie, mais pas à Verdun.

Ce fougueux ami, le lieutenant T., à l'aise dans un mess anglais ou français ou marchant bras dessus bras dessous avec les *poilus* de son ancien bataillon, avait besoin d'une intervention rapide pour le suivre lorsque nous n'étions pas dans son diable d'automobile. cela m'a amené à effectuer une visite éclair dans les lignes françaises avant de rentrer chez moi et n'a pas échoué même lorsqu'il a fallu soixante milles à l'heure pour respecter le rendez-vous avec le général Joffre - ce que nous avons fait à la minute près.

Beaucoup de gens ont raconté qu'il était assis en face de la table, dans son bureau particulier, du vainqueur de la Marne ; et c'est lorsqu'il était assis et commençait à parler qu'on appréciait la puissance de l'homme, avec sa grosse tête et sa masse de cheveux blancs et ses traits calmes et largement moulés, qui pouvait donner ses ordres lorsque le sort de la France était compromis. en jeu, puis se retire pour se reposer pour la nuit, sachant que sa part était terminée pour la journée et que le reste était avec l'armée. Comme tous les hommes dont l'expérience et les responsabilités ont mûri leurs talents, même s'il manquait du don de parler formellement, comme Grant l'était, il pouvait bien parler, avec des phrases claires, dont le moule était déterminé par une pensée précise, qui apportait avec elle l'éloquence qui gagne son point. Dans ce cas, ce n'était pas seulement la personnalité qui avait un attrait. Il était la personnification d'une grande époque nationale.

Compte tenu des changements à venir, un autre aperçu que j'ai eu de lui dans la ville-siège française, sans rendez-vous, est particulièrement mémorable. En me promenant, j'ai vu de l'autre côté de la rue deux personnages que toute la France connaissait et connaîtra toujours. Quelles que soient les vicissitudes de la politique, quelles que soient les campagnes qui s'ensuivent, quels que soient les changements survenus dans le monde d'après-guerre, la victoire de Joffre dans la Marne et la victoire de Castelnau en Lorraine, qui en fut le complément en tactique magistrale, assurent leur place dans le Panthéon national.

Les deux vieux amis, camarades de la vie militaire bien avant que la gloire ne leur vienne un mois d'été, commandant en chef et chef d'état-major, faisaient leur promenade habituelle de l'après-midi - Joffre dans son court manteau noir familier qui rendait sa silhouette plus robuste. , sa démarche affectée par les rhumatismes de ses jambes, mais il n'avait certainement aucun rhumatisme dans la tête, et Castelnau droit et de taille légère, sa minceur rehaussée par son long pardessus bleu, causant en marchant lentement, et derrière eux suivait un un garde robuste en civil à quelques pas de distance, portant deux coussins. Joffre s'arrêta et se tourna avec un geste « tu ne le dis pas » et un signe de tête en direction de quelque chose que Castelnau lui avait dit.

Il est fort probable qu'ils ne parlaient pas de guerre ; en fait, il s'agissait très probablement d'amis dans leur monde militaire, car tous deux ont un bon esprit et une compréhension vive et aimable de la nature humaine. En tout cas, ils s'amusaient. Ils passèrent donc dans les bois, suivis par le garde qui plaçait leurs coussins sur leur siège favori, et les deux qui avaient été ensemble lieutenants, capitaines et colonels continuaient leur promenade et leur conversation jusqu'à ce qu'ils reviennent à leur occupation de diriger leur des millions d'hommes.

Il pleuvait dans ce village français sombre près de Verdun et un bataillon passait dégoulinant, les automobiles jetaient des jets d'eau boueuse de leurs pneus, et là-bas, dans les enclos bondés, les prisonniers allemands faits à Douaumont attendaient dans la boue qu'on les entraîne. De temps à autre, un soldat ou un officier sortait par une porte qui jetait un flot de lumière, et à l'étage de l'édifice municipal où nous allions rendre hommage au général commandant l'armée qui avait remporté la victoire qui avait ému la France comme personne ne l'avait fait. depuis la Marne, nous avons constaté que c'était l'heure habituelle pour son état-major de se présenter. Ils ont déclaré qu'ils se tenaient au milieu des tables et des cartes et qu'ils recevaient leurs ordres. Désormais, quand je reverrai la grande salle avec sa table d'acajou et ses gros fauteuils réservée aux réunions des directeurs, je me rappellerai des conférences tout aussi importantes dans les affaires d'une nation qui se tenaient sous des auspices plus simples.

Cette conférence semblait en accord avec l'ambiance du lieu : personne ne se précipitait et personne ne perdait de temps. L'un après l'autre, les officiers se présentèrent ; et quel que soit leur âge, car certains auraient semblé jeunes pour de grandes responsabilités deux ans auparavant, c'étaient des hommes vaquant à leurs occupations alertes, maîtres d'eux-mêmes, reflétant le caractère de leur chef comme le sont toujours les états-majors, des hommes dont les pieds et l'esprit ne traîné. Lorsqu'ils parlaient à quelqu'un, la politesse était le lubrifiant d'un échange rapide de pensées, une sorte de bâton silencieux, huit cylindres et cent chevaux. Si le petit Corse avait pu assister, s'il avait pu voir la prise de Douaumont , ou si Wellington avait pu voir la prise de la Crête, je pense qu'ils auraient été très satisfaits — et quelque peu jaloux de constater que le talent militaire était si répandu.

L'homme qui sortait de la salle des professeurs aurait sans doute gagné son bâton de maréchal du temps de Napoléon, même s'il n'était pas en phase avec cette époque faste. Je ne savais pas alors qu'il serait commandant en chef ; seulement que toute la France frémit de son nom, que le temps associera à jamais à Douaumont . On ressentait immédiatement le dynamisme de ses manières agréables et on savait que le général Nivelle faisait les choses rapidement et tranquillement, sans dépenser inutilement une force de réserve, à laquelle il pouvait faire appel en cas de besoin en activant le courant.

Un étranger était venu nous appeler ; c'était une nuit pluvieuse ; « Nous ferions mieux de ne pas retourner à l'hôtel de Bar-le- Duc , suggéra-t-il, mais de trouver un logement en ville, ce qui était une hospitalité à ne pas imposer quand on voit à quel point les logements sont limités dans ce petit village. Un jour, je suppose, une plaque sera apposée sur la porte de cette petite maison, avec son hall étroit, son porte-chapeau simple et son salon transformé en salle à manger, disant que le général (peut-être ce sera le maréchal) Nivelle vécu ici pendant la bataille de Verdun. C'est un beau cadeau, la simplicité. Certains grands hommes, ou ceux qu'on appelle grands, en manquent ; mais rien n'est si attirant chez aucun homme. Pas de sentinelle à la porte, pas de domestique pour l'ouvrir. Vous êtes simplement entré, vous avez raccroché votre casquette et vous avez enlevé votre imperméable.

Des centaines de membres du personnel étaient attablés pour le même type de dîner avec un choix de vin rouge ou blanc et le menu était celui d'un foyer français moyen. Je me souviens de cela et d'autres dîners du personnel, contrairement aux assiettes coûteuses et à la nourriture riche dans une maison où un Crésus en or avec des yeux et un collier en diamant aurait dû être sur la cheminée en tant que dieu de la maison, avec l'idée que même la guerre est une bonne chose si elle centre l'ambition sur des objets autres que le gain individuel. Sans le savoir, Joffre, Castelnau , Foch, Pétain , Nivelle et d'autres furent les hommes les plus riches de France.

Colonel au début de la guerre, lors du tri effectué par le père Joffre pour trouver de véritables dirigeants selon le critère du succès, le général Nivelle était devenu commandant d'une armée. Partout où il commandait, il prenait le dessus sur l'ennemi. Tout ce que lui et ses officiers disaient reflétait un seul esprit : celui de l'offensive. C'étaient des hommes qui croyaient aux coups. Une nation à la recherche d'un homme capable de remporter des victoires a dit : « Le voici ! » quand ses habitants ont lu un matin le *communiqué* sur Douaumont . Il avait continué son chemin, accomplissant les tâches à accomplir selon sa propre méthode, et à l'une des stations, la renommée l'a trouvé. Les soldats ont leur philosophie et de nos jours, quand elle inclut la gloire, la gloire ne vient probablement jamais. Cette fois, il s'agissait d'un soldat dépourvu de toutes les qualités éclatantes que la renommée préférait autrefois, et qui, devrais-je dire, n'en était absolument pas affecté en raison d'un plus grand intérêt pour son travail ; un homme sans influence puissante pour pousser à sa promotion. Si vous l'aviez rencontré avant la guerre, il vous aurait impressionné par ses traits aimables, sa tête bien formée et sa vitalité, et si vous connaissez des soldats, vous sauriez qu'il était hautement qualifié dans son métier. Son personnel était une famille, mais le genre de famille où chaque membre a une connexion télépathique avec son chef ; Je ne pouvais pas imaginer qu'un officier qui ne l'aurait pas fait serait chez lui dans la petite salle à manger. La facilité de perception et la rapidité d'action dans l'obéissance intelligente étaient inhérentes.

Dans son bureau du bâtiment municipal où nous sommes allés après le dîner, le général a sorti d'un tiroir quelque chose enveloppé dans du papier de soie et, à ses manières, s'il avait été collectionneur, j'aurais dû savoir que c'était un trésor rare. Lorsqu'il dégrafa le papier, je vis une photographie du général Joffre dédicacée avec un sentiment de circonstance.

"Il me l'a donné pour Douaumont !" dit le général Nivelle avec une pointe de fierté dans la voix, le seul signe de fierté que j'ai remarqué.

Là parlait le soldat pour qui l'éloge de son chef était le meilleur éloge et plus apprécié que tout autre éloge.

Quand je parlais de Douaumont, il tirait la carte et me montrait son ordre du jour, d'une brièveté militaire qui faisait des mots des outils tranchants. La force attaquante s'est précipitée pendant la nuit et est apparue comme un raz-de-marée régulé d'hommes, leur rythme étant chronométré sous le couvert de rideaux de feu qu'ils ont serrés étroitement, puis au-dessus des tranchées allemandes et dans le fort. Six mille prisonniers et quatre mille cinq cents victimes françaises ! C'était ce succès dramatique, complet et sans équivoque qui avait captivé l'imagination de la France, mais il n'était pas dramatique en le racontant. Il en a fait une évolution militaire sur un bout de papier ; mais quand il posa son crayon sur Douaumont et le tint là un moment en disant : « Et c'est tout pour le moment ! le crayon semblait se transformer en acier.

Tout ça pour le présent ! Et le futur ? Celle de l'armée de France devait être entre ses mains. Il avait la tâche suprême. Il l'aborderait comme il avait abordé toutes les autres tâches.

***

Il n'y avait qu'à voir le général Mangin commandant le corps devant Verdun pour savoir que l'attaque n'était pas seulement chez lui un système mais un évangile. Cinq rayures sur le bras pour blessures, toutes gagnées dans le travail colonial, brunies par le soleil, basanées, avec un menton fort et abouté qui aurait pu convenir au crayon de Nivelle , un œil qui disait « À l'attaque ! et pourrait scintiller avec la sagesse de nombreuses campagnes !

"Le général Joffre était assis sur cette chaise deux heures avant l'avancée", a-t-il déclaré, avec la même crainte respectueuse que d'autres généraux avaient manifestée envers le commandant en chef.

Le moment était venu pour le vieux chef, fatigué, de partir ; pour que les jeunes hommes de l'école que la guerre a produite, avec ses rideaux de feu et ses attaques par vagues, prennent sa place. Mais les plus jeunes, confiants dans leur système, pouvaient considérer le vieux leader alors qu'il vivait comme la grande figure indomptable des étapes critiques de la guerre.

Un homme de fer, Mangin , avec une largeur de poitrine en harmonie avec son menton, qui pouvait supporter l'effort du commandement qui avait fait tomber de nombreux généraux par pure incapacité physique. Mois après mois, ce menton s'était démarqué face aux poussées allemandes, tout en voulant être dans son élément naturel de l'offensive. Sa solution résolue et directe des problèmes par des ratios humains l'adapterait à n'importe quelle époque et n'importe quel climat. Il était chez lui à la tête d'une expédition punitive ou dans les affaires compliquées de Verdun. Qu'il utilise une épée large ou un rideau de feu, il se proposait de frapper son ennemi tôt et fort et de continuer à frapper. Au cours de ma conversation avec lui, j'ai évoqué l'affirmation selon laquelle, dans certains cas, dans la guerre moderne, les hommes pourraient être trop courageux.

"Rarement!" répondit-il, un seul mot qui avait l'accent à la fois de cette mâchoire et de cet œil perçant et astucieux.

"Quel est le meilleur moment pour aller au front ?" J'ai demandé au général.

"Cinq heures du matin !"

L'officier qui m'escortait ne songeait pas à se lever à cette heure-là. Chez Mangin, c'est un corps de cinq heures du matin.

Dirai-je cette ville des bords de Meuse qui a été maintes fois décrite ? Ou cette citadelle construite par Vauban, avec des dynamos et de la lumière électrique dans ses chambres et passages souterrains, ses hôpitaux, magasins, magasins et casernes, si en sécurité sous ses murs et son toit de maçonnerie que les Allemands n'y ont pas gaspillé leurs obus avec prévoyance mais ils les tournèrent avec une vengeance particulière contre les vieilles maisons pittoresques le long des berges du fleuve, négligeant volontairement les casernes en raison de leur utilité pour les conquérants lorsque la Mecque leur appartenait. Il doit y avoir quelque chose de sacré pour un Français dans la citadelle qui protégeait la vie et dans les ruines qui supportèrent leur part des coups portés sur cette vieille ville fortifiée au creux des collines, regardant vers les collines qui avaient été la véritable défense.

L'intérêt s'est accru sur la route vers le front de Verdun lorsque l'on arrivait sur les pentes couvertes d'arbres arrachés et tombés, où les Allemands posaient leurs vastes rideaux de feu pour attraper les réserves françaises luttant dans la boue et les cratères d'obus lors des mois de février et mars. jours au secours de la ligne de front. Ce n'est que lorsqu'on a connu la vie d'une armée en action en hiver dans un tel climat que l'on peut apprécier la volonté qui poussait les hommes à l'attaque et la volonté des défenseurs face à des canons trop nombreux, devant céder point par point avec une économie astucieuse, de petites bandes d'hommes dans des endroits exposés faisant une résistance désespérée contre des torrents d'obus.

Verdun représentait la valeur allemande à son meilleur et l'artillerie allemande à son meilleur, l'effort du Colosse enfermé dans un anneau d'acier pour forcer une décision ; et le point culminant de la persévérance allemande était là où vous vous trouviez à la limite de la zone de monticules que les obus avaient entassés et de cratères que les obus avaient creusés par la concentration des tirs sur le fort Souville . Quelques Allemands en charge sont arrivés ici, mais aucun n'est revenu. Les survivants sont entrés dans Verdun, vous diront les Français en haussant les épaules, en prisonniers. Le regard descend la pente nue avec ses herbes mortes tachées de cratères, puis remonte une autre pente jusqu'à une crête que vous voyez comme un cumulus de terre ballottée sous un éclat d'obus occasionnel. C'est Douaumont , dont la prise a coûté aux Allemands un effort si prolongé et si sanglant et a suscité chez le Kaiser une explosion d'éloges à l'égard de ses Brandebourgeois qui, par sa capture, avaient, comme l'Allemagne le pensait alors, amené la France à l'agonie.

Sur cette colline, le prestige et le système allemand atteignirent leur apogée ; et la réponse huit mois plus tard fut *l'élan* français qui, en deux heures, avec la rapidité et la cohésion instinctive d'une démocratie forée et combattue et sans demander l'impulsion d'un autocrate, balaya les Allemands du sommet. D'autres charges m'ont permis de visualiser le mouvement précis et fougueux de ces silhouettes bleues sous des vagues de tirs d'obus lors d'une attaque qui était l'exemple triomphant du dernier style d'offensive contre les positions frontales. Il n'y avait pas de Kaiser pour se lancer dans des rhétoriques pour remercier le général Nivelle , qui eut sa récompense dans une photographie dédicacée du Père Joffre ; et les hommes chargés de cette charge avaient la leur dans la gratitude d'un peuple.

Le fort Vaux, sur une autre crête à droite, était toujours aux mains des Allemands, mais il devait également être reconquis au cours de la prochaine ruée. Oui, c'était bien d'être à Verdun après la reprise de Douaumont , là où on aurait été à portée d'un tireur d'élite allemand une semaine auparavant. Tournant comme sur un pivot, on a pu identifier à travers les lunettes tous les postes dont les noms sont gravés dans l'esprit des Français. Ces collines encerclées ne sont pas très hautes, la clé de voûte d'un arc militaire, mais dans leur ensemble, il était clair que, dans cette guerre comme dans d'autres guerres, elles constituaient le bastion de la nature au bord de la plaine qui traçait une ligne brumeuse au loin.

Que ce soit devant ou derrière Souville vers Verdun, ce qui était surprenant était le peu de soldats que l'on voyait et le peu de transports à portée des canons allemands ; qui vous a impressionné par le système élastique des Français, qui sont là et qui ne sont pas là. Qu'une attaque allemande se développe, les soldats surgiraient de terre et les vallées résonneraient du tonnerre des canons. Un peuple économe, les Français.

En étudiant ces collines qui avaient connu la plus grande offensive allemande après celle de la Somme, je pensais à tout ce que l'été avait signifié sur le front occidental, en commençant par la perte de Douaumont et en terminant par la reconquête de Douaumont et le balayage des territoires conquis. Crête; et je pensais à un autre général, Sir Douglas Haig, qui avait dû entraîner ses légions, commencer avec des briques et du mortier pour construire une maison sous le feu des obus et, jour après jour, avec sa confiance dans « l'esprit qui vivifie » comme le grand atout, avait façonné avec une habileté patiente et clairvoyante une force qui n'avait jamais cessé d'attaquer et d'attirer les divisions allemandes pour maintenir la ligne que ces divisions allemandes étaient censées briser.

Von Falkenhayn avait quitté le pouvoir ; le prince héritier, assoiffé de guerre, en avait rassasié et disait que la guerre était une « idiotie ». C'est le sentiment des tranchées allemandes qui a mis von Falkenhayn hors de combat ; les votes silencieux de la plus sensible de toutes les opinions publiques, votant selon le degré de sa disposition à résister au feu, qu'aucun officier ne peut contrôler par de simples ordres.

L'offensive de Verdun terminée, les soldats allemands en lutte sur la Crête eurent une révélation qui se traduisit par le sentiment que la censure ne pouvait étouffer l'échec de la campagne d'écrasement de la France. Ils appelèrent l'homme qui avait remporté des victoires et le Kaiser leur donna von Hindenburg, que la fortune favorisa lorsqu'il envoya des armées inspirées par son leadership contre des soldats amateurs avec une confiance de vétéran, alors que le temps avait stoppé l'offensive alliée à l'ouest.

Imaginez les hommes de Lee revenant de Gettysburg et confrontés à des milices locales inexpérimentées et leur cri : « Les Yankees nous ont donné du fil à retordre, mais vous, les gars, écartez-vous ! Tel était le sentiment de cette armée allemande alors qu'elle se dirigeait vers le sud ; non pas l'armée qu'elle était, mais une armée assez bonne pour vaincre la Roumanie avec le système qui avait échoué à Verdun.

XXXI

AU REVOIR, SOMME!

Sir Douglas Haig — Ambiance au quartier général quelque chose d'Oxford et d'Écosse — Sir Henry Rawlinson — « Dégommage » des inefficaces — De retour sur la crête — Le dernier éclat d'obus — Adieu le désordre — Les camarades correspondants de guerre — *Bon voyages*.

La cinquième des grandes attaques, qui devait détruire davantage d'anciennes fortifications de première ligne, prendre Beaumont-Hamel et d'autres villages, fut retardée par Brother Low Visibility, qui avait eu ses manches en octobre pluvieux et au début novembre, quand le moment est venu pour moi de dire au revoir et de rentrer chez moi.

Sir Douglas Haig avait été comme un commandant invisible omniprésent dans son contrôle énergique de vastes forces. Sa répugnance pour les critiques ou les expositions était conforme à sa nature et à sa conception de sa tâche. L'armée l'a aperçu aller et venir dans sa voiture et les observateurs l'ont vu entrer ou sortir d'un quartier général d'armée ou de corps, ses traits forts et calmes exprimant sa confiance et sa résolution.

Il y avait de nombreux exemples de sa fine sensibilité, de ses décisions rapides, de ses phrases écossaises qui pouvaient vider une situation de ce qui n'était pas essentiel. C'était bien qu'un homme avec sa culture et son charme puisse avoir les qualités d'un grand commandant. Dans le château qui était son quartier général dans la Somme où étaient élaborés les derniers plans, le dernier mot donné qui mettait chaque problème à l'épreuve, l'atmosphère avait quelque chose d'Oxford et d'Écosse et de l'armée régulière britannique, et tout semblait se dérouler selon une routine qui s'est déroulé si bien que l'apparence de la routine a été dissimulée.

Ici, il m'avait dit au début de l'offensive qu'il voulait que j'aie la liberté d'observer et de critiquer à ma guise, et il m'a fait confiance pour ne pas donner d'informations militaires à l'ennemi. Quand je suis allé prendre congé et le remercier de ses courtoisies, l'armée qu'il avait entraînée avait reçu l'école de combat et goûté à la victoire. Seul un soldat pouvait apprécier l'ampleur de sa tâche, et seule l'histoire peut rendre justice au courage dont a fait preuve la crête ou au rôle qu'elle a joué dans la guerre.

A l'étage, dans une petite pièce d'un autre château, le commandant en chef et le commandant de la quatrième du groupe d'armées sous Sir Douglas, qui avaient joué au polo ensemble en Inde en tant que subalternes, Sir Henry Rawlinson étant toujours aussi garde que lui. Sir Douglas était un Écossais et avait tenu de nombreuses conférences. Sir Henry pouvait parler avec un bon sens militaire des résultats obtenus et espérer, comme toute l'armée, l'été prochain, lorsque le maximum d'habileté et de puissance serait atteint. Comme Nivelle , tous deux étaient des chefs qui avaient gagné leur place au combat, qui promouvait l'efficace et mettait de côté ou « dégommait », selon l'expression militaire, l'inefficace. Chaque semaine, chaque jour, pourrais-je dire, la nouvelle organisation militaire s'était renforcée.

Avec un casque d'acier et un masque à gaz sur l'épaule pour la dernière fois, j'ai fait une dernière promenade jusqu'à la Crête, devant les canons et la ferme du Mouquet , me frayant un chemin parmi les cratères d'obus et autres souvenirs macabres des tourments que les combattants ont endurés. J'avais enduré au point que je pouvais contempler les champs en direction de Bapaume . Sur huit à dix milles, le chemin avait été dégagé de l'ennemi par des attaques successives. Cinq cents mètres plus loin, des « krumps » éclaboussant la terre molle m'indiquaient où se trouvait la ligne de front et autour de moi se trouvait le désert que de tels martèlements avaient créé, sans personne dans le voisinage immédiat, à l'exception de quelques officiers d'artillerie serrant une dépression et repérant la chute des obus. leurs fusils juste à côté de Bapaume et annonçant les résultats par téléphone, par-dessus l'un des brins de la toile d'araignée du renseignement qu'ils avaient déroulée en bobine à leur arrivée. Je les ai rejoints quelques minutes dans leur retraite sous l'horizon et j'ai écouté leurs remarques sur Frère Faible Visibilité, qui allait bientôt avoir le monde pour lui dans les brumes hivernales, la pluie et la neige, limitant les opérations de l'armée par sa perversité jusqu'au printemps. est venu.

Et ainsi de retour, comme le disent les chroniqueurs, par la route sans herbe et détruite par laquelle j'étais venu. Une fois dans la voiture, j'ai entendu l'un des cris méchants avec sa prémonition désagréable, qui s'est terminé par une boule de fumée noire en colère à proximité d'un obusier à proximité, ce qui a été le dernier éclat d'obus que j'ai vu. .

Au revoir aussi à mes camarades anglais du groupe devant la porte : à Robinson avec son aplomb, sa douceur, sa sagesse, ses phrases bien équilibrées, qui avait vu le monde depuis les camps miniers de l'ouest jusqu'aux réfugiés serbes. camps; à « notre Gibbs », toujours au caractère doux, écrivant chaque soir son cœur dans l'émerveillement humain de tout ce qu'il voyait dans des phrases brûlantes qui se pressaient jusqu'à la pointe de son crayon et qui couraient jusqu'à ce qu'il soit épuisé, bien qu'il se réveille toujours au dîner. entreprendre toute controverse au nom d'un avenir meilleur pour l'ensemble de la race humaine ; au joyeux Thomas qui ne grandira jamais, faisant danser les mots, citant Horace pour oublier les coquillages, tout lui-même sans manteau et brandissant une faux de paysan ; à Philips le citadin, ne disant pas grand-chose mais arrivant à l'essentiel, notre éclaireur et cartographe, qui connaissait tous les endroits sur la carte entre la Somme et le Rhin et entendit l'appel de Pittsburgh ; à Russell, cet expert pragmatique et honnête en escadrons et en barrages, qui a sauvé tous nos visages en tant que journalistes en connaissant les nouvelles quand il les voyait, arbitre des conversations de désordre, dont l'esprit piquant avait un zéro mobile – chance à tous ! Puisse Robinson avoir un manoir majestueux sur la Tamise où il pourra étudier la nature à loisir ; Gibbs ne veut jamais avoir quelque chose à écrire ; Thomas a six récoltes de foin à tondre par an et un jardin avec une espèce différente d'oiseaux nichant dans chaque arbre ; Philips une nouvelle pipe chaque jour et un yacht privé naviguant sur un océan de cartes ; Russell une maison au bord de la mer où il pourra regarder les navires arriver une fois la guerre terminée.

Il se trouve que Haute Visibilité a eu légèrement le dessus sur son sombre frère le jour où ils m'ont souhaité *bon voyage* . Mon dernier aperçu de la cathédrale la montrait clairement sur le ciel ; et devant moi, de nombreux kilomètres de paysages riches et familiers de la Picardie et de l'Artois devaient se dérouler avant que je prenne le bateau à vapeur transmanche. Je savais que j'avais ressenti la touche épique des grands événements.

LA FIN

9 789361 468728